数据要素丛书

丛书主编：汤奇峰

数据资产如何入表？如何评估……
数据资产创新应用场景有哪些？

数据资产
入表100问

上海数据交易所
大数据流通与交易技术国家工程实验室　编

经济管理出版社
ECONOMY & MANAGEMENT PUBLISHING HOUSE

图书在版编目（CIP）数据

数据资产入表 100 问/上海数据交易所，大数据流通与交易技术国家工程实验室编 . —北京：经济管理出版社，2024.1（2024.5重印）

ISBN 978-7-5096-9606-4

Ⅰ.①数⋯ Ⅱ.①上⋯ ②大⋯ Ⅲ.①企业管理—数据管理—问题解答 Ⅳ.①F272.7-44

中国国家版本馆 CIP 数据核字（2024）第 016562 号

组稿编辑：杨国强
责任编辑：杨国强
责任印制：黄章平
责任校对：张晓燕

出版发行：经济管理出版社
　　　　　（北京市海淀区北蜂窝 8 号中雅大厦 A 座 11 层　100038）
网　　址：www. E-mp. com. cn
电　　话：（010）51915602
印　　刷：唐山昊达印刷有限公司
经　　销：新华书店
开　　本：720mm×1000mm/16
印　　张：14
字　　数：267 千字
版　　次：2024 年 1 月第 1 版　　2024 年 5 月第 3 次印刷
书　　号：ISBN 978-7-5096-9606-4
定　　价：68.00 元

主编单位

上海数据交易所

大数据流通与交易技术国家工程实验室

参编单位（排名不分先后）

上海国家会计学院

北京市中伦律师事务所

北京市金杜律师事务所上海分所

上海段和段律师事务所

上海正策律师事务所

上海市协力律师事务所

上海东洲资产评估有限公司

上海立信资产评估有限公司

金证（上海）资产评估有限公司

上海申威资产评估有限公司

沃克森（北京）国际资产评估有限公司

立信会计师事务所（特殊普通合伙）

天职国际会计师事务所（特殊普通合伙）

大华会计师事务所（特殊普通合伙）

容诚会计师事务所（特殊普通合伙）

序　言

　　2023 年 8 月 1 日，财政部正式发布了《企业数据资源相关会计处理暂行规定》（简称《暂行规定》）。9 月 8 日，中国资产评估协会正式印发了《数据资产评估指导意见》（简称《意见》），以规范数据资产评估执业行为。自此，数据资产入表和估值成为学界及业界高频讨论的现象级重大课题。"入表"是"计入资产负债表"的通俗称法，指通过确认、计量、记录和报告等环节，将满足资产确认条件的数据资源确认并计入资产负债表，以提供内外部决策者所需的会计信息。而"价值评估"在规范准则、服务场景、价值形态等方面都与"会计核算"有所区别。会计核算遵循财政部发布的《企业数据资源相关会计处理暂行规定》，在初始计量时按照相关会计准则规定确定账面价值；价值评估主要依据中国资产评估协会发布的《资产评估准则》，服务于企业融资、出资入股、并购重组、破产清算等多样商业场景中的多种经济活动，所选取的价值类型视评估目的而定。

　　关于数据资产的研究方向，宏观层面包括国家数据要素市场机制体制设计、数据交易场所规划管理、数据资产披露与监管规则设计等，微观层面包括企业数字化转型的战略规划、配套机制体制设计，以及数据资源开发利用、数据产品场景挖掘等，更微观的内容包括微观的数据资产入表操作和估值方法。本书针对全市场关注的热点难点，将其提炼成 100 个问题，以理论和实践相结合的方式，尝试以前瞻性、体系化和落地指南的角度给出可行的处理办法。本书既可以作为专业人士开展实践工作的参考，也可以为读者全面认识和了解数据要素市场提供支撑。

　　上海数据交易所紧密围绕《中共中央　国务院关于构建数据基础制度更好发挥数据要素作用的意见》（简称"数据二十条"）中关于"探索数据资产入表新模式"的政策精神，以有效提升财政部颁布的《暂行规定》执行效果为目标，开展了企业数据资产入表和估值相关的理论和实践研究，遴选了一批具有代表性的企业，以他们真实的财务数据和业务数据为基础进行了数据资产入表模拟和价值估测，并结合场内交易实践探索数据资产市场价值体系构建等多项工作。参与本书撰写的正是上海数据交易所组织案例研究的专业数商机构，包括律师事务所、会计师事务所和资产评估公司等。

本书的第一大特点是以解决问题的视角讨论问题，注重数据交易与流通的实践需求，并在过程中直面数据确权、入表和估值的难点。本书的第二大特点是以比较分析的思路面对数据资产相关的问题，其中，交易与流通层面、数据确权层面通过比较国际国内的法律实践而展开讨论，数据资产入表和估值层面通过比较企业数据资产和其他类别资产的异同点而深度分析。

总的来说，企业对数据资产认知有限、对数据资产形成路径理解不足、数据资产会计处理存在困难、企业数据资产披露规范和机制不明确、专业服务机构对数据资产认识和理解不足等是目前《暂行规定》执行的最大挑战。本书作者深入研究案例企业数字化转型和数据产品运营的商业模式，以"战略规划+运营管理"的思路重新设计企业数据资源到数据资产的形成路径，优化企业数据产品运营管理模式，深入探讨数据资产入表过程中确权难、成本归集难、收入成本匹配难、数据产品开发阶段确认难、摊销年限确定难等关键性难题，从确权、入表、估值等具体实践与操作角度展开讨论。

对于企业数据资产信息披露，本书根据《暂行规定》自愿披露的内容指引，结合案例研究的成果进一步形成了企业相关数据资源的披露细则和展示方式，通过详细分析自愿披露指引性文件中每一条可以包含的具体信息，为企业形成披露规范模板，有助于引导企业数据资源披露机制和未来披露规范形成，也有助于企业信息披露实践操作。

数据资产入表是数据资产创新应用的起点，企业可以通过资产评估等方式探索和释放数据资产的经济价值。而企业数据资产评估的核心难点在于资产权属的确认以及评估方法选择的依据。为了应对这些挑战，本书创造性提出数据要素价值链模型，并基于此推出基于数据资源分类分级、数据产品生命周期、数据资产经济行为的数据资产评估方法的选择逻辑，为企业和资产评估机构选择合理的估值方法提供可靠依据。

本书在企业数据资产形成、列报、披露等一系列实践操作研究成果的基础上，进一步探讨了数据资产入表与数据资产创新应用的关系。数据资产估值是数据要素交易与流通价值释放的基础。从更长远的角度看，数据要素市场的发展将推动数据资产创新应用的新局面。也就是说，进入企业资产负债表的数据资产，将像其他类型的资产一样，以其质量、公信力、收益预期作为偿付基准而发行证券产品。目前，数据资产的市场法还没有形成统一的衡量指标，也没有足够多的可比案例支持市场法评估。但目前国际上已经有多起以数据资产作为核心标的的并购案例，国内也开始探索数据资产计价入股、融资和出资相关金融业务模式，各地数据交易场所也挂牌了很多数据产品，这些将成为数据资产市场法估值的基础支撑。数据资产创新应用的方向包括：数据资产增信、转让、出资、质押融资、保理、信托、保险、资产证券化等，这些场景一般都需要主体提供标的资产预期现金流测算结果或者资产评估报告等。

数字经济正成为重组全球要素资源、重塑全球经济结构、改变全球竞争格局的关键力量。2019 年，党的十九届四中全会首次将数据与劳动、资本、土地、知识、技术和管理并列作为重要的生产要素，"反映了随着经济活动数字化转型加快，数据对提高生产效率的乘数作用凸显，成为最具时代特征新生产要素的重要变化"。数据要素市场是一个新领域，数据资产本是企业数字化转型的产物，数据资产入表、估值和创新应用将进一步推进数字经济的发展，也将对数据要素的产权体系、交易与流通、定价与核算、跨境流通等提出更高要求。本书为讨论这些问题提供了一个崭新的起点，一个来源于实践研究又为实践提出更多问题的起点，希望数据要素市场的参与者们继续展开讨论。

2023 年 12 月

目　录

第一章 数据要素市场

一、基础概念与理论

(一) 数据要素是什么？数据要素如何赋能实体经济？

在经济学中，生产要素（Production Factor）指包括人、物，及其结合因素在内的，社会生产经营活动所需要的各种社会资源，是维系国民经济运行及市场主体生产经营必须具备的基本因素。有学者认为，生产要素的判断标准是与其他生产要素结合时能增加产出、有要素价格、供给来源、需求来源与成体系的要素市场，一般情况下，该生产要素满足边际效用递减的规律①。

数据要素的全称是数据生产要素，有两方面含义：一方面，数据作为生产要素参与企业生产经营活动并发挥重要作用；另一方面，这部分数据应该满足经济学中生产要素的判断标准。简而言之，数据要素与其他生产要素结合时能够帮助企业增加产出。数据作为生产要素，反映了随着数字化转型加速发展，数据对提高生产效率起到乘数的凸显作用，是具有时代特征的新型生产要素。数据作为关键生产要素，其乘数效应的发挥离不开数据要素保有量的丰富程度、数据要素市场的发展成熟度以及数据要素应用路径的清晰度。

数据要素的概念是 2019 年党的十九届四中全会首次提出的，自那时起，我国将数据与劳动、资本、土地、知识、技术和管理并列作为重要的生产要素。数据要素与其他生产要素的主要区别在于数据要素是以电子形式存在的，一般通过计算的方式参与生产经营活动并发挥重要作用。如图 1-1 所示。

---

① A. Berczi. Information as a factor of production [J]. Bus. Econ., 1981 (1): 14-20.

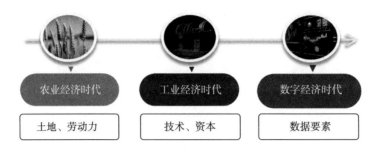

图 1-1 关键生产要素演变

数据（Data）是以电子或其他方式对信息的记录，在计算机系统中，数据是以二进制编码序列显示的信息。数据的价值本质是其所蕴含的信息，而信息是一种在认知层面降低未来不确定性的重要经济资源（Farboodi and Veldkamp，2021；Stigler，1961）[1][2]。作为经济活动副产品的数据如不经由劳动收集整理，难以作为决策分析的投入品创造价值，因此"数据资源"（Data Resources）概念本质上是一种价值判断，指经由加工后能够在现时或未来带来经济价值的数据。人类已经进入了大数据时代，数据成为包括个人、企业、政府等各种主体资源配置的关键决策依据。我国率先提出把数据作为一种生产要素看待，不断完善数据参与生产和收入分配的各种机制，拉开了我国以数据为关键生产要素的数据经济发展新序幕。

《中共中央　国务院关于构建数据基础制度更好发挥数据要素作用的意见》（简称"数据二十条"）的主线是推动数据要素赋能实体经济，数据要素参与实体经济运行的方式主要是通过计算方式在具体场景中帮助企业降低风险或者提高产出。根据企业实践模式，企业通过对各种渠道获得的数据资源进行创新性劳动或者实质性加工，最终形成数据产品对外提供服务或者支持内部使用场景。传统经济学的产品一般指企业跟用户进行价值交换的媒介，数据产品指以数据集、数据信息服务、数据应用等为可辨认形态的产品类型。数据产品是数据要素参与实体经济运行的重要载体，以上海数据交易所场内交易的数据产品为例，包括国网上海市电力公司研发的企业用电行为相关评价的数据产品"企业电智绘"，上海生腾数据科技有限公司研发的企业经营相关资讯的数据产品"启信经营全景"，

---

① Farboodi, M., Veldkamp, L. A Model of the Data Economy [J]. National Bureau of Economic Research, 2021 (1): 7-14.

② Stigler, G. J. The Economics of Information [J]. Journal of Political Economy, 1961, 69 (3): 213-225.

数库科技研发的精准定位全国超 5000 万家上市及非上市企业主营业务并形成上下游关系及产业链条关系网络结构的数据产品"数库产业链图谱"等。

（二）数据要素化是什么意思？

数据要素是一个名词，数据要素化是一个动词。所谓"要素化"，指使其对象成为生产要素。也就是说，数据要素化指要将数据变成一种新型生产要素，使其满足生产要素的判断条件，成为驱动企业生产经营活动的一种重要输入。数据要素化一方面表达了国家对数据作为战略性资源的重视程度，另一方面体现了我国要将数据按照生产要素的运作方式来运营的决心和态度。数据要素化是一个从量变到质变的过程，从数据的积累到实现数据要素化，对产业侧到行业侧的改变是突飞猛进的。

"只有数据动起来才有价值。"在第五届数字中国建设峰会数字城市分论坛上，中国科学院院士、中国计算机学会理事长梅宏认为，大数据时代，价值的发挥就是多元数据碰撞、融合、共享、流通。数据要素化的内涵是探讨数据资源如何赋能实体经济。数据要素市场化配置指数据要素供需通过市场交易和流通的方式实现，数据要素价格在价值决定基础上通过市场化的方式发现。数据要素化配置的理论框架包含多个维度，比如数据要素、市场主体、流通载体、制度机制等。

数据的特殊性使得其要素化之路比其他生产要素更加复杂，本身具有天然的非竞争性和规模经济效应，如数据不能直接产生价值，必须经过算力和算法提炼才能够指导和调节社会生产与再生产过程；如企业的数据产品在导入期不需要耗费额外的劳动就能实现低成本、大规模复制，与传统产品呈现完全不一样的特征。

价值链理论由迈克尔·波特（Michael Porter）在 1985 年提出[1]。该理论从价值创造的角度出发，运用现代管理理论和方法，识别和重构企业价值链，确定企业的竞争优势。赵丽芳等提出数据要素价值链模型（2023）[2]，如图 1-2 所示，本书将在此基础上探索数据资源形成数据资产的一般路径，也是数据释放价值的过程，即数据要素化的路径。该路径一般包括数据资源化、资源产品化、产品资

---

[1] Porter M E. Competitive advantage：creating and sustaining superior performance：with a new introduction [M]. Free Press，1985.

[2] 赵丽芳，林立，李金璞．基于数据要素价值链评估企业数据资产 [J]．企业管理，2023（12）：88-91.

产化，之后有可能基于资产化路径探索数据资产资本化的实践。显然，数据要素化是通过促进数据交易与流通来赋能实体经济，以市场化和货币化的手段发现数据使用价值和经济价值。

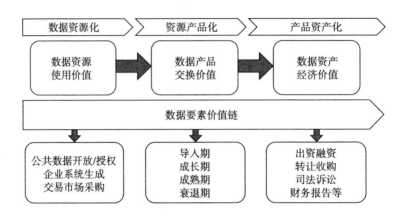

图1-2　数据要素价值链

资源（Resources）一般指可被开发利用且能给人带来财富的物质、能量和信息的总称，其经济学内涵是"生产过程中所使用的投入"，意味着资源的本质是生产要素。也就是说，《企业数据资源相关会计处理暂行规定》（简称《暂行规定》）的"数据资源"其实是数据生产要素。《暂行规定》作为一般性的会计准则，使用"数据资源"一词确定企业数据资产入表的范畴是一种审慎的做法，与"数据二十条"保持高度一致。

企业数据资源的来源可能有公共数据授权、企业系统生成或者交易市场采购等多种渠道。数据资源化是企业形成数据资产的第一步，即企业通过收集、清洗、加工处理等价值创造过程将原始数据资源整合为能够产品化的数据资源，并在特定的需求场景中发挥作用，这是企业充分挖掘数据资源使用价值的过程。

资源产品化是企业数据资产化的第二步，是数据资源为企业创造交换价值的核心环节。企业通过对数据资源赋予创新型劳动和实质性加工，形成满足特定应用场景需求的数据产品。数据产品指以数据集、数据信息服务、数据应用等为可辨认形态的产品类型。数据产品是数据要素参与实体经济运行的重要载体。

任何一个产品都会经历从产生到消亡的过程，数据产品也不例外。与传统产品类似，数据产品也会经历导入期、成长期、成熟期和衰退期（郑玉香和范秀成，2014)①。由于数据本身具有高重塑性的特点，数据产品在导入期和成长期即可批量生产，边际成本几乎为零，不受限于传统产品规模经济的特点，因此数据产品的生命周期较传统产品会呈现跳跃式、价值时变性等特点。

产品资产化是企业运用数据资产开展经济活动的过程，充分体现了数据资产的金融属性，也是数据产品从账面价值转向市场价值的重要一步，是探索数据资产公允价值的重要环节。

促进数据要素市场的交易与流通，市场主体一方面沿着数据要素价值链，正向推动数据资源化过程，提升数据资源的使用价值和交换价值，推进以数据产品为载体的数据资产入表；另一方面要积极研究数据资产创新应用，以数据资产经济价值的显性结果反向推动产业链各主体积极参与市场各项规则的建设。

（三）我国为什么将数据作为一种生产要素？

数字经济正成为重组全球要素资源、重塑全球经济结构、改变全球竞争格局的关键力量。而数据是数字经济发展的核心要素和"石油"（Nolin 2020)②，对推动技术和商业创新有积极作用，是现代新兴权利客体（申卫星，2020)③。

在数据成为一种生产要素之前，技术是驱动经济的核心动力。随着技术的发展，人们对于数据的积累和使用实现了从量到质的飞跃，数据在生产中发挥的作用越来越大，为数据成为一种生产要素提供了实践基础。数据不仅具备记录过去的功能，还能基于该功能实现对未来的预测，能以全局性、多角度、全生命周期视角来支撑企业战略规划和各项经营决策，数据不仅能支持企业营销活动，还在风险监测、预警等场景发挥重要作用，因此，数据实质上已经成为了一种企业日常经营活动必备的生产要素。2019 年，我国提出将数据作为一种生产要素，是充分认识到数据已经成为驱动社会变革和进步的核心动力这一现实，并将这一实践提升到理论高度的恰当做法。

2022 年，《中共中央 国务院关于构建数据基础制度更好发挥数据要素作用的意见》（简称"数据二十条"）拉开了我国从数据要素的认识主张走向数据要素制度创新的大幕，标志着我国数据要素市场从无序自发探索进入有序规范的正式探索，为我国数据要素流通交易事业的发展起到了举旗定向的作用。

---

① 郑玉香，范秀成. 市场营销管理［M］. 北京：中国经济出版社，2014.

② Nolin，J. M. Data as Oil, Infrastructure or Asset? Three Metaphors of Data as Economic Value［J］. Journal of Information，Communication and Ethics in Society，2020，18 (1)：28-43.

③ 申卫星. 论数据用益权［J］. 中国社会科学，2020 (11)：110-131.

数据是我国数字经济深化发展的重要引擎，是数字化、网络化和智能化的基础。数据要素基础制度的建设事关我国发展大局，尤其事关我国数字经济发展、各行各业和机构的数字化转型、社会治理等。另外，数据要素在流通使用中具有负外部性，即数据反映的是数据主体的行为或属性，"我的数据可以反映你的一些特征"。党的二十大报告指出，要健全国家安全体系。没有数据安全，就没有国家安全。因此，数据基础制度的建设事关国家安全的大局。

在当下百年未有之大变局之际，传统的土地、劳动力、资本、技术等生产要素对经济增长的贡献已经越来越有限。因此，正如"数据二十条"中所指出的，加快构建数据基础制度，充分发挥我国海量数据规模和丰富应用场景优势，激活数据要素潜能，其最终的价值在于两个重要的目标指向：一是增强我国经济发展的新动能，二是在世界各国争相发展数字经济之际，有利于我国做强做优做大数字经济，构筑起国家竞争的新优势。如图1-3所示。

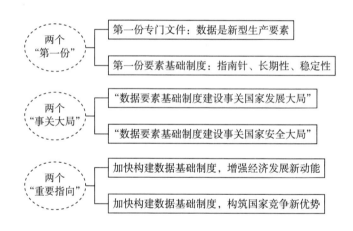

图1-3 "数据二十条"的深刻立意

（四）为什么数据可以作为一种生产要素？

首先，数据满足经济学生产要素的判断条件，这是数据可以成为生产要素的理论基础。如前文所述，经济学中生产要素的判断标准是与其他生产要素结合时能增加产出、有要素价格、供给来源、需求来源与成体系的要素市场，一般情况下，该生产要素满足边际效用递减的规律。[①] 显然，数据要素虽然以非实物的形

[①] A. Berczi, Information as a factor of production [J]. Bus. Econ, 1981 (1): 14-20.

式存在，但数据与其他要素结合，能够有效支持企业战略规划和运营决策，即产生显著的经济效益。数据目前的供给来源主要有政府行政服务活动、企业经营和个人社会活动等，我国数字经济的发展积累了海量的数据，这其中有一些能够以要素的形式参与实体经济的运行，并发挥重要作用。数据市场的需方主体也很庞大，比如银行需要购买征信数据、企业水电数据等以降低授信业务风险，比如企业进行新产品研发需要购买行业数据和消费者行为数据去支持产品开发流程，等等。根据数据驱动模型的学习曲线，数据要素使用初期的价值是非常大的，但随着新增数据带来的价值随应用成熟度递减，数据与其他要素一样会存在显著的边际效用递减规律。[①]

在我国明确将数据作为一种生产要素前，国际普遍认为生产要素有土地、人力、技术等，这些都是企业生产经营活动必须输入的。生产要素与原材料不同，原材料经过加工后形成的成品，一般情况下我们能从成品中推测出原材料的成分，如自然水加工成瓶装水，木头加工成木材家具。而生产要素在最后的成品中不一定可见，如人力和技术要素的投入在产成品中很难直接观察，企业生产经营活动离不开土地要素，但土地在最终产品形态中多数不可见。

企业使用数据或者数据产品的场景非常丰富多样，如基于历史数据分析对消费者进行画像、贴标签，进而提升产品推荐、销售预测等多项功能。数据作为一种生产要素，一方面能够通过优化企业业务流程提高产品和服务流程管理水平，降低运营成本和业务风险，通过精准营销等提高企业运行效率；另一方面能够有效提高企业数字化转型的效率和成果，满足企业渠道管理数字化、业务运行数字化、组织管理数字化的多项要求。

一般认为，数据对提高生产效率具有乘数作用，数据影响国民经济各部门，具有广泛的辐射和带动效应。

（五）数据能交易与流通吗？

数据要素要成为类比土地、资本等的生产要素，需要形成交易与流通的要素市场，通过市场化的交易行为发现数据资产的价值。交易一般特指货币化的交易，而流通的形式则更加多种多样，比如授权、公开、赠送、转让、继承等方式。数据的无形性导致数据交易与流通显著区别于有形商品，为数据交易与流通的活动组织带来挑战，但只有通过交易与流通活动才能释放数据要素的价值。

[①] Hestness, J., et al. Deep Learning Scaling is Predictable, Empirically [EB/OL]. http：//arxiv.org/abs/1712.00409.

2023 年 12 月 31 日，国家数据局会同有关部门制定印发的《"数据要素×"三年行动计划（2024—2026 年）》明确提出，场内交易与场外交易协调发展，数据交易规模倍增。

数据资产入表是数据要素价值货币化和显性化的关键一步，一方面，提升企业数据资产管理意识，激活数据要素市场供给主体，提高数据交易与流通意愿；另一方面，将更大程度激发潜在的应用场景，更好地发挥数据要素的二次甚至多次使用价值。

发现数据资产的价值是数据要素交易与流通的另外一大功能，即通过建设合法合规、活跃的公开市场，为数据资产评估市场法提供足够数量的可比案例，进一步完善数据资产评估的理论方法。

数据能否交易与流通，在权属问题明确后，要回到数据要素参与市场经济运行的过程中判断。经济运行的三大规律是价值规律、供求规律、竞争规律。价值规律是市场经济发展的基本规律，每个产品都有内在价值和使用价值，对于以数据为主要内容和服务形态的数据产品而言，一方面，产品价值体现了凝结在该产品中的人力劳动，需要通过交易来实现价值交换；另一方面，该产品若无法进行交易与流通，则很难形成数据资产。换句话说，数据资产入表和评估首先能够有数据资产价值发现的功能，一方面通过梳理企业相关的投入来显性化数据资产的成本价值，另一方面通过资产评估探索数据资产的潜在市场价值。

供求规律一般围绕着价值规律展开，但数据资产有其自身特点，即不同数据在不同主体中所发挥的作用是不一样的，也就是说，传统的供求规律在数据资产中可能不完全适用，这一点对数据资产的交易与流通提出更大挑战。数据资产入表和评估将能够有效改善数据要素市场的供求格局，减少供给与需求的信息不对称程度，促进交易与流通。

竞争规律一般指各个不同的利益主体为获得最大的经济效益，互相争取有利的投资和销售条件。对于数据要素市场来说，数据资产入表和评估将能够促使一批高效率的企业显性化并在竞争中胜出，同时淘汰一批低效率的企业，促进产业结构更迅速、有效、合理调整。

（六）数据如何确权？

数据确权是数据交易与流通的重要前提。数据确权有《民法典》作为上位法依据。《民法典》第 127 条明确规定："法律对数据、网络虚拟财产的保护有规定的，依照其规定。"本条除作为引致条款，还有两层深刻含义，分别是：其一，宣示了数据、网络虚拟财产在整个民事权益的体系架构里，是重要的、新型的民事权益，应该受到《民法典》的保护；其二，为未来数据、网络虚拟财产立法提供了上位法依据。

数据确权有重大的实践意义。根据中国人民大学王利明教授的研究①，首先，数据确权有利于激励数据生产。数据作为一种新型的财产，蕴藏着难以估量的巨大价值。数据不同于信息，必须是一种需要投入一定劳动，才能够形成的财产。只有劳动，包括数据处理者提供的各种劳动资金技术，才能形成数据。按照劳动创造价值论，以及劳动是财产权的源泉理论，为数据创造提供劳动的数据处理者，对数据最终的产品应该享有一定的权益。数据只有通过确权，才能够逐数兴业，鼓励企业对数据资源的开发和利用进行投资，进行创业。也只有通过确权，才能够定纷止争，防止因为产权界定不清，从而引发围绕数据的各种纠纷。

数据确权能够鼓励数据的流通和利用。王利明教授举了个例子，有一家企业开发了一项数据，它要拿去给银行作为抵押品，银行觉得这个数据的价值很大，"你怎么证明这是你的财产？"数据开发企业没有办法回答，最后就说大家一起去法院打场官司，实际上就是一个虚假官司，由法院作出一个确权的裁判，银行才能接受企业作为一个产权人，并作为财产担保。从这个例子可以看出，数据没有确权，不可能作为一种财产而得到广泛利用。同样，没有确权，任何人都可以利用爬虫技术来爬取他人的数据。这样一来，数据开发企业会想尽各种办法防范他人爬取，进而投入大量的资金成本，这无疑会提高数据的利用成本和代价。并且，数据不能确权，大量的数据在数据处理者手上不敢拿出来利用和投入交易，以及用作更广泛的用途。这会极大地限制或者降低数据的价值，甚至某种程度上会妨碍数字经济和数字市场的发展。因此，进入到大数据时代后，数据的确权和保护比以往任何时候都显得更加重要。

数据要素的权属及其确立规则的不清晰，一直以来都是影响数据要素流通交易的制约因素。数据权属的界定是数据交易与流通的基础，决定了数据要素市场的秩序和活力。数据具有多种特性，比如《数据资产评估指导意见》提出的非实体性、依托性、可共享性、可加工性、价值易变性。这些特点导致数据的所有权界定存在很大困难，所以"数据二十条"创新性提出了数据三权结构性分置的思路，淡化数据所有权的概念，强调数据资源持有权、数据加工使用权和数据产品经营权，这是一个非常有意义的关于数据交易与流通中权属分置的顶层设

---

① 王利明. 数据的确权与保护 [EB/OL]. https://mp.weixin.qq.com/s/Ys34dfkPb8D0jES-C7kWbw.

计，也是中国特色的数据产权制度的核心思想。

但三权分置并没有完全解决数据确权的问题，如何定义数据资源持有权、数据加工使用权和数据产品经营权，如何在企业实践中合理确权，依然是理论界和实践界的一大挑战。

二、数据要素市场

（七）全球数据要素市场格局如何？

虽然我国是国际上率先将数据作为"生产要素"的国家，但数据要素市场化本质上是一个全球性的难题，美国、欧盟、英国、日本等国家和地区都非常重视，也进行了大量的研究，如美国在公共数据开放、欧盟在数据空间建设等方面都有成功经验，欧盟出台的史上最严格个人数据保护法案也产生了一些消极影响。有一些研究人员将数据相关的保护法案比作"刹车"，将促进数据流通使用的意见规定比作"油门"，目前全球数据要素市场格局取决于各国或者地区是踩刹车的力度大，还是踩油门的力度大。各国如何处理"刹车"和"油门"的关系，我国又如何充分吸收国外数据要素市场化的经验和教训，是我们尝试回答的主要方向。

根据上海数据交易所发布的《2023年中国数据交易市场研究分析报告》，2022年全球的数据交易市场规模为906.0亿美元，预测至2025年市场规模有望增长到1445.0亿美元，到2030年全球数据交易市场规模有望达到3011.0亿美元。

全球数据交易行业市场规模扩大的原因包括三点：第一，数据交易市场的发展，与数据经济的发展以及政策的发展密不可分，各国在数据定价、交易机制和确权上纷纷提出条款，政策的完善推动全球数据交易市场发展；第二，经济进一步全球化，跨国企业数量攀升，跨国数据产品和服务交易需求不断增加，数据交易市场规模增长；第三，2020年，线下实体经济受到限制，多数商品和服务开始向线上转变，加速数字化转型，数据交易规模增加。

2022年，北美洲数据交易市场规模在430.0亿美元，预测至2025年市场规模有望增长至698.0亿美元，2021~2025年的CAGR为13.7%，未来北美市场有望持续增长，预计2030年市场规模将达到1447.0亿美元。北美洲数据交易市场增长主要依靠美国和加拿大，但是由于美国电力资源逐渐紧张，北美洲的数据中心开始向墨西哥等国家布局。2021年底，最大的数据中心AWS宣布在加拿大西部建设数据中心，并且预计2023年可运行。CyrusOne则和巴西某大数据公司合作在墨西哥布局数据中心，同时华为云和IBM云也在墨西哥建设数据中心。北美洲数据交易增长的原因在于：一是美国数字经济的强势发展为数据交易市场打下基础；二是北美洲地区数据交易产品形态和服务更多样，满足企业更多的数据需求。如图1-4所示。

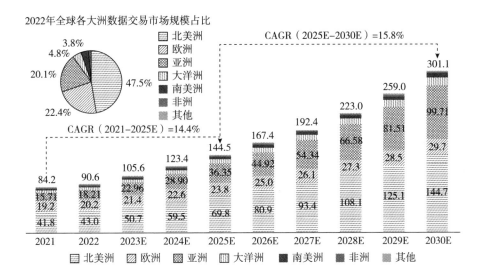

图1-4 全球数据交易行业市场规模，2021~2030年预测（10亿美元，以交易额计）

资料来源：上海数据交易所。

2022年，美国数据交易市场规模约为417.0亿美元，是全球数据交易市场规模最大的国家；美国数据交易市场的交易模式主要以B2B2C模式为主，产品形态以数据集为主，未来其数据中心的建设规模预计仍会增加。美国市场规模得以增长的主要原因在于：首先，美国是北美洲绝对优势国家，其经济总量和经济增速远超其他国家，数字经济占比超过GDP总值的60.0%，为数据中心行业快速发展打下了良好的基础；其次，美国数据交易的头部企业全是互联网企业，而美国互联网企业横跨全球，并且企业实力雄厚，使得美国数据交易拥有得天独厚的数据基础和技术优势。美国数据交易的模式涵盖三个类别，这和中国当前的交易模式整体相似，并且B2B2C混合模式占市场的主导地位。从产品形态上看，尽管美国市场中的数据集类产品的交易市场规模占比最大,但目前有数据服务和数据应用类产品交易规模增长的趋势。美国的数据中心设施建设占比全球最大,达到33.0%,并且依旧在扩张中,这意味着美国数据市场将会拥有更大的数据存储量、产量和交易规模。

2022年,欧洲数据交易市场规模为202.0亿美元,预测至2025年欧洲数据交易市场规模有望达到238.0亿美元,且2021~2025年的CAGR为5.6%,2030年市场规模有望增长到297.0亿美元,2025~2030年CAGR将为4.5%。欧洲数据交易规模未来增长率可能出现略微下降,其中原因在于:首先,欧洲数据交易市场小于北美洲地区,阻碍欧洲数据交易发展的因素包括经济动力不足、人口负增长、土地和电力资源受限等。其次,欧洲数据中心市场主要以国际数据中心运营商为主导,本土数据中心运营商竞争力较弱,因此预计未来数据交易的增长率会有所下降。有70.0%以上的欧洲数据中心分布在西欧地区,然后是南欧和北欧地区。西欧拥有以法国、英国等区域为中心的"FLAP数据中心市场",另外有不少美国企业,例如,Equinix、微软、谷歌等也在西欧布局。北欧拥有欧洲数据中心二级市场,大量的数据存储服务商、加密货币服务等企业在此布局,这得益于北欧气温低,数据存储过程中不用投入大量的降温设备。

2022年,亚洲数据交易市场规模为182.0亿美元,预测至2025年有望增长到364.0亿美元,2021~2025年CAGR为23.3%;2030年市场规模有望增长到997.0亿美元,2025~2030年CAGR为22.4%。亚洲数据中心主要集中在中国,其次是日本和新加坡等国家。中国数据交易规模占亚洲地区的50.0%~60.0%。中国数字产业化水平不断提升以及中国政府对数据要素行业的支持,是数据交易市场规模增长的动力来源。日本、韩国、新加坡和印度的数据交易市场占亚洲市场的25.0%左右。日本和新加坡的数字经济发展速度较快,是由于其数据经济基础建设最齐全,同时与欧美间的贸易往来更密切,但日本和新加坡的土地和电力资源趋于紧张,同时考虑到日元不断贬值,日本和新加坡市场规模未来可能出现缩水,相比之下,中国数据交易市场规模未来增长可能更为强势。另外,印度尼西亚、马来西亚和泰国政府也开始重视数字经济发展,为这些国家的数据交易市场增长提供了更多可能性。综合来看,未来东南亚和南亚数据中心增速将显著快于东亚,是未来亚洲数据中心市场增量核心区。

2022年,大洋洲数据交易规模为44.0亿美元,预测至2025年市场规模将会增长到72.0亿美元,2021~2025年的CAGR为11.2%;市场规模持续上涨,未来 2030 年将会增长到 146.0 亿美元，2025～2030 年 CAGR 为 15.2%。整体来看，大洋洲的数据交易市场主要集中在澳大利亚和新西兰。随着"澳大利亚政府数据中心战略 2010～2025"的推出，澳大利亚政府信息管理办公室（AGI-MO）等政府举措在优化数据中心资源方面处于领先地位，该战略代表了从使用政府运营的数据中心向第三方或多方、多租户数据中心转移的趋势。2019年，美国与澳大利亚签订了关于数据使用合法的法案，保障了数据合法的同时也推动了大洋洲数据交易市场的增长。大洋洲市场规模在 2021～2022 年出现略微下降，这是因为大洋洲国家为刺激经济采取了宽松政策，导致本国货币贬值，但整体市场规模呈上涨趋势。

南美洲数据交易规模呈现上涨趋势，2022 年其数据交易市场规模为 34.0 亿美元，预测至 2025 年市场规模有望增长到 53.0 亿美元，2021～2025 年的 CAGR 为 31.9%，而未来的增长率放缓，2030 年其市场规模有望达到 88.0 亿美元，2025～2030 年的 CAGR 为 10.6%。南美洲数据交易市场主要集中在巴西，主要是因为巴西的数字经济起步较早，数据交易行业的发展优于其他南美洲国家，同时巴西政府对于数字经济的关注度和支持度都处于较高水平，因此在新冠疫情后，其市场规模出现大比例上涨。但南美洲整体的经济环境增长幅度偏低，整体经济对数据交易市场的带动效用并不会很大，因此南美洲市场未来数据交易市场规模的增长很难保持 2021～2025 年的增速。同时，部分美国、中国和欧洲数据经纪商瞄准了正在高速增长的南美洲市场，由于境外企业对南美洲市场的抢占，南美洲市场未来的增长率可能会放缓。

非洲数据交易市场规模较低，2022 年其数据交易市场规模为 11.0 亿美元，预测至 2025 年将增长到 17.0 亿美元，2021～2025 年 CAGR 为 12.7%；未来市场规模稳定增长，2030 年有望达到 32.0 亿美元，2025～2030 年 CAGR 为 12.8%。非洲数据交易市场规模整体偏小，主要是因为非洲多数国家经济发展偏弱，且数字经济起步较晚。从非洲地区政治局势看，2022 年非洲处于选举动荡周期。2020～2021 年非洲共有 31 个国家举行了选举，2022 年，包括肯尼亚在内的 14 个国家举行总统和议会选举。因此，在经济复苏后，非洲的数字经济和数据交易市场并未出现大范围增长。但从数据和互联网企业的发展动向来看，不少跨国科技巨头企业亟须开拓新市场，而非洲是新的增长点，因此未来非洲数据交易市场规模可能会出现增长。另外，考虑到非洲社会经济持续低增长、高负债的局面，未来整体数据交易市场的发展经济环境存在不确定性因素，保守预计，非洲未来的数据交易市场可能呈现稳步攀升的局面。

（八）我国数据要素市场格局如何？

"数据二十条"中构建多层次市场交易体系的相关要求，提出要加强数据交易场所的体系建设，统筹优化数据交易场所的规划布局，严控交易场所数量，出台数据交易场所管理办法，建立健全数据交易规则，制定全国统一的数据交易、安全等标准体系，降低交易成本。

在数据基础制度的框架下，我国推进数据要素市场建设的目标是构建全国统一的数据要素市场，保障其健康运行，并以数据要素流通国家标准体系作为基础，以国家层面和地方性法规规章和其他规范管理的制度体系作为保障，构建数据要素市场制度和标准体系。

全国统一的多层次数据要素市场指在全国范围内各交易机构对数据要素资源确权与登记、可交易数据产品挂牌、数据产品流通交易和交付等流通诸环节，按照统一的秩序和规则，将数据要素流通管理、交易服务规则和标准、技术平台、市场监管等相关的组织与技术系统有机地融合为一个整体，形成全国多层次要素市场的协同效应和整体效能，以实现可信的数据要素流通体系。

在多层次数据要素市场中，一般有四类建设主体：国家级数据交易所、地方数据交易中心、行业数据交易平台和企业交易机构。这些交易机构应该遵循一致的秩序和规则，确保体系的一致性。这包括建立一体化的业务规则和统一关键领域的标准。多层次数据要素市场的目标是建立可信的数据要素流通体系，增强数据的可用、可信、可流通和可追溯水平，并实现数据流通全过程动态管理，在合规流通使用中激活数据价值。

目前，我国数据要素交易市场的探索仍然处于起步阶段。自2014年以来，在相关政策的推动下，我国涌现了一大批数据交易平台、数据交易中心、数据交易所等机构。截至2023年6月，全国各地由政府发起、主导或者批复的数据交易所达到44家，头部数据交易所交易规模已达到亿元或者十亿元级别，且呈现爆发式增长趋势。以上海数据交易所为例，截至2023年底，场内挂牌产品2100个左右，这些产品呈现行业多元化、主体多元化、交易方式多元化的特点。我国数据要素市场建设情况如图1-5所示。

以上海数据交易所、北京国际大数据交易所、贵阳大数据交易所、深圳数据交易所和广州数据交易所为例，我们梳理了交易所成立的时间、挂牌企业数、挂牌产品数、注册数商数、发布的规则文件等重要信息，如表1-1所示。

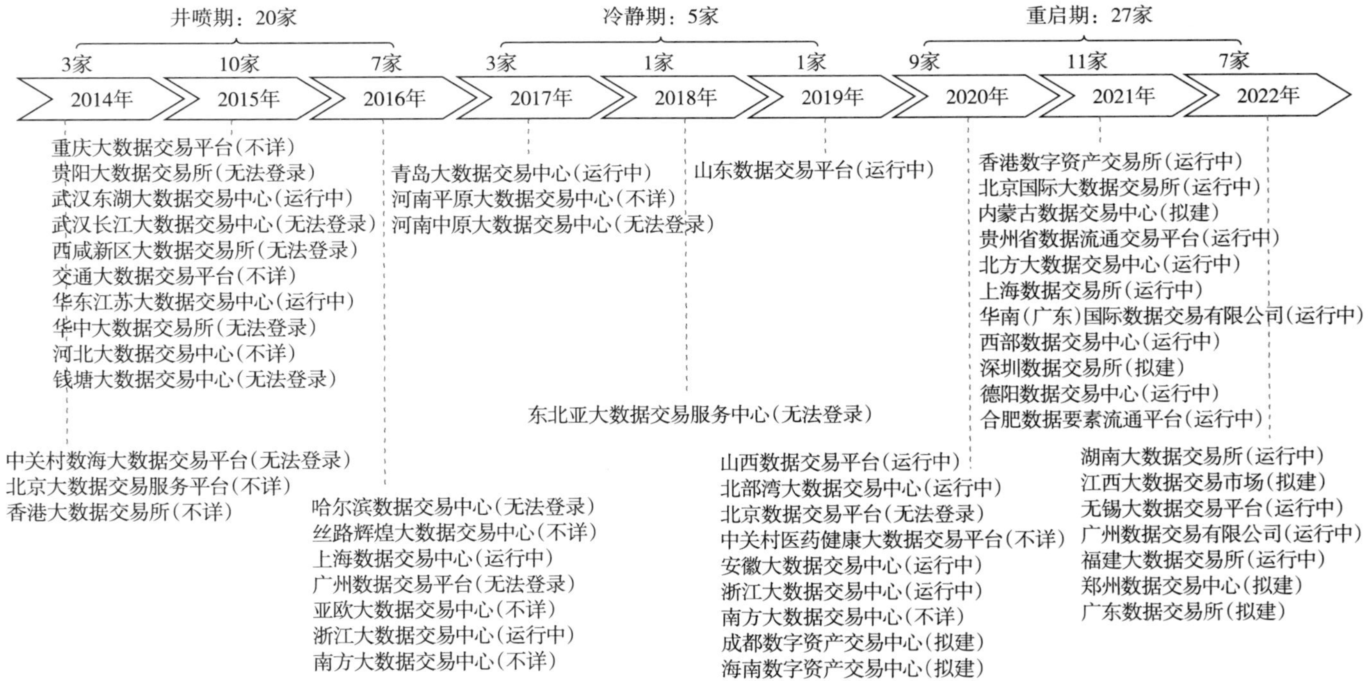

图 1-5　我国数据要素市场建设情况

井喷期：20家

2014年　3家
重庆大数据交易平台（不详）
贵阳大数据交易所（无法登录）
武汉东湖大数据交易中心（运行中）

2015年　10家
武汉长江大数据交易所（无法登录）
西咸新区大数据交易中心（不详）
交通大数据交易平台（不详）
华东江苏大数据交易中心（运行中）
华中大数据交易所（无法登录）
河北大数据交易中心（不详）
钱塘大数据交易中心（无法登录）

2016年　7家
青岛大数据交易中心（运行中）
河南平原大数据交易中心（不详）
河南中原大数据交易中心（无法登录）

中关村数海大数据交易平台（无法登录）
北京大数据交易服务平台（不详）
香港大数据交易所（不详）

哈尔滨数据大数据交易中心（无法登录）
丝路融建大数据交易平台（运行中）
上海数据交易中心（运行中）
广州数据大数据交易平台（不详）
亚欧大数据交易中心（无法登录）
浙江大数据交易中心（不详）
南方大数据交易中心（不详）

冷静期：5家

2017年　3家
山东数据交易平台（运行中）

2018年　1家
东北亚大数据交易服务中心（无法登录）

2019年　1家

山西数据交易平台（运行中）
北部湾大数据交易中心（运行中）
北京数据交易中心（无法登录）
中关村医药健康大数据交易平台（不详）
安徽大数据交易中心（运行中）
浙江大数据交易中心（运行中）
南方大数据交易所（不详）
成都数字资产交易中心（运行中）
海南数字资产交易中心（不详）

重启期：27家

2020年　9家
香港数字资产交易所（运行中）
北京国际大数据交易所（运行中）
内蒙古数据交易中心（拟建）
贵州省数据流通交易平台（运行中）
北方数据交易所（运行中）
华南（广东）国际数据交易有限公司（运行中）
西部数据交易中心（运行中）
深圳数据交易所（拟建）
德阳数据交易中心（运行中）
合肥数据要素流通平台（运行中）

2021年　11家
湖南大数据交易所（运行中）
江西大数据交易市场（拟建）
无锡大数据交易平台（运行中）
广州数据交易有限公司（运行中）
福建大数据交易所（拟建）
郑州数字资产交易中心（拟建）
广东数据交易所（拟建）

2022年　7家

资料来源：上海数据交易所。

· 15 ·

表1-1 我国主要数据交易机构的实践进展

数据交易机构	成立时间	挂牌企业数	挂牌产品数	注册数商数	发布规则文件
上海数据交易所	2021年11月	超200家	2100个（2023年12月）	超800家（2023年12月）	《上海数据交易所数据交易规范(试行)》《上海数据交易所数据产品登记规范(试行)》《上海数据交易所数据交易合规管理规范(试行)》《上海数据交易所数据交易安全规范(试行)》《上海数据交易所信息资源规范(试行)》《上海数据交易所数据管理规范(试行)》《上海数据交易所专业板块管理规范(试行)》
北京国际大数据交易所	2021年3月	/	1253个（2022年9月）	333家（2022年9月）	《北京数据交易服务指南》
贵阳大数据交易所	2015年4月	/	1090个（2023年8月）	644家（2023年8月，数据商+数据中介）	《数据要素流通交易规则（试行）》《数据产品成本评估指引》《数据产品交易价格评估指引》《数据资产价值评估指引》《数据交易合规性审查指引》《数据交易安全评估指引》《数据商准入及运行管理指引》
深圳数据交易所	2022年11月	/	超1600个（2023年8月）	184家（2023年8月）	《深圳数据交易有限公司交易规则》《深圳数据交易有限公司交易服务指南》《深圳数据交易所生态合作方管理指南》《深圳数据交易所数据商分级分类规则》
广州数据交易所	2022年9月	/	1220个（2023年5月）	超260家（2023年5月，会员）	/

资料来源：上海数据交易所。

　　数据要素市场互联互通指国家数据交易所、地方数据交易中心和行业数据交易平台之间的互联互通，主要通过统筹建设国家级数据交易所、合理布局区域性数据交易所、有组织有计划推进行业性数据交易平台而构建全国多层次、互联互通的数据要素市场。

　　互联互通指数据交易机构间在共享全国数据要素流通的基础设施的基础上，按照统一的系统接口标准以及交易业务的规范规则，通过一体化的数据要素流通交易网络和全国数据要素交易链，以实现"数商互认、产品互通、交易互联"的基本理念、"基础设施集约管理，服务环境高效配置，执行过程安全可控"的数据流通专有云、"数商一地注册，全国可互认；数据产品一地挂牌，全网可交易"的数据产品互通网络和"数据产品一站交易，全链可追溯；数据资产一证颁发，全链可互信"的国家数据交易链。如图1-6所示。

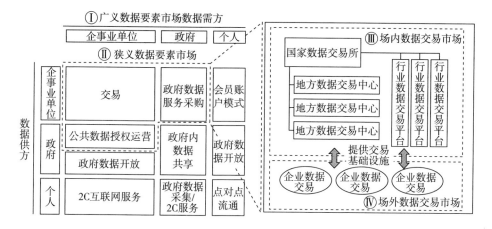

图1-6　数据要素市场建设的"四类主体"

1. 统筹建设国家级数据交易所

为了促进数据要素市场的互联互通，需要引导多种类型的数据交易场所共同发展，突出国家级数据交易场所合规监管和基础服务功能，强化其公共属性和公益定位，推进数据交易场所与数据商功能分离，鼓励各类数据商进场交易。我国目前已经有如上海数据交易所在内的区位优势显著、制度规则体系完备、市场潜力巨大并且示范作用较强的交易所承担着构建国家统一数据要素市场的战略使命。在统筹建设国家级数据交易所的工作中，应该充分结合"数据二十条"对于公共数据、企业数据、个人数据的运营理念，结合跨境数据、行业数据等不同类型的数据流通交易，依托国家级数据交易所设置若干个专门的交易板块，形成多层次数据要素市场的基本架构。

2. 合理布局区域性数据交易所

我国数据资源丰富，数据产品的应用场景多样，但各个地区存在数据管理技术成熟度差异化较大的特点，因此，合理布局区域性数据交易场所是构建全国多层次数据要素市场的关键一步。区域性数据交易所将统筹推进本地区公共数据授权运营和区域性数据产品交易与服务，促进社会数据和公共数据融合使用，推进形成有规模、有地方特色、有长期发展潜质的区域性交易市场。

3. 有组织有计划发展行业性数据交易平台

数据要素市场呈现明显的行业特征，各行各业的数据开放共享、融合创新有助于实现数据赋能实体经济的主要功能，如上海数据交易所撮合隧道股份城市运营与智能汽车创新发展平台实现数据交易。从数据产品的挂牌到交易，上海数据交易所作为重要的功能性平台，在供需对接、数据产品挂牌及交易等方面扮演关键的"组织者"角色，让沉淀的数据资源"动起来"，激活数据要素价值，赋能更多企业行业数字化转型。行业性数据交易平台的功能更多的是促进数据要素与各行业场景充分融合，有效赋能千行百业。

国家需要规范各地区各部门设立的区域性数据交易场所和行业性数据交易平台，构建多层次市场交易体系，推动区域性、行业性数据流通使用。例如，上海数据交易所通过构建集约高效的数据流通基础设施，促进区域性数据交易场所和行业性数据交易平台与国家级数据交易场所互联互通，为场内集中交易和场外分散交易提供低成本、高效率、可信赖的流通环境。

上海数据交易所确立了"非合规不挂牌，无场景不交易"的原则，在数据合规审查、挂牌与交易定价、产品与交易登记等方面构建了可信的数据交易制度体系。一方面，上海数据交易所坚持自身的公益定位，充分发挥数据市场交易组织者的职能。上海数据交易所的重要职能是撮合潜在的交易参与者并提供相应的基础服务，在这个过程中履行公平撮合与信息披露的义务。具体而言，上海数据交易所为每一个进场交易的参与者提供均等、公正的交易机会，及时进行会员公示并公布交易相关信息。基于公平可信的交易环境，企业可以通过数据交易所获得的大量可信赖数据源，为企业的数据资产估值提供准确、全面的数据支持。传统的企业资产估值往往依赖于自身内部的数据积累，这些数据往往存在着不足和局限。而数据交易所可以通过与多个数据供应方合作，汇聚各种类型的数据，为企业在数据资产估值时提供参考依据。这种多源数据的使用，能够更全面地反映企业的真实情况，从而提高资产估值的准确性和可信度。[①]

另一方面，上海数据交易所正在探索基于全国数据交易链的数据资产交易凭证，该凭证会记录数据产品的权属、合约和交易信息，反映价格、交易规模、信用情况、场景情况、用户评价等非会计信息，可以为数据资产风险和预期收益的测算提供可靠信息来源。这不仅有助于提高数据资产估值的准确性，还为探索市场法估值提供了基础。随着数据资产交易市场的发展，我们可以预期未来会有越来越多的企业在场内交易数据产品，数据资产凭证的应用场景和功能定位也越来越明晰。

（九）数据要素与土地要素的区别和联系？

有些学者提出"数据财政"的概念，这一概念来源于"土地财政"。在我

---

① 包晓丽，杜万里. 数据可信交易体系的制度构建——基于场内交易视角［J］. 电子政务，2023（6）：38-50.

国，土地财政是前期经济发展时期地方政府扩张的产物，即地方政府通过对土地资源和公共物品供给的控制，不断扩大收支规模，加速发展红利的释放。具体而言，土地财政指伴随财政体制改革和快速城市化进程而出现的政府收入对土地的过度依赖现象，突出表现为以国有土地出让收入为主的土地资产性收入在地方政府收入中占比过高。然而，土地财政模式已经很难适应时代的变化和需求，也产生了一系列的问题。但无论是数据财政，还是土地财政，都不是一个正统的学术概念，也不是一个规范的政策用语，而多是社会舆论对于我国土地出让及其由此带来大量政府性收入这种现象的一种俗称。从要素的角度看，数据要素与土地要素的主要区别如表1-2所示。

表1-2　数据要素与土地要素的对比

		数据要素	土地要素
价值生成的过程		非实物形式，提升其他要素的配置效率而间接创造价值	以实物形式参与生产活动直接创造价值
资源化		复杂度高，需经历原始数据累积和治理等环节	复杂度低，以征收规划完成资源化
产品化	供需主体	主体多元性高，需要各方联合完成	主体多元性低：供方为国家主导，供需主体明确
	流通标的	多样性高，重塑性强：基于不同应用场景和交付要求呈现出不同形态	多样性低：以明确的建设用地为流通标的
资产化	要素价值	时变性高：数据要素价值生命周期多变，随时间波动较大	时变性低：要素价值随时间稳定增长，受动态因素影响较小
	资产权属	权属分置：持有权、加工使用权和经营权分置	权属分置：一级市场仅转让土地使用权

（十）数据要素与技术要素的区别和联系？

技术要素与数据要素相比，复杂度相对更低、多样性相对更低。数据要素和技术要素虽然是两个不同的概念，但都是以非实物形式存在，它们之间有一定的区别和联系。区别主要在于：

数据要素指构成数据集的基本单位，是数据的最小可完成单元。它们可以是具体的实体，也可以是抽象的概念。这些要素描述真实世界的事物，具有名称、类型、格式等属性。它们既可以探测存在的事物，也可以表示优先级的概念或分类。数据要素存在于多个逻辑关系之间，可以组成数据集。比如，人的基本信息包括姓名、年龄等，这些也是数据要素。这些要素既可以格式化保存，也可以以非格式化的形式出现，如自我介绍中的一段文字描述。

技术要素主要指在技术创新和应用过程中所涉及的各种资源，包括人力、物力、信息等。人力是指技术人才和一般从事技术工作的人员，他们需要具备专业知识、技能和实践经验，能够独立完成技术任务或协作完成技术项目。物力包括各种设备、机器、工具、材料和能源等，这些物质资源需要适应技术的要求和特点，能够满足技术的需求和要求。信息也是技术要素之一，技术需要信息来支持其发展和应用。

联系主要在于：

数据要素和技术要素之间存在密切的联系。在大数据时代，数据已经成为一种重要的生产要素，而技术的发展则为其采集、存储、处理和应用提供了可能。数据要素的积累和应用也为技术的发展提供了更多的机会和可能性。

技术要素的应用离不开数据要素的支持。例如，人工智能技术的发展需要大量的数据作为训练集和测试集来支持算法的训练和测试。同时，随着数据量的不断增加和处理技术的不断更新，数据要素的价值也在不断提升，从而为技术的发展提供了更多动力和支持。

总之，数据要素和技术要素都是非常重要的资源，它们之间相互促进、相互支撑，共同推动着社会经济的发展和进步。

（十一）数据要素产业政策都有哪些？

中央相关政策文件的密集出台推动了中国数据要素产业迅速发展，未来数字经济下的数据交易有望在开放的市场中，得到进一步规范，使其运转更加健全、高效、高质。目前，重要的数据产业相关政策如表1-3所示。

表1-3 数据要素重要政策时间节点与要点梳理

时间	政策名称	内容要点
2019年10月31日	《中国共产党第十九届中央委员会第四次全体会议公报》	首次将数据纳入生产要素
2019年11月26日审议 2020年4月9日颁布	《关于构建更加完善的要素市场化配置体制机制的意见》	首次提出培育数据要素市场
2021年3月13日	《中华人民共和国国民经济和社会发展第十四个五年规划和2035年远景目标纲要》	提出建立健全数据要素市场规则
2021年11月30日	工业和信息化部《"十四五"大数据产业发展规划》	推动建立市场定价、政府监管的数据要素机制

续表

时间	政策名称	内容要点
2021 年 12 月 21 日成文 2022 年 1 月 6 日发布	国务院办公厅以国办发〔2021〕51 号印发通知公布《要素市场化配置综合改革试点总体方案》	要求探索建立数据要素流通规则
2022 年 1 月 12 日	国务院《"十四五"数字经济发展规划》	鼓励市场主体探索数据资产定价机制
2022 年 3 月 25 日	《中共中央　国务院关于加快建设全国统一大市场的意见》	要求加快培育统一的技术和数据市场
2022 年 6 月 22 日	中央全面深化改革委员会第二十六次会议审议通过《关于构建数据基础制度更好发挥数据要素作用的意见》	创新数据产权观念，淡化所有权、强调使用权，提出"三权分置"的数据产权制度
2022 年 10 月 27 日	《关于支持深圳探索创新财政政策体系与管理体制的实施意见》	积极推进数据资产管理研究
2022 年 12 月 1 日	关于征求《企业数据资源相关会计处理暂行规定（征求意见稿）》意见的函财办会〔2022〕42 号	数据资源会计计量办法指引
2023 年 8 月 1 日	财政部发布《企业数据资源相关会计处理暂行规定》	正式推进企业数据资源入表
2023 年 9 月 8 日	中国资产评估协会发布《数据资产评估指导意见》	规范资产评估公司数据资产估值行为

资料来源：上海数据交易所根据公开资料收集整理。

　　中国各省市积极响应号召发布促进数据要素发展政策，各地根据自身数字经济发展特点进行了进一步规划。如表 1-4 所示。

表 1-4　各地数字经济规划一览

省份	日期	颁布主体	政策名称	主要内容及影响
上海	2023/8	上海市浦东新区人民政府网	《立足数字经济新赛道推动数据要素产业创新发展行动方案（2023－2025 年）》	到 2025 年，初步建成具有国际影响力的数据要素配置枢纽节点和数据要素产业创新高地。数据要素市场体系基本建成，国家级数据交易所地位基本确立
	2023/7	上海市浦东新区人民政府网	《上海市促进浦东新区数据流通交易若干规定（草案）》	主要内容包括界定各方责任，明确促进数据流通交易的总体要求；结合落实"数据二十条"，探索细化数据产权分置机制；建立数据流通交易的系列规则，进一步培育壮大场内交易，并对场外交易作出适度规范引导
	2021/11	上海市第十五届人民代表大会常务委员会	《上海市数据条例》	推进数据权属界定、开放共享、交易流通、监督管理等标准制定和系统建设。长三角区域数据合作方面，建设全国一体化大数据中心体系长三角国家枢纽节点

省份	日期	颁布主体	政策名称	主要内容及影响
广东	2023/7	广州市政务服务数据管理局	《广州市数据条例（征求意见稿）》	明确本市行政区域内的数据权益保护、数据流通应用、数据安全保障及监督管理等数据管理活动流程及要求，创新广州公共数据运营机制，搭建数据供给主体、数据需求主体、数据交易场所、数据商及第三方专业服务机构等多方参与的数据要素市场，规范引导数据安全流通交易
	2023/4		《广州市公共数据开放管理办法》	明确公共数据开放及管理行为的适用范围，结合优化营商环境等要求，在合法有序前提下适度扩大公共数据开放的覆盖面，将具有公共事务管理和公共服务职能的组织纳入数据开放主体范围，其中包括供水、供电、供气、公共交通、公共资源交易等提供公共服务的企事业单位
北京	2023/6	中共北京市委、北京市人民政府	《关于更好发挥数据要素作用进一步加快发展数字经济的实施意见》	以促进数据合规高效流通使用、赋能实体经济为主线，加快推进数据产权制度和收益分配机制先行先试，围绕数据开放流动、应用场景示范、核心技术保障、发展模式创新、安全监管治理等重点，充分激活数据要素潜能，健全数据要素市场体系，为建设全球数字经济标杆城市奠定坚实基础
贵州	2023/6	贵州省人民政府办公厅	《贵州省政务数据资源管理办法》	进一步规范全省政务数据资源管理，推进政务数据"聚、通、用"。政务数据采集遵循"一数一源、一源多用"原则。可以通过共享方式获取或确认的，不得重复采集、多头采集
福建	2021/12	福建省人民代表大会常务委员会	《福建省大数据发展条例》	紧扣福建省大数据发展应用现状和需求，对数据采集生成、汇聚共享、开放开发中的主要问题进行制度设计，明确划定了政府及有关部门的职责权限

资料来源：上海数据交易所根据公开资料收集整理。

第二章　数据交易与流通

一、国际与国内数据交易场所

（十二）国际数据交易与流通现状？

国际数据交易与流通现状近年来得到了广泛的关注和重视。随着数字经济的不断发展，数据已经成为一种重要的生产要素，而国际数据交易与流通成为推动全球数字经济发展的重要手段。

目前，全球范围内已经建立了一些国际数据交易平台和机构，这些平台和机构为全球范围内的数据交易和流通提供了便利和支持。例如，纽约泛欧交易所（NYSE）的国际数据交易平台 Global Switch，该平台提供安全、可靠的数据中心和数据传输服务，为全球范围内的数据交易提供了便利和支持。

此外，一些国际组织和机构也在积极推动国际数据交易与流通的发展。例如，世界经济论坛（WEF）与全球贸易协会（GTA）联合发布的《全球数据交易框架报告》提出，要构建一个安全、透明、高效的数据交易环境，促进全球范围内的数据交易和流通。

同时，一些国家也在积极探索和发展数据交易和流通的模式和机制。例如，英国政府提出了"开放银行"计划，该计划旨在推动金融科技公司和传统银行之间的合作，实现数据的共享和流通。

总之，国际数据交易与流通已经成为推动全球数字经济发展的重要手段，未来随着技术的不断进步和应用场景的不断扩展，国际数据交易与流通将得到更广泛的应用和支持。

（十三） 国外有哪些创新的数据交易与流通模式？

国外创新的数据交易与流通模式有多种，以下列举几种典型模式：

数据平台 C2B 分销模式：用户将自己的个人数据贡献给数据平台，并获得一定的商品、货币、服务等价物或者优惠、打折、积分等对价利益。

数据平台 B2B 集中销售模式：数据平台作为中间代理人，为数据提供方和数据购买方提供数据交易撮合服务。数据提供方和数据购买方都是经过交易平台审核认证、自愿从事数据买卖的实体公司。

数据平台 B2B2C 分销集销混合模式：数据平台以数据经纪商身份，收集用户个人数据并将其转让、共享给他人。这种模式在美国发展迅速，已经形成相当的市场规模，塑造了在美国数据产业中占据重要地位的数据经纪产业。

数据中间平台代理数据买卖模式：数据中间平台代理数据提供方、数据购买方进行的数据买卖活动，大多属于此类模式。这些中间平台既有美国的 BDEX、Ifochimps、Mashape、RapidAPI 等综合性数据交易中心，也有很多专注细分领域的数据交易商，如位置数据领域的 Factual，经济金融领域的 Quandl、Qlik Data market 等。

另外，还有亚马逊 AWS Data Exchange、谷歌云、微软 Azure Marketplace 等知名 IT 头部企业构建各自的数据交易平台，以此作为打造数据要素流通生态的核心抓手。这些平台主要采取完全市场化模式，数据交易产品主要集中在消费者行为趋势、位置动态、商业财务信息、人口健康信息、医保理赔记录等领域。

总的来说，国外的数据交易与流通模式比较丰富多样，不同的模式各有特点和优势。

（十四） 全国数据交易所如何建设？

在多层次数据要素市场中，一般有四类建设主体：国家级数据交易所、地方数据交易中心、行业数据交易平台和企业交易机构。这些交易机构应该遵循一致的秩序和规则，确保体系的一致性，包括建立一体化的业务规则和统一关键领域的标准。多层次数据要素市场的目标是建立可信的数据要素流通体系，增强数据的可用、可信、可流通和可追溯水平，并实现数据流通全过程动态管理，在合规流通使用中激活数据价值。

我们需要引导多种类型的数据交易场所共同发展，突出国家级数据交易场所合规监管和基础服务功能，强化其公共属性和公益定位，推进数据交易场所与数据商功能分离，鼓励各类数据商进场交易。在统筹建设国家级数据交易所的工作中，我们应该充分结合"数据二十条"对于公共数据、企业数据、个人数据的运营理念，结合跨境数据、行业数据等不同类型的数据流通交易，依托国家级数据交易所设置若干个专门的交易板块，形成多层次数据要素市场的基本架构。

（十五）我国数据交易发展过程概况？

我国数据交易行业发展主要可以分为三个阶段：第一阶段是 2010~2014 年，行业呈现无序扩张的状态；第二阶段是 2015~2018 年，行业呈现整顿成长的特点；第三阶段是 2019 年至今，我国提出把"数据"作为一种新型生产要素，行业步入了新政发展期，如表 2-1 所示。

表 2-1 中国数据交易行业发展历程

时间	2010~2014 年	2015~2018 年	2019 年至今
阶段	无序扩张期	整顿成长期	新政发展期
时代综述	市场环境不清晰，数据交易多为非正式渠道交易，游走在灰色地带	市场明确了新的演变方向：构建权威规范的数据流通交易平台，提升市场可控性	各地区充分激发数据资源型企业市场活力，完善数据要素产品供给及产业生态建设
发展特征	➤ 大数据产业爆发，出现数据产品交易 ➤ 数据交易行业在不断探索寻找前进的道路 ➤ 突出的问题是数据产品缺乏健全的法规与政策，部分为违规获取与使用	➤ 数商和大型互联网企业搭建自己的数据交易渠道 ➤ 多地政府开始探索建立数据交易平台，力图通过正规的确权注册、质量评估、估值定价、安全交易等行为实现一定程度的规范化和可追溯 ➤ 突出的问题是缺少健全的法规及交易平台	➤ 鼓励供需双方通过数据交易平台开展数据流通 ➤ 各地区完成数据交易平台搭建，并充分激发数据资源型企业市场活力，完善数据要素产品供给及产业生态建设 ➤ 突出问题为产品种类少、同质化程度高、附加价值低、数据资源深加工和场景应用能力不足等
重要事件	➤ 2014 年，大数据首次被写入政府工作报告，这一年也标志着进入大数据元年 ➤ 2014 年，中关村数海大数据交易服务平台、北京大数据交易服务平台在北京正式揭牌运营	➤ 2015 年，贵阳大数据交易所揭牌运营 ➤ 2015~2017 年，全国各地共成立 20 余家数据交易所，场外一批有影响力的数据交易平台逐步建设完成并开始交易	➤ 2021 年，上海数据交易所揭牌成立，成立当日，数据交易所完成数据产品挂牌 20 个，涉及金融、交通、通信等八大类，部分首单交易达成 ➤ 2022 年，深圳数据交易所、广州数据交易所和福建大数据交易所揭牌成立，成绩斐然 ➤ 2023 年 8 月，东北首家长春数据交易中心揭牌，入场备案交易额 1.4 亿元

（十六）目前我国数据要素交易与流通市场格局如何？

从历年成立数量上看，由地方政府发起、主导或批复的全国数据交易所（中心）自2014年开始陆续成立，2015年成立9家。2016～2020年，数据交易所（中心）成立数量进入缓慢发展阶段。2021和2022年，数据交易所（中心）数量进入"爆发期"，两年时间增长15家。2023年共成立2家数据交易机构。如图2-1所示。

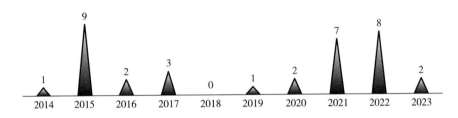

图2-1 全国数据交易所（中心）历年揭牌成立个数

注：2023年，4家交易场所处于筹备中，暂未揭牌成立。

从省份分布情况看，由地方政府发起、主导或批复的全国数据交易所（中心）在浙江、广东、江苏、湖北省有较高的分布重合性，各省均分布4家及以上。河南分布3家。山东、安徽两省各分布2家数据交易所（中心）。北京、贵州、福建等省份均有1家。如图2-2所示。

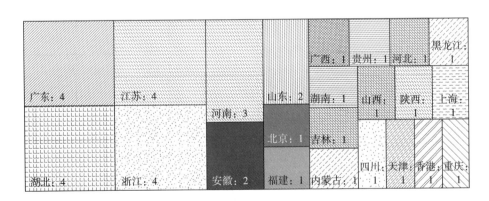

图2-2 全国数据交易所（中心）省份分布情况

1. 上海数据交易所的发展情况如何

上海数据交易所于 2021 年 11 月 25 日在上海浦东新区成立，是为贯彻落实《中共中央　国务院支持浦东新区高水平改革开放打造社会主义现代化建设引领区的意见》中的重要任务，由上海市人民政府的相关部门和机构推动组建，旨在推动数据要素流通、释放数字红利、促进数字经济发展的重要功能性机构。上海数据交易所采用公司制架构，围绕打造全球数据要素配置的重要枢纽节点的目标，构建"1+4+4"体系：紧扣建设国家数据交易所"一个定位"，突出准公共服务、全数字化交易、全链生态构建、制度规则创新"四个功能"，体现规范确权、统一登记、集中清算、灵活交付"四个特征"。上海数据交易所面向数据流通交易提供高效便捷、合规安全的数据交易服务，同时引导多元主体加大数据供给，培育发展"数商"新业态。力争用 3~5 年时间，将国家数据交易所的"四梁八柱"构筑成型，实现"汇天下数据而通之，聚天下数据而用之"的目标。

2. 北京国际大数据交易所的发展情况如何

北京国际大数据交易所成立于 2021 年 3 月 31 日，是在北京市人民政府的推动下，北京市经济和信息化局会同北京市金融局、北京市商务局、北京市委网信办等部门组织，由北京金控集团牵头发起成立的，定位是打造国内领先的数据交易基础设施和国际重要的数据跨境流通枢纽。

北京国际大数据交易所致力于打造新技术、新模式、新规则、新风控、新生态五个创新数据交易体系，以建设成为国内领先的数据交易基础设施和国际重要的数据跨境流动枢纽为使命，促进数据资源要素规范化整合、合理化配置、市场化交易、长效化发展。北京国际大数据交易所与多方合作伙伴积极探索，为数据要素资源价值化进程提速，助力北京建设全球数字经济标杆城市。

3. 深圳数据交易所的发展情况如何

2022 年 11 月 15 日深圳数据交易所正式揭牌，深圳数据交易所以建设国家级数据交易所为目标，从合规保障、供需衔接、流通支撑、生态发展四方面，打造覆盖数据交易全链条的服务能力，构建数据要素跨域、跨境流通的全国性交易平台，探索适应中国数字经济发展的数据要素市场化配置示范路径和交易样板，将深圳建设成为全国数据资源汇集地、数据产品开发高地、全国领先的数据交易流通枢纽。

4. 贵阳大数据交易所的发展情况如何

贵阳大数据交易所于 2015 年 4 月 14 日正式挂牌运营，是全国第一家数据流通交易场所。2021 年，贵州省政府对贵阳大数据交易所进行了优化提升，突出合规监管和基础服务功能，构建了"贵州省数据流通交易服务中心"和"贵阳大数据交易所有限责任公司"的组织架构体系，承担流通交易制度规则制定、市场主体登记、数据要素登记确权、数据交易服务等职能，支撑数据、算力、算法等多元的数据产品交易，依法依规面向全国提供便捷、安全的数据流通交易服务。

贵阳大数据交易所定位于建设国家级数据交易所、打造国家数据生产要素流通核心枢纽，围绕安全可信流通交易基础设施建设、数据商和数据中介等市场主体培育，积极探索数据资源化、资产化、资本化改革路径，努力构建产权制度完善、流通交易规范、数据供给有序、市场主体活跃、激励政策有效、安全治理有力的数据要素市场体系，打造数据流通交易产业生态体系。

5. 郑州数据交易中心的发展情况如何

郑州数据交易中心于 2022 年 8 月 21 日揭牌运行，是为贯彻落实《河南省"十四五"数字经济和信息化发展规划》中"抢先培育数据生态，探索数智赋能新领域"的重要任务，打造更加完善的数据要素流通生态，引导数据要素交易生态加速汇集而成立的，该中心采用公司制架构，通过交易系统、场景驱动、监管体系、产业生态四个方面的创新，提供安全、可信、高效的交易环境，促进数据要素可信流通和开发利用，释放数据价值，推动河南省数据经济高质量发展。

6. 北部湾大数据交易中心的发展情况如何

北部湾大数据交易中心于 2020 年 8 月 11 日在南宁揭牌成立，是由中国东信依法设立的国际化数据资源交易服务机构，是以"政府指导，自主经营，市场化运作"为原则组建的数据服务全生态交易平台。交易中心为客户提供一站式全生态数据服务，是面向中国与东盟区域汇聚、处理、使用和交易各类数据产品的枢纽，也是建设中国—东盟信息港和实施数字广西战略的基础设施平台之一。交易中心可以为平台上下游合作伙伴提供数据采集、存储、计算、清洗、分析、咨询、展示、应用等全链条、全方位、一站式的生态服务，为金融、交通、农业、工业、贸易等各行业提供覆盖信息核验、营销获客、精准服务、金融服务、智能制造等关键环节的深度撮合服务。

7. 广州数据交易所的发展情况如何

2022 年 9 月 30 日，广州数据交易所揭牌仪式在广州南沙区举行，标志着广东省级数据交易机构正式成立运营。广州数据交易所的成立，是广东贯彻落实党中央、国务院关于发展数字经济战略部署，加快培育统一数据要素市场的重要举措，也是贯彻落实国务院关于《广州南沙深化面向世界的粤港澳全面合作总体方案》的生动实践，为全省深入推动数据要素市场化配置改革在新起点开创了新局面。

8. 浙江大数据交易中心的发展情况如何

浙江大数据交易中心 2016 年 3 月正式获批，以促进数据资产转化、实践数据商业价值为理念，以建立数据融通、交易、服务的协同生态圈为使命，遵循国有控股、政府指导、市场化运营的指导方针，致力于打造具有公信力、开放、客观、独立的全国第三方数据交易中心。通过数据产品、数据接口、数据包资产评估、交易供需匹配、交易平台提供来完成数据交易服务，同时以数据加工、整合、脱敏、模型构建等服务提供额外配套数据增值支持。

该交易中心是一个提供数据交易服务的创新型交易场所，将通过各行业数据的流通交易，促进更多的传统企业转型升级，同时融通各行业数据与政府数据，提高医疗、社保、交通、环境、教育、就业等公共服务水平，完善公平普惠、便捷高效的民生服务体系。

9. 山东数据交易有限公司发展情况如何

山东数据交易有限公司于 2019 年 12 月 11 日在济南揭牌，是经省政府批准，由省大数据局和省国资委推动设立的山东省唯一省级数据交易机构，加挂"山东数据创新应用中心"的牌子，定位于省级综合性数据服务平台，提供数据交易平台服务、数据产品开发服务、数据应用服务、公共数据资源开放渠道服务和其他类型服务等。根据山东省"十四五"规划，承担高水平建设山东大数据交易中心、搭建全省统一的数据交易平台、规范数据交易行为、培育壮大山东大数据产业等重要职能。山东数据交易有限公司秉承打造数据流通生态体系的愿景和"让数据放心流通、让价值充分释放"的使命，聚焦数据交易、标准制定、产业孵化和社会服务四位一体的业务定位，不断打造公信力，构建聚合力，研发上线了山东省数据交易平台、山东省数据（产品）登记平台、山东省工业大数据交易平台，为全省数据要素高效有序流通提供平台支撑。

10. 西部数据交易中心发展情况如何

西部数据交易中心是国家发改委、中央网信办等国家部委及重庆市政府于 2021 年 12 月共同批准成立并授权挂牌的重庆唯一的数据要素流通交易场所，以促进数据合规高效流通、赋能实体经济为主要职责，积极发挥数据交易服务平台、数据生态培育平台、实体经济赋能平台功能，围绕数据产品交易服务、数字资产交易服务两条主线，聚焦确权、定价、互信、入场、监管难题，积极探索交易规则、交易系统、交易环境、交易模式等创新，努力成为国内领先的数据交易场所。

二、数据交易与流通

（十七）公共数据可以交易吗？

"数据二十条"提出要推进公共数据确权授权机制的研究与开发，"十四五"规划提出公共数据主要的三种运营模式分别是数据开放、特许开发和授权应用。

数据开放：政府向公众或特定群体开放，促进数据访问、使用和共享，鼓励用于多行业领域分析研究。

特许开发：政府或相关机构授权特定组织开发和运营，以数据资源为特许资源授权于特定加工使用方，生产应用性的数据产品或服务，满足场景应用需要。

授权应用：政府或相关机构向特定应用程序或服务提供商授权使用其数据资源或平台接口，以创建特定类型的应用或服务。

公共数据是否可以交易，从国际实践看，各个国家都在大力推进公共数据赋能实体经济，我国也在推进公共数据授权开发利用，以有条件无偿或者有条件有偿等方式推进合规高效流通使用。

（十八）公共数据如何运营？

（1）基于价值链模型的公共数据流通路径分析，如图2-3所示。

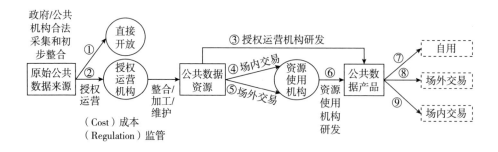

图2-3　公共数据开发利用价值链模型

公共数据的价值实现涉及全体民众的基础利益，监管机构有必要对公共数据相关交易的信息流、资金流、公共资源使用场景和适用价格的合规性等方面进行全流程监督管理，此时选择具有中立和公共属性的数据交易平台入场交易，可以充分发挥平台的规则治理作用，更公正地对交易场景进行合规性判断，更容易实现价格监测和价格披露，有助于监管机构更高效地进行全流程监管，也可以避免交易参与方"既当运动员，又当裁判员"的公平性悖论。

（2）基于 CSR 模型的公共数据授权运营价格机制，如图 2-4 所示。

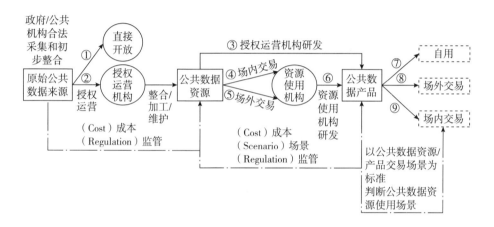

图 2-4　公共数据授权运营 CSR 价格机制模型

（十九）公共数据的定价模式？

公共数据资源授权运营阶段，应建立基于成本测算的监管（政府）指导定价模式，其中，成本测算部分由政府牵头，结合社会会计师事务所、估值公司专业力量，全面梳理分析公共数据资源成本信息。在此基础上，由价格主管部门设立对授权运营方的收费水平，可参考行政事业性收费的机制框架，通过使用费、许可费等费用收取。

公共数据资源使用阶段，应建立基于固定成本+运营成本+利润空间的政府指导定价模式，其中，成本部分由政府牵头专业力量进行成本测算确定，特定场景使用的利润空间由市场竞争确定，以数据资源/产品交易场景为数据资源使用场景判断标准，制定授权运营机构对资源使用机构的定价标准。如表 2-2 所示。

表2-2 公共数据定价模式

公共数据资源使用场景	公共数据资源使用定价
公共服务、慈善、教育等公益类使用场景	零收费
超市购物、公共交通等民生类使用场景	不高于固定成本+运营成本
能源类、金融类等高附加值使用场景	可高于固定成本+运营成本，利润空间由市场竞争确定

在上述存在价差的定价模式下，若不建立起一套规范的价格场景管理体系，由于经济个体的逐利性，公共数据资源使用方在利益上倾向于使用的低成本和零收费，易造成公共数据资源无序的低成本开发利用，形成另一种形式的"公地悲剧"，难以达到全面释放公共数据的价值政策要求。因此，应以"真需求、真场景、真交易"为原则，将公共数据资源使用场景和价格合规性纳入监管范畴。通过公共数据流通价值链模型可知，入场交易是判别公共数据资源使用场景真实性和价格正确性的有效途径，同时结合公共数据产品价格监测和价格发现的需要，建议各级政府部门制定出台规范性制度文件，对于公共数据授权运营机构持有的公共数据资源和公共数据产品，建议通过有公共属性的数据交易平台入场交易，对于其他机构持有的以公共数据为主要数据源的公共数据产品，考虑到入场交易是此模式下有效判别公共数据资源使用场景的唯一途径，要求必须通过有公共属性的数据交易平台入场交易。资源/产品交易场景体现了公共数据资源真实的使用场景，与公共数据资源使用价格水平密切相关。公共数据产品交易初期以市场化定价为主，价格主管部门根据产业发展进程，视情况对公共数据产品场内交易进行价格指导或干预。

（二十）公共数据流通交易的联动机制如何设计？

政府主管部门指导公共数据授权运营机构和数据交易平台研究出台公共数据产品交易全生命周期管理制度，数据交易平台根据政府要求，结合公共数据产品流通过程，研究制定交易场景判别规则和管理办法，畅通数据交易平台和公共数据授权运营机构的联动机制，严管违规套用/虚构低价交易场景的公共数据资源使用行为，深入参与公共数据资源授权和产品交易全过程。

（二十一）个人数据可以交易吗？

个人数据指自然人在个人生活、工作、社交等活动中产生的信息，包括但不限于个人信息、健康信息、金融信息、身份信息等。在符合法律法规的前提下，个人数据可以进行交易。

然而，个人数据的交易需要满足一定的条件和规范。首先，个人数据的交易必须符合法律法规的规定，如《中华人民共和国个人信息保护法》等。其次，个人数据的交易需要经过数据主体的同意，即数据主体必须自愿将其个人数据出售或转让给第三方。此外，个人数据的交易还应遵循公平、公正、透明的原则，保障数据主体的合法权益。

需要注意的是，个人数据的交易存在一定的风险和挑战。一方面，个人数据的泄露可能会导致数据主体的隐私受到侵犯，甚至可能引发诈骗等不良后果。另一方面，个人数据的滥用也可能会对数据主体造成伤害，如一些不良商家可能会利用消费者的个人信息进行不正当营销等。因此，在个人数据交易过程中，各方应严格遵守法律法规和道德规范，保障数据主体的合法权益和隐私安全。

总之，个人数据在符合法律法规的前提下可以交易，但需要满足一定的条件和规范。各方应当加强合作，共同推动个人数据交易的健康发展。

（二十二）行业数据如何交易与流通?

行业数据的交易与流通可以通过以下几种方式实现：

首先，建立企业内部的数据流通机制。企业可以建立内部的数据流通机制，促进企业内部数据的共享和流通。例如，企业可以建立数据仓库、数据治理平台等，实现数据的集中管理和利用。

其次，可以建立数据交易平台。可以建立一个专门的数据交易平台，为数据供需双方提供交易和流通的机会。平台可以提供数据产品的展示、交易、支付等服务，同时可以对数据进行清洗、脱敏等处理，保障数据质量和隐私安全。

最后，可以建立数据联盟。行业内的企业可以联合起来，建立数据联盟，共同制定数据交易和流通的规则和标准。通过联盟，企业可以共享数据资源，提高数据利用效率，同时可以避免数据孤岛和重复浪费的现象。也可依托第三方机构进行数据交易：行业内的企业可以依托第三方机构进行数据交易，如数据服务商、咨询公司等。这些机构可以提供数据清洗、整合、分析等服务，同时可以帮助企业了解市场需求和趋势，提高数据交易和流通的效率。

在行业数据的交易与流通中，需要注意以下几点：

（1）数据质量和隐私安全：在进行数据交易和流通时，需要注意数据的质量和隐私安全。企业需要对数据进行清洗、脱敏等处理，保障数据的质量和隐私安全。

（2）制定合理的交易规则和标准：企业需要制定合理的交易规则和标准，规范数据的交易和流通，包括数据的定价、交易方式、支付方式等。

（3）建立信任机制：在进行数据交易和流通时，需要建立信任机制，增强供需双方的信任度，可以通过建立数据认证体系、保证金制度等方式实现。

（4）不断创新和完善：行业数据的交易和流通需要不断创新和完善，以满足不断变化的市场需求和技术发展。企业需要不断探索新的交易模式和流通方式，提高数据交易和流通的效率和质量。

（二十三）如何激发工业数据潜力？

工业企业在数字化转型的进程中积累了大量的数据，有些大型央企、国企已经率先推进集团内或者行业内数据要素价值释放，激发工业数据潜力并构建工业产业数字化生态体系，可从以下五方面入手：

1. 强化网络基础和平台建设

完善企业内外网络基础设施，扩大互联网省际出口带宽，推动工业数据的高质量汇聚。提升工业领域互联网协议第 6 版（IPv6）和第五代移动通信（5G）的普及率，适应工业大数据在制造业充分应用的网络环境基本形成。建立多层次、系统化的工业互联网平台体系，通过实施"137"工程，培育跨行业、跨领域的平台，面向重点产业、重点环节的行业级平台，以及针对特定行业、特定区域的企业级平台。同时，鼓励培育 100 个工业 APP，推动 1000 家企业上云上平台。

2. 提升数据要素价值

优化数据要素的采集、存储、处理和应用，通过技术创新提升数据要素的价值密度。建立数据共享机制，推动数据开放和流通，发挥数据要素在工业生态体系中的基础性作用。

3. 培育数字化生态体系

引导企业积极融入工业互联网平台，实现设备、产品、服务等的全链接，推动数字化转型。鼓励企业开展工业 APP 的研发和应用，推动工业技术和信息化技术的融合创新，培育工业数字化生态体系。构建以数据为关键要素的工业产业数字化生态体系，推动产业上下游企业的协同发展，提升产业链水平。

4. 加强政策引导和支持

制定鼓励工业数字化发展的政策措施，如财政补贴、税收优惠等，为企业提供政策支持。引导金融机构加大对工业数字化项目的信贷支持力度，推动金融资本与工业数字化产业的深度融合。加强数字化人才的培养和引进，为工业数字化生态体系的构建提供人才保障。

5. 加强国际合作与交流

加强与国际先进企业在工业数字化方面的合作与交流，共同推动工业产业数字化生态体系的发展。积极参与国际数据治理规则的制定，共同构建全球性的工业产业数字化生态体系。

综上所述，激发工业数据潜力并构建工业产业数字化生态体系需要多方面的努力和措施。只有不断完善网络基础、平台建设、数据要素价值提升、培育数字化生态体系、加强政策引导和支持，以及加强国际合作与交流等方面的工作，才能推动工业产业的数字化转型和升级，实现工业产业的可持续发展。

（二十四）金融行业如何使用"数据要素"？

金融行业作为典型的数据密集型行业，一直以来是数据集聚最多元、最繁复的行业。金融数据直接反应金融活动主体资金流、授信、动账等经济、金融行为，是金融机构在各类业务场景执行过程中的重要依据。传统的金融数据，通常获取渠道单一、维度受限，对主体特征的评价具有一定片面性。随着信息化技术的不断发展，金融数据的范围逐步扩大，一方面以"场景金融"为导向，通过数字化手段和技术提升了金融场景中的数据可得性；另一方面金融机构将司法、征信、税务、工商、消费等多维度的外部数据深度融合，从巨量的数据集合中提取有价值的规律、趋势信息，大幅降低了信息不对称性。未来，金融行业对数据要素流通的需求范围和体量规模将持续扩大。通过金融数据要素融合应用，发掘金融数据要素潜在价值，提升金融服务能力，这已成为金融行业实现数字化转型、数字经济稳步增长的重要抓手。

在政策支撑层面，国家、地方政府部门以及行业监管部门已陆续出台了从战略规划到行业标准的一系列政策规范和指导，大力支持金融行业数字化转型、金融数据要素市场化推进。2021 年 12 月，国务院印发《"十四五"数字经济发展规划》，要求加快金融等服务业数字化转型，从战略规划上肯定了金融行业在数字经济发展中的重要地位。2022 年 1 月，中国人民银行印发《金融科技发展规划（2022—2025 年）》，明确规划了金融行业未来数字化发展方向，指出"以加强金融数据要素应用为基础"推动金融行业数字化转型。同期，中国银保监会办公厅印发《关于银行业保险业数字化转型的指导意见》，明确提出"银行业保险业需要在经营管理、数据应用和科技能力建设方面"加强能力提升，为新时代的银行业保险业数字化转型勾勒出清晰的蓝图。2022年2月，中国人民银行、市场监管总局、银保监会、证监会四部门联合印发《金融标准化"十四五"发展规划》，进一步强调标准化对金融行业高质量发展的支撑作用，要求系统性完善包括金融数据要素在内的多项标准。金融行业已陆续发布了《个人金融信息保护技术规范》《金融数据安全 数据安全分级指南》等基础通用标准以及《多方安全计算金融应用技术规范》等技术应用标准，为金融业数据融合应用奠定了坚实基础。

在应用实践层面，金融行业在数据要素市场化和数据融合应用方面的落地实践主要体现在三个方面：一是企业内部数据资产的沉淀，通过企业级数据协同管理提升数据质量和运用效率；二是以政务类数据、商业类数据为主的外部数据的吸收扩展；三是以金融科技技术为支撑、以金融数据要素为驱动不断丰富数据应用的手段。以下章节将从银行、证券、保险、金融科技等细分领域，逐一探讨金融行业如何使用"数据要素"，为金融数据要素市场化持续发展与应用实践提供宝贵经验。

1. 银行业如何使用"数据要素"

银行业是金融数字化转型的领跑者，在传统银行逐步向数字化银行探索的进阶路上，加强挖掘数据价值已成为现阶段银行业系统性、长期性的重要工作之一。自2019年以来受到多方面因素影响，银行业数字化转型发展加速，线上化、数字化的业务场景需求大幅增加，银行发展目标客群逐步偏向新兴行业客户、长尾客户以及C端客户。区别于传统基建、房地产等客户，新兴行业中如绿色金融、普惠小微、高端制造等新客群体现差异化特征，亟须数据驱动赋能绿色贷款、小微贷款、个人非按揭等新兴领域和偏信用类信贷需求。长尾客户是银行的中低端客户，如初创企业、涉农主体等，该群体总数庞大，银行需要通过互联网的技术手段和数据驱动的金融服务发挥降本增效的作用，推动长尾客户的数字化经营。而C端客户需要通过多维度的非金融数据进行用户画像的刻画，以满足千人千面的用户需求。各银行机构针对如何挖掘数据价值，释放数字红利，在以下三方面进行了积极探索实践：

一是各类银行机构正加速推进全方位、广覆盖的数据体系建设和数据资产管理，探索数据价值的实现方式。例如，民生银行以"数据能用，数据好用，用好数据"为目标，赋能智慧银行与生态银行的数字化转型。在"数据能用"方面，民生银行打造了湖仓一体的数据平台，同时构建了数据标准体系框架、数据质量管理机制，作为数据应用保障基础；在"数据好用"方面，民生银行构建了中台化的数据服务能力，以数据内容、应用和其他能力服务化三种方式提升业务场景数据的易用度，同时构建了统一的数据资产管理体系，形成数据资产目录卡片、数据资产地图以及数据资产分析和价值评估系统，以促进数据价值实现；在"用好数据"方面，民生银行加强数据保障措施与价值评估机制，明确数据安全管控机制和分类分级保护策略，规范化全行数据模型、架构和流转应用，以业务效益为导向评估数据项目①。

二是头部银行机构正在重点挖掘跨期、多维度的海量内部数据，加大外部数据源整合，推进内外部数据的深度治理和融合应用。例如，工商银行积极开展内外部数据融合，采购外部数据包括政府机构数据、商业数据、互联网数据等多元化数据类型。尤其是在风险管控领域，提升贷前、贷中、贷后的全流程风险防控能力和效率。在贷前阶段，利用中国银联等外部机构的支付交易特征信息，结合已有的征信、流水等信息，优化客户违约预测模型。在贷中阶段，加强客户贷中风险监控能力，引入北京金控等外部机构的不动产数据，融合不动产等特征，通过数据不出库的方式建立风险监控联合模型。在贷后阶段，提升工商银行贷后风险评估与防控效率，基于行内数据与外部企业水电使用数据，更全面、准确、及时、高效地了解企业真实的生产运行情况②。

三是部分大型银行已开始积极投身数据要素市场建设，探索参与数据要素市场新场景、新模式的培育，开展数据资产估值定价、数据资产创新应用等。例如，光大银行开展了一系列数据要素市场领域的创新探索研究和实践，发布了《商业银行数据资产估值白皮书》《商业银行数据资产会计核算白皮书研究报告》《商业银行数据要素市场生态白皮书研究报告》三本白皮书。在数据资产估值方面，光大银行数据资产估值核心方案采用"算什么""怎么算""计算"三大步骤，以数据资产为对象，首次成功计算出数据资产价值已超千亿元。在数据资产会计核算方面，光大银行探索了计入科目、计入资产、核算方式等方面的实践操作，为推动数据要素资本化提供参考；在数据市场生态培育方面，光大银行提出"四类核心业务+两类合作模式"的数据商服务体系和开放创新的第三方专业服务体系设想③。

①　沈志勇. 商业银行数据资产管理探索与实践［EB/OL］. https：//mp. weixin. qq. com/s/Gf6Z-O5gXPrbWQvRnPTuqA.

②　吕仲涛. 数据要素的流通与共享［EB/OL］. https：//mp. weixin. qq. com/s/ImcT7dknKOh4RSqhMmW2lg.

③　黄登玺. 夯实数据资产管理能力基础　探索数据要素市场创新［EB/OL］. https：//mp. weixin. qq. com/s/YDAaS5120HP5QDjfshLSGw.

2. 证券业如何使用"数据要素"

证券行业属于轻资产、高智力型行业，具有高附加值、高竞争性的特点[1]。随着我国资本市场成熟度和开放度不断提升，券商的业务模式更加多元复杂化，越来越多的证券机构选择在战略层面利用数据赋能业务，促进业务效率提升和精细化管理运营[2]。然而，证券行业作为高度信息化、数据积累体量较大的行业，在数据管理与使用方面，仍面临着数据质量欠佳、业务发展渠道受限、数据资产价值转化困难等困境[3]。证券公司抓住时代机遇加速推进数字化转型，以数据赋能的业务洞察加速运营效率提升，以数据驱动的风险管理体系应对日益严苛的监管机制。

在运营效率提升方面，券商数字化正以"业技融合"为目标，引导业务生态自主创新。尤其在智能服务方面，需要券商构建企业统一的数据资产管理体系，融合运用大数据、人工智能等新一代数字技术，为业务自动化、智能化赋能提速。例如，银河证券全面推进科技与业务发展的深度融合，在技术架构方面升级了中台的数据沉淀能力和前端系统，通过金融科技和数据赋能以适应不断变化的客户需求和业务升级。银河证券与肯睿建立合作，基于湖仓一体技术建立起现代化大数据平台，实现对数据的高效加工、计算和处理，加速数据价值的释放[4]。银河证券与百度智能云开展合作，落地大模型在场外衍生品交易场景的应用，通过大模型训练对非标准化数据的智能解析，建立智能场外交易平台，开展自动报价、业务问答等智能化服务[5]。

在风险管理赋能方面，券商正经历全面的风险管理体系升级，通过搭建信息披露系统、完善数据分析与风险预警能力、实现智能合规以及数据资产的合规使用等，积极探索以金融科技手段赋能风险管理，形成与监管合规性要求和风险变化特征相适应的风控体系。例如，海通证券建立了"以客户为中心"的全面风险管理体系，并结合内部评级模型和用户画像，对客户信用风险进行动态监测，实现统一管理。此外，海通证券基于大数据平台，对所有业务条线、部门机构的信用业务数据进行T+1日整合，并在信用业务监控方面，实现对预期信用损失、

① 中国证券业协会. 证券公司数字化转型实践报告 ［R］. 2022.
② 德勤. 中国证券业2023年上半年发展回顾与展望 ［R］. 2023.
③ 德勤. 起航数据治理，赋能数据生态建设 ［R］. 证券基金行业热点聚焦（第一期），2022.
④ 案例｜肯睿Cloudera助推中国银河证券数字化智能转型，全面升级证券服务 ［EB/OL］. https：// mp. weixin. qq. com/s/W5czQz6LIQlFWYzQMw3yng.
⑤ 百度智能云携手银河证券，率先落地大模型在证券行业机构业务应用 ［EB/OL］. 2023-09-28. ht-tps：//mp. weixin. qq. com/s/o-9LtPEoTTdll6ai2uMsEA.

非预期信用损失等多元指标的分析和监控①。

3. 保险业如何使用"数据要素"

相比于银行、证券等行业，保险企业主要以中低频交易为主，更加普遍地面临着数据质量不高、数据全面性不足的问题。在"十四五"阶段，国家顶层战略自上而下引导各行各业的数字化转型。为贯彻国务院《"十四五"数字经济发展规划》和人民银行《金融科技发展规划2022-2025》指导思想，银保监会进一步发布《银行业保险业数字化转型指导意见》以落实保险业数字化转型初步成效，再到中国保险行业协会发布《保险科技"十四五"发展规划》，明确保险业在数据驱动下的数字化转型达成量化指标，提出未来保险科技发展应聚焦线上化、服务化、精细化、平台化、智能化的五大趋势。未来，数据要素流通与数据应用建设，将为保险企业注入新鲜活力。根据麦肯锡《行稳致远，打造中国数智化保险企业制胜策略》，未来保险行业将从事后"评估与服务模式"加速向"可预测、个性化和生态化"，甚至是"预估和预防模式"转变。而在"可预测、个性化和生态化"模式下，保险公司需要更多利用第三方数据，主动和更精细化评估、预判个人风险，并据此为客户提供个性化，甚至可能随着个人行为变化而动态优化的产品与服务②。

对于人身险企业而言，健康险、寿险、宠物险、意外险等场景中需要将数字化技术应用与生物科技相结合，融合用户行为、基因检测、健康监测等各类数据，构建用户全景画像，对用户展开健康行为干预、疾病早筛、健康教育、药品指导、康复护理等多元化服务，将风险预防前置，降低事故发生率、控制理赔成本，同时升级产品性价比、优化用户体验进而实现品牌口碑提升③。例如，人保健康在医疗大数据应用方面做了一系列探索实践，包括实现商保、社保、健康管理三大业务平台归集，引入数据分析洞察，自建数据库开发医保个人账户；建设可视化的数据管理系统，整合公司内外部数据资源，覆盖客户全生命周期的交互和管理；对理赔关键信息、理赔明细信息、诊断信息和住院信息等进行风险评估，建立反欺诈风控模型，实现医疗快赔；开发"人民健康"APP，在客户授权基础上，记录用户的用药、运动、餐饮、作息等数据，以及结构化的体检数据，提供差异化健康管理服务④。

---

① 易观. 中国券商数字化转型趋势报告［R］. 2023.

② 麦肯锡. 行稳致远，打造中国数智化保险企业制胜策略［R］. 2023.

③ 艾睿数智. 2023年中国保险业数字化转型研究报告［R］. 2023-09-27.

④ 李晓峰. 大数据洪流中，健康险如何实现技术突围？［EB/OL］. https：//www.163.com/dy/article/FOOS9C810531NMSL.html.

对于财产险企业而言，在农业保险、企业财产险、家庭财产险、工程安全保险等业务场景中需要将数字化技术应用与生态环境、物理感知等技术相结合，融合财产安全数据、卫星定位数据、区域气候模型、地理信息模型等实现极端天气预测、巨灾风险定价、灾害损失预估、财产安全监测等目标，以有效控制理赔成本，提升救援服务效率①。例如，在产品方面，太平财险根据海参的生长环境特点，将一个或者几个气候条件对水产养殖的损害程度指数化，以"天气指数保险"保障大连当地海参养殖；在承保方面，国寿财险引用铁塔遥感技术，依托"星、空、气、视、地"五位一体的种植业保险技术体系对承保标的物的生长进行全流程实时监控预警，实现"按图承保"；在理赔方面，平安产险以"移动终端+卫星遥感+鸟瞰无人机+线下验证"四位一体的查勘定损模式，利用高精度卫星遥感影像，识别农作物受损等级，提高理赔精准性与整体效率②。

4. 金融科技如何使用"数据要素"

金融科技是以技术为驱动的金融创新型行业，通过各类先进技术与金融市场和金融业务相结合，从而创造出新兴业务模式、新技术应用、新产品服务等。2019年，中国人民银行印发《金融科技发展规划（2019-2021年）》，为金融科技发展提供了纲领性指导，明确金融与科技的融合趋势；2022年，中国人民银行印发《金融科技发展规划（2022-2025年）》，开启第二轮金融科技发展规划，进一步强调"以数据要素应用为基础"，金融科技发展步入提质提速新阶段。金融科技的进步赋能了金融数据要素的运用和价值挖掘，大数据、云计算、人工智能、区块链等核心技术大幅提升了数据存储、处理、分析和共享等数据能力。在此趋势下，传统银行、证券、保险公司纷纷成立金融科技子公司，旨在服务于母公司主营金融业务的数字化转型，互联网基因孵化的第三方金融科技公司也相继崭露头角，在支付、信贷、理财等众多方面大力赋能③。

在支付科技方面，支付业务高频性、场景化的特点使得其能够积累多层次、广维度的数据资源，而标签化处理后的支付数据能够在征信等领域，通过大数据等技术在客户画像、白名单定制、风险防控预警方面发挥更大的作用。例如，京东科技为头部生鲜流通平台淘大集提供了线上支付和线下终端收银的一站式解决方案。针对采购门店周期性采购特点，京东科技以采购支付数据为依据，为采购

---

① 艾睿数智. 2023年中国保险业数字化转型研究报告［R］. 2023-09-27.

② 农业农村部农村经济研究中心，清华大学金融科技研究院，清华大学五道口金融学院中国保险与养老金研究中心，中国平安财产保险股份有限公司. 科技助力农险高质量发展白皮书［R］. 2022.

③ 中国人民大学大数据与金融科技创新实验室，中国人民大学金融科技研究所，中信证券研究部. 金融科技创新发展研究报告：数据要素与金融科技创新［R］. 2020.

商提供资金授信服务，帮助淘大集在采购周转效率上提升突破①。

在信贷科技方面，在传统银行信贷业务逐步线上化的同时，互联网企业通过持牌布局包括互联网银行、消费金融、网络小贷等业务。信贷科技将信贷数据化，通过数据获取、数据挖掘、数据处理来降低信息非有效性。例如，兴业银行依托"物联网+区块链"技术，为奶牛等单价较高的活体生物佩戴项圈和耳标，结合数字围栏技术，实时获取牛只数量、状态、环境等监控数据，让"活体牛"孪生"数字牛"，以办理活体抵押贷款，解决养殖户融资难题②。

在理财科技方面，随着居民收入和理财意识的提升以及互联网信息技术的普及，互联网理财市场蓬勃发展。数据要素在理财科技中的应用包括：通过用户标签体系构建和用户画像绘制，实现精细化的用户运营和服务；通过多维度交易数据分析，强化金融资产配置能力和提高收益；通过人工智能与各类金融资讯数据融合，实现智能客服、智能营销、智能投顾等增值服务等。例如，陆金所主要通过 APP 提供纯线上理财服务，基于平台与用户的持续交互，不断积累用户行为数据，基于人工智能及其他自研技术，形成用户标签体系，构建 KYC、KYP、KYI 模型，实现用户与产品、活动内容的精准匹配③。

（二十五）数据跨境流动怎么做？

全球经济体之间的数据跨境流动日益频繁，在给经济体带来发展红利的同时，相应也对国家的数据主权、数据安全造成极大威胁。为此，全球主要经济体基于自身实际情况构建数据跨境路径，维护自身数据主权与数据安全。为促进数字丝绸之路的发展，加强在数字经济领域的深化合作，中国开始探索与"一带一路"沿线国家和地区的数据跨境流动，如《区域全面经济伙伴关系协定》（RCEP）对跨境传输数据的规定。然而，基于维护数据主权与保障数据安全考虑，中国为数据跨境流动划下了红线，构建了严格的数据出境安全制度。

1. 顶层立法划下数据出境安全红线

为了深化保障数据要素市场化配置改革，打牢数据安全基底，继 2016 年《网络安全法》实施后，2021 年，中国陆续出台《个人信息保护法》《数据安全

---

① 支付成本降低 40%、财务效率提升 50%，京东支付科技助力产业链数字化升级［EB/OL］. 2023. https：//mp. weixin. qq. com/s/EQt_ izH99fHLqmXZ2KV5Dw.

② "数字牛"打开农业养殖融资"新路子"［EB/OL］. https：//mp. weixin. qq. com/s/z_ r6ZgP3D_ xi DAzh3ZWwqQ.

③ 中国金融科技巨头陆金所的商业模式分析［EB/OL］. https：//mp. weixin. qq. com/s/Pa6YGaS_ Fo DzBRrIGQfUsw.

法》等法律，并基于三大法出台了《关键信息基础设施安全保护条例》《网络数据安全管理条例（征求意见稿）》等行政法规，构建起中国数据出境安全保护的顶层规则体系①。

由于网络空间个人信息往往不可避免主动或被动地流出境外，因此《网络安全法》第 37 条首先强调进行"数据本地化"要求，规定关键信息基础设施的运营者应当在境内存储个人信息、重要数据。《网络安全法》第 37 条还明确了数据出境的安全评估要求，规定因业务需要，确需向境外提供的，应当按照国家网信部门会同国务院有关部门制定的办法进行安全评估；法律、行政法规另有规定的，依照其规定。《网络安全法》第 37 条的规定标志着我国开始进入数据出境强监管的时代。

《数据安全法》关于数据出境的安全规则集中在第 24 条数据安全审查制度，第 25 条出口管制制度以及第 31 条重要数据出境安全管理等。其中，《数据安全法》第 31 条与《网络安全法》第 37 条规定的重要数据内容进行了衔接，其规定关键信息基础设施的运营者在中华人民共和国境内运营中收集和产生的重要数据的出境安全管理，适用《中华人民共和国网络安全法》的规定，进一步解决重要数据出境安全评估的法律效力问题。对出口管制数据的范围以及重要数据的界定，《网络数据安全管理条例（征求意见稿）》第 73 条进行了明确，并将出口管制数据纳入重要数据范畴。此外，《数据安全法》第 36 条明确基于国际条约、协定等缘由向外国司法或者执法机构提供境内数据的，须经主管机关批准。

《个人信息保护法》第三章建立了个人信息跨境流动的规则。第 38 条与第 39 条对于向境外提供个人信息设置了前置条件，包括出境安全评估、个人信息保护认证、订立标准合同以及出境事项告知并取得个人单独同意等。《个人信息保护法》补充了《网络安全法》第 37 条有关个人信息跨境流动管理的相关内容，主要体现在第 40 条个人信息出境安全评估条款。《个人信息保护法》第 41 条则与《数据安全法》第 36 条相呼应，明确即使基于国际条约、协定等缘由向外国司法或者执法机构提供境内个人信息的，也需要经主管机关批准。

2. 规章标准细化数据出境安全路径

除出台《网络安全审查办法》《数据出境安全评估办法》等部门规章外，我国针对个人信息出境制定了相应的国家标准，进一步保障数据出境安全，细化数据安全出境操作路径。

---

① 林梓瀚，计丽娜．浅析我国金融业数据出境安全规则［EO/OL］．http：／／www.secrss.com／articles／54973，2023．

为落实《数据安全法》第 24 条关于数据安全审查制度的规定，国家对原基于《网络安全法》制定的《网络安全审查办法》进行修订。除保留原先的安全审查内容外，《网络安全审查办法》主要增加了网络平台运营者在国外上市的规定，强调"掌握超过 100 万用户个人信息的网络平台运营者赴国外上市必须申报网络安全审查"。

《数据出境安全评估办法》细化《网络安全法》第 37 条、《数据安全法》第 31 条以及《个人信息保护法》第 40 条关于重要数据、个人信息出境评估的要求。《数据出境安全评估办法》明确了评估事项，评估所需材料、评估申请流程、评估所需期限等内容。至于哪些情形需要申报出境安全评估，《数据出境安全评估办法》明确了具体的范围，主要包括：重要数据出境；关键信息基础设施运营者和处理 100 万人以上个人信息的数据处理者向境外提供个人信息；自上年 1 月 1 日起累计向境外提供 10 万人个人信息或者 1 万人敏感个人信息的数据处理者向境外提供个人信息以及出于兜底需要的其他情形。

对于个人信息出境，目前有三种路径，除适用《数据出境安全评估办法》外，还可适用《个人信息跨境处理活动安全认证规范 V2.0》与《个人信息出境标准合同办法》。《个人信息出境标准合同办法》明确个人信息出境标准合同适用的是未达到安全评估门槛的个人信息出境情形并且由个人信息处理者自我审查决定，与《数据出境安全评估办法》有清晰的界限。同时，个人信息出境标准合同与东盟的 MCCs 类似，《个人信息出境标准合同办法》明确个人信息处理者可以与境外接收方约定其他条款，但不得与标准合同相冲突。《个人信息跨境处理活动安全认证规范 V2.0》则是依托第三方专业机构对个人信息处理者开展个人信息出境进行安全认证，不过与其他两种路径有清晰的适用范围相比，其缺乏较为具体的认证适用范围。

为保障国家数据安全，保护个人信息权益，进一步规范和促进数据依法有序自由流动，2023 年 9 月 28 日，国家互联网信息办公室发布《规范和促进数据跨境流动规定（征求意见稿）》。综观整部《规定》，发现主管部门对数据跨境流动的整体监管逻辑已经有了重大的转变，并给出了更为清晰的数据出境路径。本次《规定》的重点内容聚焦在三个方面：一是重新强调需要进行数据出境安全评估的场景；二是明确不需要申报数据出境安全评估的情形；三是赋予自由贸易区制定"负面清单"的权利。

第三章 数据确权

一、法律基础

（二十六）法律上如何定义数据？

2016 年 11 月颁布的《网络安全法》将"网络数据"界定为"通过网络收集、存储、传输、处理和产生的各种电子数据"[1]，但究竟何为"数据"，《网络安全法》并没有做进一步的规定。2021 年生效的《民法典》在总则编"民事权利"一章中规定，"法律对数据、网络虚拟财产的保护有规定的，依照其规定"[2]，明确数据相关权利亦应得到承认和保护，但对于"数据"的法律定义，《民法典》没有做进一步的规定。对此，2021 年 6 月颁布的《数据安全法》以法律的形式对数据的定义进行明确，即数据是"指任何以电子或者其他方式对信息的记录"[3]，同年 8 月颁布的《个人信息保护法》亦沿用了前述法律的定义逻辑，将个人信息界定为"以电子或者其他方式记录的与已识别或者可识别的自然人有关的各种信息"[4]。

若将所谓"数据"仅限于计算机和网络领域以二进制代码形式存在的电子数据，则数据与信息应是有所区分的两个概念。即：数据是信息的载体或媒介，是信息的一种承载形式，数据之于信息，犹如书籍之于知识、CD 之于音乐，二

---

[1] 《中华人民共和国网络安全法》第 76 条。
[2] 《中华人民共和国民法典》第 127 条。
[3] 《中华人民共和国数据安全法》第 3 条。
[4] 《中华人民共和国个人信息保护法》第 4 条。

者并非密不可分。信息并非只能依赖数据传播，其同样可以通过纸张等传统媒介进行传递；数据也并不必然构成信息，杂乱无章的数据因不具有可理解性同样不能被认为是信息。随着数字技术的发展，信息与数据的关系突破了传统媒介所具有的内容和形式的区分特征，在网络环境下，二者可以自由转换，具有一定的互通性，不再具备明显的区分性①。因此，在我国目前的法律表述上，信息和数据的概念经常存在混用的现象。例如，2022 年 11 月发布的《中华人民共和国反不正当竞争法（修订草案征求意见稿）》提及，"获取、使用或者披露与公众可以无偿利用的信息相同的数据，不属于本条第一款所称不正当获取或者使用其他经营者商业数据"②。这在一定程度上说明，在现阶段，绝大多数情况下信息和数据概念的混用在法律上并不会引起理解上的偏差。

虽然如此，不排除在一定场景下会因二者的混用而导致歧义，例如，《个人信息保护法》中规定了用户对个人信息享有可携带权③，但在实践中，究竟是只要平台将相关"信息"提供给用户即可，还是平台需要允许用户查阅、复制平台内部承载相关信息的具体数据，并应提供适当的程序帮助用户将相关数据直接导出，目前尚存在争议。

综上所述，现阶段，静态的信息与数据的概念并无区分的必要，但在少数场景下，应对信息和数据进行严格的区分，明确二者之间内容与载体的关系，以减少理解上的歧义。

此外，根据 2022 年 12 月发布的《中共中央　国务院关于构建数据基础制度更好发挥数据要素作用的意见》（以下简称"数据二十条"），现阶段进行流通利用的数据可以分为三大类，即个人数据、企业数据和公共数据。

个人数据目前并未在立法中明确，但可以参照《个人信息保护法》中对"个人信息"的定义，如此，则在个人数据的流通利用环节需遵守《个人信息保护法》所确定的个人信息保护规则。即：无论个人数据是否由单个自然人主体产生，只要相关数据能够参与自然人的识别，对其的流通利用就应在个人信息保护规则框架下。因为个人数据具有较高的敏感性，一旦违规利用就会对个人造成严重且不可逆的权益损害，所以关于个人数据流通利用的行业实践合规要求也比较严格。根据《个人信息保护法》，个人信息的处理应具有第 13 条所确定的合法性基础，或在匿名化的前提下对相关数据进行利用。因匿名化处理后的个人数据价

① 梅夏英. 信息和数据概念区分的法律意义［J］. 比较法研究，2020（6）.
② 《中华人民共和国反不正当竞争法（修订草案征求意见稿）》第 18 条。
③ 《中华人民共和国个人信息保护法》第 45 条。

值会受到损失，现阶段实现个人数据合规流通利用的主流方式是获取数据主体的授权。在"告知-同意"原则的框架下，数据主体的明确同意是数据合规流通利用的基础，倘若个人撤回了其授权，则除非已实现个人数据的匿名化，否则对相关数据的利用将不再具有合规性。在"数据二十条"确定了数据利用"可用不可见"的基调后，隐私计算因能够实现在保护数据本身不对外泄露的前提下对数据进行分析计算，实现在保护数据和隐私安全的前提下充分释放数据价值，从而逐渐被行业内广泛应用。但需注意，个人数据利用中的隐私计算属于《个人信息保护法》所规定的个人信息数据处理的一种，其并未达到匿名化的程度。因此在利用隐私计算技术处理个人数据时，应获得数据主体的同意。对于数据需方（买方）来说，因其不具备直接触达个人的场景，在数据处理时获取个人的同意成本极高。对此，行业惯例是在数据供方与数据需方就相关个人数据达成利用协议后，由数据供方负责告知信息主体相关数据后续流通利用的事宜，并取得对后续流通利用的全部授权。

企业数据的具体内涵未在立法中予以明确，根据"数据二十条"，企业数据是各类市场主体在生产经营活动中采集加工的、不涉及个人信息和公共利益的数据。与个人数据相比，企业数据的敏感程度相对较低，加之没有专门立法，因此现阶段对企业数据流通利用的规制相对较为宽松，企业数据的流通利用更为广泛。但需注意，倘若以非法方式收集数据，或不合理地使用企业自身收集或持有的数据，则存在违法违规的风险。例如，在大众点评诉百度不正当竞争一案[①]中，虽然百度并未存在违反 robots 协议抓取大众点评数据的行为，但百度未经许可大量完整使用所抓取的点评信息，其行为达到了实质性替代的程度，明显造成了对同业竞争者的损害，具有不正当性，其行为构成不正当竞争。

公共数据主要在各地区的立法中多有体现，归纳说来，公共数据是行政机关及履行公共管理和服务职能的事业单位，在依法履行公共管理职能、提供公共服务的过程中，收集、产生的数据，其因独特的产生方式而具有公共属性。根据"数据二十条"，国家鼓励公共数据在保护个人隐私和确保公共安全的前提下分类分级授权使用，具体操作机制有待进一步地实践和探索。

（二十七）我国数据法律规范体系的建设情况？

《中华人民共和国数据安全法》第三条界定"数据"为"任何以电子或者其他方式对信息的记录"。鉴于"数据"概念的宽泛性（例如，个人信息与通过电

---

① （2016）沪 73 民终 242 号。

子形式存储的国家秘密都属于数据，但保护这两类数据的法律法规不尽相同），在讨论我国数据法律规范体系时，不仅需关注针对数据的专门立法，也需关注其他立法中涉及数据要素的特殊条款。

我们认为，可以从法律的层级这个维度论述中国数据法律规范体系的建设情况，具体如表 3-1 所示。

表 3-1　我国数据法律规范体系建设

国家层面	
法律	《中华人民共和国网络安全法》《中华人民共和国数据安全法》《中华人民共和国个人信息保护法》《中华人民共和国民法典》《中华人民共和国刑法》
行政性法规	《中华人民共和国政府信息公开条例》《关键信息基础设施安全保护条例》《未成年人网络保护条例》《商用密码管理条例》
规章	《汽车数据安全管理若干规定（试行）》《数据出境安全评估办法》《生成式人工智能服务管理暂行办法》
地方层面	
地方性法规	《上海市数据条例》《深圳经济特区数据条例》《苏州市数据条例》
地方规章	《上海市数据交易场所管理实施暂行办法》
其他文件	
纲领性文件	《中共中央　国务院关于构建数据基础制度更好发挥数据要素作用的意见》《促进大数据发展行动纲要》
标准实施文件	《工业数据分类分级指南（试行）》《网络安全标准实践指南——网络数据分类分级指引》

根据《中华人民共和国立法法》的规定，在宪法以下，我国法律法规及规范性文件的效力从法律、行政性法规到规章依次递减[1]，具体如下：

在法律层面，《中华人民共和国网络安全法》《中华人民共和国数据安全法》及《中华人民共和国个人信息保护法》三大法奠定了中国数据法律规范体系的基石：

《中华人民共和国网络安全法》要求网络运营者根据网络安全等级保护制度的要求履行安全保护义务，保障网络产品、服务的安全性[2]；关键信息基础设施运营者应遵守额外合规义务保障国家安全、国计民生及公共利益不受侵害[3]。

---

① 《中华人民共和国立法法》第二条。

② 《中华人民共和国网络安全法》第二十一条。

③ 《中华人民共和国网络安全法》第三十一条。

《中华人民共和国数据安全法》要求建立数据分类分级保护制度①，数据处理者应按照拟处理数据的重要性、敏感性落实不同层级的数据安全保护义务②，并加强政务数据安全与开放制度建设③。

《中华人民共和国个人信息保护法》主要关注个人信息及敏感个人信息的处理规则，并对个人在个人信息处理活动中的权利进行规定（如知情权、决策权及删除权)④。

在其他法律中，数据也有所涉及：例如，《中华人民共和国民法典》认定个人信息应受到法律保护⑤、《中华人民共和国刑法》规定侵犯公民个人信息是犯罪⑥、《中华人民共和国未成年人保护法》对未成年个人信息使用进行约束⑦等。

在行政性法规层面，为执行前述法律规定，在保障国防安全、金融安全、网络安全方面，国务院积极出台相关条例：2019年5月实施的《中华人民共和国政府信息公开条例》对行政机关及时、准确地公开政府信息的方式、监督及保障做出规定⑧；2021年9月实施的《关键信息基础设施安全保护条例》对涉及公共通信、电子政务、国防科技工业等重要行业和领域的重要网络设施、信息系统提出了更高的责任义务⑨；2024年1月实施的《未成年人网络保护条例》对未成年人使用的网络软件、智能终端产品提供者、未成年人用户数量巨大或对其具有显著影响的网络平台服务提供者等特殊网络服务提供者制定额外合规义务⑩。

在部门规章层面，为落实法律和行政法规规定，国家互联网信息办公室、工业和信息化部等部门对特定数据领域作出具体规定：2021年10月实施的《汽车数据安全管理若干规定（试行）》对汽车数据、车主、乘车人及车外人员的个人信息的保护提供具体的保护指引⑪；2022年9月实施的《数据出境安全评估办法》要求向境外提供重要数据、大量个人信息的数据处理者及关键信息基础设施

---

① 《中华人民共和国数据安全法》第二十一条。
② 《中华人民共和国数据安全法》第二十七条。
③ 《中华人民共和国数据安全法》第三十七条。
④ 《中华人民共和国个人信息保护法》第四十四条、第四十七条。
⑤ 《中华人民共和国民法典》第一百一十一条。
⑥ 《中华人民共和国刑法》第二百五十三条之一。
⑦ 《中华人民共和国未成年人保护法》第七十二条。
⑧ 《中华人民共和国政府信息公开条例》第二章"公开的主体和范围"。
⑨ 《关键信息基础设施安全保护条例》第三章"运营者责任义务"。
⑩ 《未成年人网络保护条例》第三章"网络信息内容规范"。
⑪ 《汽车数据安全管理若干规定（试行）》第三条、第六条、第七条。

运营者在向境外提供数据前通过国家网信办数据进行出境安全评估①；2023 年 8 月实施的《生成式人工智能服务管理暂行办法》对向中国境内公民提供生成文本、图片、音频、视频等内容的服务制定服务规范②。

除国务院出台的行政法规外，在《促进大数据发展行动纲要》的指引下，各地立法机关和政府部门结合本地数据要素发展情况，围绕促进数据依法有序自由流动、加快数据要素市场培育等领域，积极制定地方性法规。以上海为例，2022 年 1 月实施的《上海市数据条例》在促进数据要素市场、推进公共数据共享开放等章节外，因地制宜，对浦东新区数据改革及长三角区域数据合作提出更高要求③。在数据交易层面，2023 年 4 月实施的《上海市数据交易场所管理实施暂行办法》对在上海设立数据交易场所、数据交易服务机构的选择及数据交易所交易资金结算制度进行要求④。

需要注意的是，除前述有法律性质的文件外，还存在部分指引性文件及标准文件，为中国数据法律规范体系发展提供总领性建议或提供具体执行标准。例如，2022 年 12 月发布的"数据二十条"对达成加快构建数据基础制度，增强经济发展新动能，构筑国家竞争新优势等战略性目标提供意见；国家市场监督管理总局及国家标准化管理委员会、全国信息安全标准化技术委员会等国务院下属组织机构发布了一系列数据安全、网络系统、安全管理及安全测评等标准也值得关注。

总体而言，我国数据法律规范体系还处于快速发展的阶段，我们相信，未来中国数据法律制度体系将持续调整和不断完善，助力数字经济高质量发展。

（二十八）我国数据监管部门的建设情况？

鉴于我国尚未建立专门的数据监管执法机构，现在中国数据监管执法呈现"九龙治水"的局面：根据《中华人民共和国数据安全法》（以下简称《数据安全法》）第六条的规定，国家网信部门、公安机关、国家安全机关及工业、电信、交通、金融、自然资源、卫生健康、教育、科技等主管部门均有权在各自职责范围内承担数据安全监管责任。《中华人民共和国个人信息保护法》（以下简称《个人信息保护法》）第六十条在国家网信部门、国务院有关部门外，给予

---

① 《数据出境安全评估办法》第四条。
② 《生成式人工智能服务管理暂行办法》第三章。
③ 《上海市数据条例》第六章、第七章。
④ 《上海市数据交易场所管理实施暂行办法》第三章。

县级以上地方人民政府有关部门个人信息保护和监督管理职责。《中华人民共和国数据安全法》（以下简称"数据安全法"）第六条规定的有管辖权的主体与《网络安全法》和《个人信息保护法》基本一致。

在实践中，"工业、电信、交通、金融、自然资源、卫生健康、教育、科技等主管部门"包含各类统筹管理部门（工信部门、市场监督管理部门）、专项监管机构（国家金融监督管理总局、证监会、中国人民银行等），因此在数据执法过程中，存在多个监管部门共同管理的情况。

为给读者带来直观且明确的认识，在下文中，我们将罗列一些常见的数据监管执法机构的执法规定及其处理的典型案例，具体如下：

1. 互联网信息办公室

在国家层面，互联网信息管理的最高部门是中共中央网络安全和信息化委员会办公室（简称"中央网信办"）和中华人民共和国国家互联网信息办公室（简称"国家网信办"），两部门合署办公；在地方层面，各省、市、县级政府在中央网信办和国家网信办的领导下成立地方网信办，协助上级网信办，根据《网信部门行政执法程序规定》等文件对违法行为进行处罚。

国家互联网信息办公室主要关注数据跨境转移安全、关键信息基础设施运营者合规义务制定以及对危及网络产品和服务行为进行安全审查。近年来，国家互联网信息办公室已对许多具有广泛影响力的企业进行立案调查，并作出了罚款数额巨大的行政处罚：2022年7月21日，国家互联网信息办公室依据《网络安全法》《数据安全法》《个人信息保护法》《行政处罚法》等法律法规，对滴滴全球股份有限公司处人民币80.26亿元罚款，对滴滴全球股份有限公司董事长兼CEO程维、总裁柳青各处人民币100万元罚款；2023年9月1日，国家互联网信息办公室依据《网络安全法》《个人信息保护法》《行政处罚法》等法律法规，对知网（CNKI）依法作出网络安全审查相关行政处罚的决定，责令停止违法处理个人信息行为，并处人民币5000万元罚款。

在《网信部门行政执法程序规定》生效后，省级网络信息办公室积极进行多次执法：2023年10月11日，上海市网信办工作中发现某科技公司相关数据库存在未授权访问漏洞，部分数据被窃并传输到境外。上海市网信办将相关情况通报涉事企业并要求立即核查整改，但该科技公司无视数据安全保护责任，未进行及时有效整改且擅自将涉事数据库一删了之，意图逃避处罚。上海市网信办依据《数据安全法》对该科技公司作出责令改正，给予警告，并处8万元罚款的行政处罚；对公司直接责任人员作出罚款1万元的行政处罚。2023年10月31日，国家网信办指导广东省网信办依法约谈相关平台负责人，对"夸克"平台实施 50 万元罚款处罚，责令"网易 CC"暂停"舞蹈"版块信息更新 7 日，同时责令两家平台立即全面深入整改，严肃处理相关责任人。

2. 工业和信息化部门

根据《工业和信息化行政处罚程序规定》，工业和信息化部门（简称"工信部"）有权对公民、法人或者其他组织违反工业和信息化行政管理秩序的行为，依法给予行政处罚。

工信部内设信息通信管理局和网络安全管理局等部门。

信息通信管理局在执法过程中侧重于监督管理电信和互联网市场竞争秩序、服务质量、互联互通、用户权益和个人信息保护。信息通信管理局主要负责对拟注销企业跨地区增值电信业务的经营许可。省级及市级通信管理局在行政执法过程中相对而言更加活跃：2022 年 10 月 17 日，重庆市通信管理局因中国移动通信集团重庆有限公司城二分公司侵害个人信息等行为，对其作出责令改正、处 20 万元罚款的行政处罚；根据《关于开展纵深推进 APP 侵害用户权益专项整治行动的通知》，上海市通信管理局已公布第四批侵害用户权益行为的 APP。

网络安全管理局在执法过程中侧重于打击网络犯罪、防范网络失窃密，承担电信网、互联网网络与信息安全监测预警、威胁治理、信息通报和应急管理与处置。2021 年 11 月，为深入实施《反电信网络诈骗法》，国家网络安全管理局及公安部刑事侦查局联合约谈阿里云、百度云两家企业相关负责人，要求其对相关问题限期予以整改，拒不整改或整改不到位的，将依法依规从严惩处。

3. 公安部门

作为主管公共安全工作的职能部门，公安部门主要负责对危害网络安全、个人信息的行为进行行政处罚。发现数据安全缺陷、漏洞等风险时，未立即采取补救措施（《数据安全法》第三十条）、个人信息处理者未履行合规保障义务（《个人信息保护法》第五十一条）及未根据网络安全等级保护制度的要求履行安全义务（《网络安全法》第二十一条、《数据安全法》第二十七条）是各地公安部门在作出行政处罚过程中遇到的较多的情况，对这些行为的处罚相对而言较为轻微，如警告、罚款、责令改正等。

我们认为，随着网络执法工作的不断推进，在未来，各执法部门将在违法违规网络行为处罚方面愈发严格。

（二十九）欧盟数据法律体系的建设情况？

欧盟数据法律体系由以欧盟委员会为代表的机构及欧盟成员国制定或加入的

一系列法律法规、指令及判例构成。除最具影响力的《通用数据保护条例》（General Data Protection Regulation，GDPR）以外，还有《电子隐私条例》（Regulation on Privacy and Electronic Communication）、《数字服务法》（Digital Services Act）等法律文件，他们共同构成欧盟数据法律体系框架。在下文中，我们将对有广泛影响力的文件进行概述，具体如下：

1. 《通用数据保护条例》及其配套指南

基于《欧洲人权公约》对个人基本权利的保护，作为欧盟数据保护法律体系的核心法规，GDPR于2018年5月25日正式生效。GDPR的主要目的是保护个人数据隐私，规范数据处理行为。它强调数据主体的权利和数据控制者的责任，并规定了个人数据的处理原则、数据主体的权利、数据控制者的义务及数据保护官的设立等内容。GDPR对数据处理的合法性、透明性、安全性提出了严格要求，对数据主体的知情权、访问权、修改权、删除权等进行了明确规定。

为确保GDPR条款的落地，欧盟数据保护委员会等机构发布一系列配套文件：《车联网个人数据保护指南》（Guidelines on Processing Personal Data in the Context of Connected Vehicles and Mobility Related Applications）要求车辆收集的个人信息应尽可能在车内进行分析处理，保证用户对其个人数据控制权、开展数据保护影响评估及通过明确的、标准化的文字和图标让数据主体了解如何行使GDPR项下数据主体权利；标准合同条款（Standards Contractual Clauses）为数据控制者与数据处理者之间的个人数据跨境传输提供了标准合同模板，用于确保欧盟公民的数据在未通过欧盟委员会数据保护充分性认定的国家及地区能获得不低于GDPR规定的保护；《电子隐私条例》将保护对象从个人延伸到法人，并对GDPR在电子通信领域的使用进行细化（如明确将接受Cookie作为访问服务条款不构成有效的同意）。

2. 《欧盟数据战略》（A European Strategy for Data）及《欧盟数据治理法》（Data Governance Act）

为推动数字化转型及打造单一数据市场，欧盟委员会于2020年2月出台《欧盟数据战略》，将数据作为经济发展的命脉，提出加强欧盟及各成员国跨部门间数据流动、在遵守GDPR的前提下促进个人更方便共享其生成的数据、支持对中小企业的投资、加强数据技术的研究和创新，推动人工智能、大数据分析等前沿技术的发展和应用等核心战略落地。

为解决数据共享障碍，促进跨部门间数据流动，欧盟委员会于2020年11月出台《欧盟数据治理法》，该法案主要关注企业数据等非个人数据的流通，要求建立欧洲数据治理委员会，制定数据治理准则和最佳实践，并提供技术支持和咨询；建立一套数据共享机制，包括数据共享协议、数据使用合同和数据共享注册，用于保障机制的合法性、透明性和安全性；通过引入数据交换服务提供商的概念，要求其充当数据中介，提供数据访问、转移和处理的服务，促进数据的安全和可持续共享。

3. 《数字市场法》（Digital Market Act）及《数字服务法》（Digital Services Act）

为限制大型在线平台滥用其优势地位进行垄断和不正当竞争，构建数字化的公平竞争环境，2020年12月发布的《数字市场法》及《数字服务法》标志着欧盟对数字经济和数字化社会的监管进入了新阶段，对于全球数字经济和数字市场的发展具有重要影响。

《数字市场法》的核心是建立"看门人规则"，即要求在三个财政年度对市场产生重大影响（在欧盟的年营业额达到或超过75亿欧元、在上一财年市值达到750亿欧元并在至少三个欧盟成员国提供相同的核心平台服务）、为用户提供核心平台服务的重要门户（在上一财年至少拥有4500万月活跃最终用户和至少1万名年活跃业务用户，核心平台业务包括在线平台类服务、搜索引擎、社交网络服务、视频共享平台服务、NI-IC服务、操作系统等云计算服务以及在线广告服务）的在线平台在2个月内通知欧盟委员会，由欧盟委员会在收到该信息的45天内确认其是否属于"看门人"。

如经确认属于"看门人"的在线平台应禁止滥用市场优势地位、在搜索结果中优先展示对自己有利的产品和服务。同时，其应保障用户数据可移植性并公开广告商支付的价格、出版商报酬以及计算费用的标准，用于评估平台服务绩效。对于达到"看门人规则"门槛但是未告知欧盟委员会的在线平台，欧盟委员会可能对其处以上一财政年度全球总营业额1%的罚款；如果在线平台不遵守法案关键义务的，欧盟委员会可以处以上一财政年度全球总营业额10%的罚款，或者在情节严重的情况下处以最高20%的罚款。

《数字服务法》主要针对虚假信息和仇恨言论的控制，即要求平台或搜索引擎的用户超过4500万的超大型在线平台或超大型网络搜索引擎对用户生成的内容进行更严格的监管和管理，通过建立"通知—行动"机制，结合强制性风险评估、风险缓和措施、独立审计及算法推荐透明度等方式来有效解决有害和虚假信息传播的问题，并禁止对弱势群体（如儿童）投放广告。对于不遵守《数字服务法》规定义务的平台，欧盟成员国最高可处以上一财政年度全球总营业额

6%的罚款。

4. 《人工智能法案》（Artificial Intelligence Act）

为在高效利用人工智能的同时，约束其伦理风险，2023年6月，欧洲议会表决通过《人工智能法案》（草案）（简称《法案》）。作为第一部专门针对人工智能的综合性立法，《人工智能法案》（草案）约定了宽泛的管辖范围及域外效力，将人工智能系统的风险等级分为不可接受的风险、高风险、有限风险、低或轻微风险，并对有限风险以上的人工智能系统通过法条的形式进行禁止或监管。针对以ChatGPT为代表的通用型人工智能系统，《人工智能法案》（草案）对其提出额外合规义务（如合格性评估程序及技术文件披露等）。对不遵守人工智能系统相关规定的主体，可能被处以最高4000万欧元或全球年总营业额的7%的罚款。

虽然欧洲议会仅表决通过了《法案》，在与欧盟委员会、欧盟理事会等组织完成谈判后，《法案》预计将在1年内通过最终审批。

（三十）美国数据法律体系的建设情况？

不同于欧盟"统一立法"的模式，美国在联邦层面没有统一的数据立法。美国数据法律体系散落在联邦法、州法及判例中，在下文中我们将对重要的数据法案进行介绍。

1. 典型的有关数据保护的联邦法案

（1）《家庭教育权利和隐私法案》（Family Educational Rights and Privacy Act）。《家庭教育权利和隐私法案》在要求学校必须制定政策来保护教育记录的隐私的同时，明确未经家长或符合条件的学生的书面同意，学校不得向如雇主或其他机构的第三方发布学生的记录。对于家长和符合条件的学生（18岁以上或者就读于高等教育机构），他们有检查和审查学生教育记录的权利，如果记录不准确或具有误导性，他们有权要求修改记录，以及限制从教育记录中披露个人身份信息。

（2）《健康保险流通和责任法案》（Health Insurance Portability and Accountability Act）。《健康保险流通和责任法案》要求医疗机构和保险公司必须采取措施保护个人的健康信息，在没有获得患者知情同意的情况下，医疗机构禁止第三方访问、使用患者的健康数据。患者有权要求机构提供其个人健康数据的副本，以增加透明度和保障知情权。医疗机构在发生数据泄露的情况下，应当在60日内告知数据被泄露的患者，否则将遭到严厉处罚。

（3）《儿童在线隐私保护法案》（Children's Online Privacy Protection Act）。

《儿童在线隐私保护法案》将儿童定义为"年龄在13岁以下的个人",明确网站和在线服务提供商在收集儿童个人信息之前,必须获得父母或监护人的明确同意。即使获得同意的,他们也只能收集与提供服务相关的最少必要信息(不包括儿童的家庭地址、电话号码或社保号码)。父母或监护人随时有权查看、更改或删除他们的子女的个人信息,并禁止网站和在线服务提供商将这些信息用于营销目的。

(4)《金融服务现代化法案》(Financial Services Modernization Act)。《金融服务现代化法案》要求金融机构通过"管理、技术、物理防护"等手段来确保非公开个人信息的安全。在向客户提供服务时,必须向客户提供清晰明确的隐私政策,明确说明收集、使用和共享个人信息的方式和目的,客户有权选择是否分享他们的个人信息,并可以要求金融机构停止共享或出售他们的信息。金融机构不得将用户账号或信用卡号分享给第三方用于直接营销。

(5)《澄清境外数据的合法使用法案》(Clarifying Lawful Overseas Use of Data Act)。作为对1986年生效的《存储通信法案》(Stored Communication Act)的修改,《澄清境外数据的合法使用法案》赋予美国联邦执法部门获取美国公民在境外计算机上的电子邮件及其他个人信息的权利,无论这些个人信息是否存储在美国境内。法案在给予美国政府跨境调取数据证据的同时,也为适格外国政府向美国企业请求司法协助进行规定,美国政府希望更多的国家能加入其主导的数据跨境流动秩序。

综上所述,美国通过相对宽松的立法模式吸引世界范围的数据在本国境内的流动,在立法过程中,其更多关注数据的经济特性和价值。

2. 典型的有关数据保护的州法案

为解决美国联邦层面没有统一数据立法导致的隐私保护问题,以加利福尼亚州、纽约州为代表的部分州已经建立了本州的数据立法。作为美国州级数据立法的先锋,加利福尼亚州已针对隐私权保护通过了一些代表性法案,具体如下:

(1)《加州消费者隐私法案》(California Consumer Privacy Act, CCPA)。在欧盟《通用数据保护条例》颁布之年,《加州消费者隐私法案》同时颁布,CC-PA对个人信息的定义相对来说更加广泛,为消费者提供了知情权、删除权、退出权等权利。CCPA与GDPR的重大不同是CCPA没有约定审查机构和监管机构,确保数据处理行为安全有效进行。2023年,加州政府颁布了更加严格的《加州隐私权法案》,要求公司主动披露义务(是否转卖个人信息,是否收集个人敏感信息)。

《加州消费者隐私法案》于2018年由加利福尼亚州立法机构颁布。CCPA与GDPR的不同主要体现在以下几个方面：首先，GDPR关于个人数据的定义采用的是抽象概念，而CCPA采用的是抽象定义加不完全列举的结合方式，对于个人信息的界定范围更加宽泛且能够更加明确"个人信息"的范围。其次，GDPR以保护数据主体的基本权利为要点，CCPA更偏向于规划数据的商业化利用。再次，在数据跨境传输方面，CCPA对数据的跨境转移的合规义务宽松于GDPR。最后，在儿童个人信息保护方面，GDPR要求处理者在处理未满16周岁儿童的任何个人信息前，均应获得监护人的同意。CCPA将儿童的年龄划分为13周岁以下及13~16周岁两类，对未满13周岁的儿童，处理者在处理任何个人信息前均应获得监护人的同意；对已满13周岁未满16周岁的儿童，在获得其明确授权的情况下，处理者可以处理其个人信息。

（2）《加州隐私权法案》（California Privacy Rights Act，CPRA）。作为对CCPA的修正与扩展，《加州隐私权法案》的修改主要体现在以下几个方面：首先，CPRA设立了一个新的监管机构，即加利福尼亚隐私保护局，该机构有权对企业、服务提供商或承包商进行调查，以明确其是否符合CPRA的要求，并有权对前述主体的违规行为处以罚款。其次，CPRA强制规定，如果企业向第三方出售或与第三方共享个人信息，或仅仅出于商业目的向服务提供商或承包商披露此类信息，双方必须签订一份包含特定数据处理条款的协议，这是CCPA没有强制要求的。再次，参照GDPR的立法思路，CPRA授权加州居民在发现企业保管和控制属于其个人的"不准确"个人信息时，要求企业更正数据的权利，尽管这项权利相较于GDPR而言还有所限制。最后，在员工数据方面，CPRA明确禁止企业因员工、求职者或独立承包商行使法律规定的权利而对其进行报复。

此外，美国其他各州立法机构也纷纷效仿加州，通过地方隐私法规（如弗吉尼亚州、科罗拉多州等）。我们相信在未来，会有更多州级数据立法对本州公民数据的保护及本州企业数据的利用作出规定。

（三十一）为达成数据确权的目的，可能需调整或新增哪些法律？

为了达成数据确权的目的，我们建议可以调整或新增以下法律法规、指引及机构：

1. 调整或制定数据确权法律法规

《中共中央　国务院关于构建数据基础制度更好发挥数据要素作用的意见》（简称"数据二十条"）提出探索建立数据产权制度，建立数据资源持有权、数据加工使用权、数据产品经营权等分置的产权运行机制。现行法律制度仅对部分特定领域数据进行概括式保护（如商业秘密、知识产权、个人信息等），没有相关条款对更广泛的原始数据的保护，也没有对前述数据产权的运行机制进行任何规定。在前述的三项权利以外，数据原始提供者（如个人用户）的数据权利同样值得关注：即使以付出大量的劳动和资金投入的方式获得了数据集，如因此赋予其相对稳定的财产权，这可能对数据原始提供者的权利造成损害。因此，我们建议有关立法机构在修改现行数据确权法律法规确保其适配"数据二十条"政策的同时，对制定法律法规数据三权的定义、确权方式、权利范围进行约定，并对数据原始提供者提供保护，促进数据市场健康发展。

2. 制定数据确权登记法律法规

"数据二十条"提出，应研究数据产权登记新方式，完善和规范数据流通规则，构建促进使用和流通、场内场外相结合的交易制度体系。现行法律制度下，部分数据交易所为确保挂牌产品的合规性，要求拟挂牌数据产品在挂牌前应获得数据交易所颁发的"数据产品登记证书"，确保数据产品权属无瑕疵。现在，市场上仅有部分数据产品获得登记证书，且同一产品计划在不同数据交易所挂牌的，需在不同数据交易所分别获得数据产品登记证书，这对产品的挂牌周期有一定的影响。因此，我们建议有关立法机构就数据产权的登记制度制定法律法规，并确认统一的数据产权登记机构，以提高数据产权的公信度。

3. 细化数据资源资产化法律法规及指引

"数据二十条"提出，支持探索多样化、符合数据要素特性的定价模式和价格形成机制。为促进数据要素价值释放，财政部已印发《企业数据资源相关会计处理暂行规定》（简称《暂行规定》），浙江发布了国内首个针对数据资产确认制定的省级地方性标准。《暂行规定》允许企业将数据资源确认为无形资产及存货进行核算，但数据资源在价值确认的过程中存在多维度考量因素，如何将数据资源相对明确地进行核算仍是实操中的难点。因此，我们建议有关立法机构及标准制定部门细化数据资源资产化法律法规指引，发布指导性案例，为企业推进数据资源资产化提供可靠的计算方式。

4. 制定规范数据交易服务商的法律法规

"数据二十条"提出，应培育一批数据商和第三方专业服务机构。通过数据商，为数据交易双方提供数据产品开发、发布、承销和数据资产的合规化、标准化、增值化服务，促进提高数据交易效率。现行法律制度下，部分数据交易所已建立数商生态（如数据资产评估服务商、数据合规评估服务商等），为拟提供数据产品挂牌的企业提供专业服务。针对现有的数商生态，及数据交易的新颖性和专业性，部分数据服务商在服务过程中对部分环节不熟悉，无法确定标准化服务流程，导致在定价及服务质量方面参差不齐。因此，我们建议有关立法机构及行业协会制定数据服务商入会标准，组织会员定期学习最新数据交易规则，开发更多类型数据服务商为企业服务，并制定定价指引，促进数商市场的健康发展，为企业提供更优质的服务。

5. 制定国家级政务数据开放条例

"数据二十条"提出，应推进实施公共数据确权授权机制。对各级党政机关、企事业单位依法履职或提供公共服务过程中产生的公共数据，加强汇聚共享和开放开发，强化统筹授权使用和管理，推进互联互通，打破"数据孤岛"。现行法律制度下，发布政务数据共享开放条例的省市较少，缺乏国家级政务数据开放条例。因此，我们建议有关立法机构制定国家级政务数据开放条例，对政务数据的开放及利用作出基本规定，为各省各市通过具有当地特色的数据开放条例提供参考指引。

6. 制定数据争议解决法律法规

"数据二十条"提出，应有序培育资产评估、争议仲裁、风险评估等第三方服务机构，提升数据流通和交易全流程服务能力。目前，温州市瓯海区人民法院新桥人民法庭已建立首个"数据资源法庭"，上海仲裁委员会已发布《上海仲裁委员会数据仲裁指引》，在为数据纠纷案件的处理提供程序性指引的同时，引入专业仲裁人员、专家证人、临时措施等程序为数据仲裁提供便利。随着数据要素市场的不断发展，我们认为需要更多专业机构及专业人员参与数据资源纠纷的裁判，因此，我们建议针对数据要素，建立更多数据资源专门法庭及仲裁机构，制定相关法律法规规定数据争议解决的程序和方式，为数据争议解决提供高效、优质服务。

7. 积极参与跨境数据产权确权法律法规制定

"数据二十条"提出，应积极参与数据跨境流动国际规则制定，探索加入区域性国际数据跨境流动制度安排。在现阶段世界范围内，各国都在探索数据的确权及数据要素的流通相关法律法规，并形成了全面与进步跨太平洋伙伴关系协定（CPTPP）、区域全面经济伙伴关系协定（RCEP）等多项国际数据领域的区域规则。我们建议，作为数字经济发展大国，我国可通过加入多边关系协定、制定跨国数据确认及传输协议等方式，探索数据跨境流动与合作的新途径新模式，推进跨境数字贸易基础设施建设，为世界带来"中国方案"。

（三十二）我国法律中对于公共数据的定义是什么？

在我国的法律中，公共数据指国家机关、法律法规规章授权的具有管理公共事务职能的组织（以下统称公共管理和服务机构）在依法履行职责和提供公共服务过程中获取的数据资源，以及法律、法规规定纳入公共数据管理的其他数据资源。

同时，《广东省公共数据管理办法》明确了公共数据的定义，指公共管理和服务机构依法履行职责、提供公共服务过程中制作或者获取的，以电子或者非电子形式对信息的记录。

这些数据资源属于公共管理和服务机构，并且需要按照相关规定进行共享或协同应用。任何单位和个人收集、存储、使用、加工、传输、提供公开数据资源，都应遵循合法、正当、必要的原则，遵守网络安全、数据安全、电子商务、个人信息保护等有关法律、法规以及国家标准的强制性要求，不得损害国家利益、社会公共利益或者他人合法权益。

二、分类分级确权授权

（三十三）公共数据流通中的"授权"问题？

实践中，公共数据的流通包括共享、开放、授权运营等模式。其中，公共数据共享指公共管理及服务机构之间的内部共享，如《上海市数据条例》第三十八条及《上海市公共数据和一网通办管理办法》第二十六条规定，公共管理和服务机构之间共享公共数据，应以共享为原则，不共享为例外，无偿共享公共数据。没有法律、法规、规章依据，公共管理和服务机构不得拒绝其他机构提出的共享要求。因此，公共数据在公共管理和服务机构间的流通以共享为原则，基本不涉及"授权"问题。

对于公共数据开放及公共数据授权运营方面，学术界对于两者间的概念及关系仍存在差异化的观点：第一类观点认为，依据《中华人民共和国国民经济和社会发展第十四个五年规划和 2035 年远景目标纲要》，"开展政府数据授权运营试点"在第十七章"提高数字政府建设水平"第一节"加强公共数据开放共享"

的框架下，因此公共数据授权运营应属于公共数据开放的方式之一；第二类观点认为，公共数据开放与公共数据授权运营属于并列概念，公共数据开放是数据使用主体与公共管理和服务机构间的数据流通，不涉及费用支付的纯公益行为，而公共数据授权运营是数据使用主体与被授权运营主体、公共管理和服务机构之间的数据流通，且可能涉及"数据二十条"提出的"有偿"使用，两者的底层逻辑及价值导向具有差异。关于两者之间的关系解读可详见"问题五"，在此不予赘述。

但无论两者关系如何，我们理解公共数据流通中所涉及的利益主体主要包括信息主体、公共管理和服务机构、公共数据运营主体、公共数据使用主体四类主体。在上述主体之间，可能存在的"授权"问题涉及四个方面：第一，公共管理和服务机构对于公共数据运营主体的"授权"；第二，信息主体对于公共管理和服务机构的"授权"；第三，信息主体对于公共数据运营主体的"授权"；第四，信息主体对于公共数据使用主体的"授权"。此外，公共数据使用主体通过协议方式从公共数据运营主体处取得公共数据的，在此不以"授权"角度进行分析。如图3-1、图3-2所示。

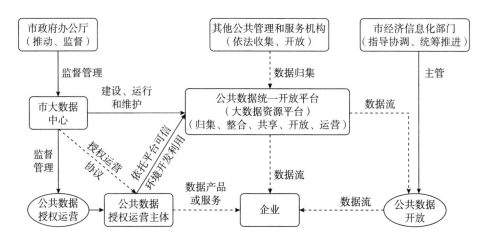

图3-1　公共数据授权可行模式

1. 公共管理和服务机构对于公共数据运营主体的"授权"

"数据二十条"第（四）条将公共数据表述为各级党政机关、企事业单位依法履职或提供公共服务过程中产生的数据。因此，公共管理和服务机构自公共数据产生伊始，享有对数据的合法权益，相应的财产权益虽未有法律的明确规定，

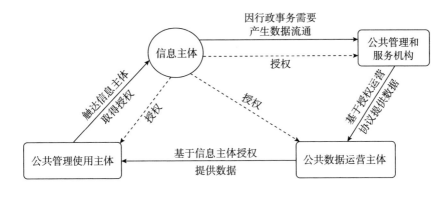

图 3-2 公共数据授权运营中的数据流和授权图

但并未否定公共管理和服务机构的数据权利。其中，对于涉及个人信息和商业秘密的公共数据，需满足《个人信息保护法》《民法典》等相应法律的保护要求，而对于不关涉个人信息、商业秘密的公共数据，我们认为，法律未对公共管理和服务机构加工使用该等数据作出限制性规定。而从促进数据流通利用，发挥数据价值的角度，公共管理和服务机构有义务促进公共数据的社会化开发与利用。

《上海市数据条例》第四十四条规定"本市建立公共数据授权运营机制，提高公共数据社会化开发利用水平。"第四十五条规定"被授权运营主体应当在授权范围内，依托统一规划的公共数据运营平台提供的安全可信环境，实施数据开发利用，并提供数据产品和服务。"目前，上海数据集团经上海市政府办公厅授权负责上海市公共数据的运营，上海数据集团可再授权征信机构等试点单位具体负责公共数据的开发利用。在《上海市数据条例》的背景下，被授权运营主体在政府授权范围内，依托统一规划的数据运营平台实施政府数据开发利用，并对外提供数据产品和服务。

《浙江省公共数据条例》第三十五条规定"县级以上人民政府可以授权符合规定安全条件的法人或者非法人组织运营公共数据，并与授权运营单位签订授权运营协议。禁止开放的公共数据不得授权运营。授权运营单位应当依托公共数据平台对授权运营的公共数据进行加工；对加工形成的数据产品和服务，可以向用户提供并获取合理收益。授权运营单位不得向第三方提供授权运营的原始公共数据。"在《浙江省公共数据条例》背景下，有权政府部门可以授权符合安全条件的社会主体组织运营公共数据，加工、形成数据产品和服务，并可获取合理收益。

因此，公共管理和服务机构对公共数据授权运营的授权，包括公共数据授权运营范围的授权、授权运营主体的授权、公共数据加工处理行为的授权及对外提供产品和服务的授权。如《上海市数据条例》第四十四条规定"市政府办公厅应当组织制定公共数据授权运营管理办法，明确授权主体、授权条件、程序、数据范围、运营平台的服务和使用机制、运营行为规范，以及运营评价和退出情形等内容。"《浙江省公共数据条例》第三十五条规定"授权运营协议应当明确授权运营范围、运营期限、合理收益的测算方法、数据安全要求、期限届满后资产处置等内容。"

2. 信息主体对于公共管理和服务机构的"授权"

对于关涉个人、企事业单位等信息主体的数据，信息主体在出于法律法规或行政事项要求，向公共管理和服务机构提供自身信息时，是基于相关事项办理或法律要求的目的，并未持有公共管理和服务机构对包含其个人信息或商业秘密的数据进行后续流通利用的期待。如税务部门基于履行法定职责或法定义务必需持有个人信息主体的税务数据，具备《个人信息保护法》第十三条的合法性基础，无须取得个人的授权同意，但当个人向银行申请贷款时，税务部门向银行提供其税务数据以作为贷款审核评价指标的行为，实际变更了税务部门处理个人信息主体相关信息的原先处理目的及处理方式，应取得个人的单独授权同意。

以上海市为例，《上海市公共数据开放暂行办法》第十一条规定："对涉及商业秘密、个人隐私，或者法律法规规定不得开放的公共数据，列入非开放类；对数据安全和处理能力要求较高、时效性较强或者需要持续获取的公共数据，列入有条件开放类；其他公共数据列入无条件开放类。非开放类公共数据依法进行脱密、脱敏处理，或者相关权利人同意开放的，可以列入无条件开放类或者有条件开放类。"对涉及商业秘密、个人隐私的非开放公共数据，经授权同意后，可以进行流通。但实践中，政府部门在公共数据流通中追溯信息主体，并取得信息主体的单独同意存在操作困难。

3. 信息主体对于公共数据运营主体的"授权"及信息主体对于公共数据使用主体的"授权"

对于涉及商业秘密、个人信息的非开放公共数据，尽管经授权同意后可以进行流通，但同时需考量流通范围、流通中的数据接收方是否超出信息主体原先的授权同意范围，是否可能侵犯信息主体的合法权益。

以监管更为严格的个人信息为例，依据《个人信息保护法》第二十三条的规定"个人信息处理者向其他个人信息处理者提供其处理的个人信息的，应当向个人告知接收方的名称或者姓名、联系方式、处理目的、处理方式和个人信息的种类，并取得个人的单独同意。接收方应当在上述处理目的、处理方式和个人信息的种类等范围内处理个人信息。接收方变更原先的处理目的、处理方式的，应当依照本法规定重新取得个人同意。"因此，取得个人信息主体知情同意下的授权是涉及个人信息的公共数据合法合规授权运营的法律要求之一。

从法律角度而言，公共管理和服务机构向授权运营主体提供个人信息主体的个人信息、公共数据授权运营主体向使用主体提供个人信息主体的个人信息，均实际改变了个人信息原先的处理目的、变更了实际接收方，需取得个人信息主体的单独同意。

但如上所述，公共管理和服务机构在公共数据流通中，追溯个人信息主体并取得授权同意存在困难，且授权同意成本过高，可能给政府带来额外的财政负担。同时，公共数据授权运营主体在实际业务场景中不直接接触信息主体，难以取得个人同意。

公共数据使用主体作为直接接触信息主体的业务方，个人信息主体一般具有向其提供自身个人信息以通过相关业务办理或达成合作的意愿，取得信息主体授权同意的成本相对较低，效率相对较高。因此，公共管理和服务机构、公共数据授权运营主体在实践中均一般通过最终触达信息主体的公共数据使用主体取得相关授权同意。

例如，在征信场景下，征信机构采集、加工信息主体信息形成的信用报告，由于可能涉及信息主体的非公开信息，需遵循法律法规的约束，取得信息主体的同意。而征信机构由于不直接面对客户，往往难以取得客户单独的授权同意或者为了取得信息主体的授权同意会产生大量的成本，造成人力、物力、时间成本的增加，只能通过金融机构间接获取信息主体的授权。

（三十四）公共数据的开发利用路径如何设计？

《"十四五"数字经济发展规划》提出，对具有经济和社会价值、允许加工利用的政务数据和公共数据，通过数据开放、特许开发、授权应用等方式，鼓励更多社会力量进行增值开发利用。我们认为，可以将公共数据的开发利用即如何通过释放公共数据价值实现赋能实体经济、提升治理效能的制度目标作为顶层概念，而公共数据开放、公共数据授权运营与公共数据的共享均为下层概念，构成公共数据开发利用的三种路径。如果从狭义社会化利用的角度，则有公共数据授权运营和公共数据开放两种方式。

公共数据，一般指本市各级行政机关以及履行公共管理和服务职能的事业单位（以下统称公共管理和服务机构）在依法履职过程中，采集和产生的各类数据资源。公共数据开放，指公共管理和服务机构在公共数据范围内，面向社会提供具备原始性、可机器读取、可供社会化再利用的数据集的公共服务。由于公共数据开放是政府直接向社会提供原始数据，面临较大的不确定性和安全风险。因此，政府在开放公共数据时往往持审慎态度，导致开放的公共数据总量偏低，尤其是高价值数据难以开放，致使公共数据价值无法充分释放。

公共数据授权运营是为了解决公共数据开放安全顾虑以及质量不高而提出的新路径，能够在更加有效确保数据安全可控基础上对公共数据进行开发利用和价值的挖掘。2021年，十三届全国人大四次会议表决通过的《中华人民共和国国民经济和社会发展第十四个五年规划和2035年远景目标纲要》提出，要"开展政府数据授权运营试点，鼓励第三方深化对公共数据的挖掘利用"。公共数据授权运营是公共数据开发利用的新机制，有观点认为，从本质上讲，公共数据授权运营和公共数据开放都属于公共服务供给机制，创设授权运营就是在既有的政府直接供给的基础上引入第三方机制，提升公共数据资源配置的有效性。从试点情况来看，政府将不宜直接开放的公共数据授权给安全可信的第三方主体运营，经第三方开发利用所产出的数据产品能够满足市场主体的需求。①

公共数据共享属于一种政府内部无偿的信息资源交流行为。公共数据的"共享"指各级政府部门相互之间的数据交换、各类政务数据资源共享行为。例如，《上海市公共数据共享实施办法（试行）》（简称《办法》）规定《办法》以共享为原则，不共享为例外，除法律、法规另有规定外，公共数据应当全量上链、上云，充分共享。同时，鼓励公共管理和服务机构通过公共数据共享应用，创新管理和服务方式，提升管理和服务水平。

实践中，普惠金融下的公共数据利用可以归入公共数据开放的范畴，因为金融机构一般不会为从政府部门获得的数据支付对价。也有普惠金融的公共数据开放通过公共数据授权运营的名义进行，但金融机构亦未支付相关对价，这种情况下实质上也还是公共数据的开放性质。

公共数据授权运营和公共数据开放的关系有多种观点。

第一种观点（包含隶属论）认为，授权运营是一种数据开放的新形式，其是一种基于如何开放（How）构建的逻辑关系。而此处，基于谁去开放（Who）分为了直接实施和间接实施，其应被理解为授权运营是一种数据开放的实施新形式而非开放新形式。实施方式的分类逻辑不应等同于授权运营和数据开放而构成包含隶属关系。

① 宋烁. 构建以授权运营为主渠道的公共数据开放利用机制［J］. 法律科学，2023（1）.

第二种观点认为，从本质上讲公共数据授权运营和公共数据开放都属于公共服务供给机制，创设授权运营是在既有的政府直接供给的基础上引入第三方机制，提升公共数据资源配置的有效性。从试点情况看，政府将不宜直接开放的公共数据授权给安全可信的第三方主体运营，经第三方开发利用所产出的数据产品能够满足市场主体的需求。

第三种观点认为，公共数据开放作为一套公共数据对外流通的框架制度，可分为直接实施开放和间接实施开放两种类型，直接实施开放即通过公共部门自身开展行政化实施，间接实施开放即通过授权运营方式开展市场化实施。而间接实施开放是实现公共数据生产与供给分离、增强多主体参与和提升市场化配置的有效手段，其优点在于引入市场化的专业力量来做专业的事务。

公共数据授权运营与公共数据开放的维度不同，前者强调数据权利的授予，后者强调数据本身的开放，因此不宜以简单的包含隶属关系或简单的并列关系来分析。公共数据授权运营作为公共数据开发利用的新机制，不同于以往政府将数据直接提供给数据使用单位，而是由政府将公共数据作为国有资产授权给某个主体运营，以公共数据产品或服务的形式向社会提供。实践中，政府部门对公共数据的把握往往是"以不公开为基准，以公开为例外"，且公共数据为无偿，这造成政府部门的积极性有限，在公共数据开放方面企业实际上无法获得有价值的数据。然而对公共数据资源进行价值的深度挖掘、开发，正是公共数据授权运营的初衷。

公共数据授权运营与公共数据开放虽然有密切的联系，但存在一定的差异，主要体现在以下几个方面：

1. 解决问题不同

公共数据授权运营与公共数据开放本质上是两者在不同维度上解决公共数据社会化利用开发的问题，解决的是两个不同类型的问题，前者解决"Who"，后者解决"How"。即公共数据授权运营是解决谁具体去实施数据开放从而达成数据流通（即回答公共机构自身还是第三方去实施的问题），而数据开放是为了解决如何从数据拥有方提供数据至数据利用方（如是否提供原始数据，是否采用数据出域、可用不可见等技术手段，是否设立准入资格等）。同时，前者的客体是公共数据某种权利的授予，后者的客体是公共数据本身。

2. 参与主体不同

从根本上看，公共数据开放是由政府向社会上各数据利用主体提供数据，而公共数据授权运营是由政府通过第三方向社会上各数据利用主体提供数据。在公共数据开放的过程中，存在政府、市场主体（公共数据需求方）等主体，如图 3-3 所示。

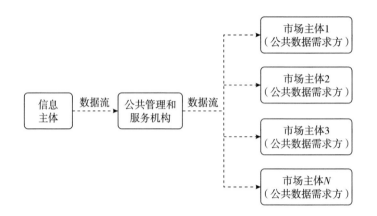

图 3-3　公共数据开放的参与主体

而在公共数据授权运营的过程中，存在政府（授权方）、某一数据运营机构（被授权方）、市场主体（公共数据需求方）等三类主体，如图 3-4 所示。

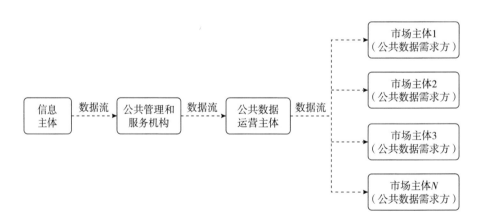

图 3-4　公共数据授权运营的参与主体

3. 获取方式不同

公共数据开放是社会数据利用主体向政府部门提出申请各行业、各领域公共数据资源，符合法定条件的主体均可以申请获取。公共数据授权运营是由政府部门授权运营在公共数据供给上引入了市场机制，由专业的第三方主体负责研发数据产品和服务投入市场流通，满足市场主体专业化、多元化数据需求。

公共数据授权运营与公共数据开放有一定交叉，例如，公共数据授权运营的数据范围主要是"有条件开放的公共数据"。根据《上海市数据条例》，"公共数据按照开放类型分为无条件开放、有条件开放和非开放三类。涉及个人隐私、个人信息、商业秘密、保密商务信息，或者法律、法规规定不得开放的，列入非开放类；对数据安全和处理能力要求较高、时效性较强或者需要持续获取的公共数据，列入有条件开放类；其他公共数据列入无条件开放类。非开放类公共数据依法进行脱密、脱敏处理，或者相关权利人同意开放的，可以列入无条件开放或者有条件开放类。对有条件开放类公共数据，自然人、法人和非法人组织可以通过市大数据资源平台提出数据开放请求，相关公共管理和服务机构应当按照规定处理。"

有条件对外开放的数据，最重要的是保障这些数据被处理时的安全性，而授权运营，恰恰是为了数据安全，在授权主体监控下开展数据开发。至于第一类已经对外公开的数据，原则上可以不必纳入授权运营范畴，但由于数据开发涉及大量数据提取、分析、加工，通过数据公开路径不便于进行开发时（比如开发者进行数据调取时，数据控制者为维护系统稳定对数据传输进行限制），通过授权运营主体在数据控制者本系统内进行直接开发，更有利于数据开发，因此宜将公开数据一并提供给被授权方进行授权运营。[①]

非开放的数据，以不能对外授权运营为原则。但如《上海市数据条例》所规定，非开放类公共数据依法进行脱密、脱敏处理，或者相关权利人同意开放的，可以列入无条件开放或者有条件开放类。但不难想象，对此类数据的脱密、脱敏处理，资金要求大、技术要求高，显然在公共数据开放的框架下难以实现，而在公共数据授权运营的路径下，可以通过适合的授权运营主体而较好实现，例如，征信业务对敏感个人信息和企业数据的处理，征信机制下有较好的触达客户机制以确保符合个人信息保护法等法律法规的要求。

（三十五）企业数据如何认定？企业从公开渠道采集的数据是否属于企业数据？

1. 企业数据认定

根据《中共中央 国务院关于构建数据基础制度更好发挥数据要素作用的意见》（以下简称"数据二十条"），企业数据指"各类市场主体在生产经营活动

---

① 常江，张震. 论公共数据授权运营的特点、性质及法律规制［J］. 法治研究，2022（2）.

中采集加工的不涉及个人信息和公共利益的数据",市场主体对其"享有依法依规持有、使用、获取收益的权益"。

从形成机理出发,可以将企业数据类型化为企业经营过程中基于自身业务产生的数据和企业通过其他渠道获得的数据。前者包括但不限于与经营活动有关的创意、管理、销售、财务、计划、样本、招投标材料、客户信息、数据等经营信息,与技术有关的结构、原料、组分、配方、材料、样品、样式、植物新品种繁殖材料、工艺、方法或其步骤、算法、数据、计算机程序及其有关文档等技术信息。后者可能涉及企业通过交易获取的数据、公共数据和企业通过公开渠道收集的数据等。对于企业经营过程中收集的涉及个人信息的数据,经过加工处理,形成了达到匿名化效果的衍生数据集,也应视为企业数据。

2. 企业数据合规使用

"数据二十条"提出,要建立数据资源持有权、数据加工使用权、数据产品经营权等分置的产权运行机制,这意味着在数据确权过程中需要区分数据来源者与数据处理者的双重权益架构。实践中,企业在使用企业数据时可能承担着数据来源者或者数据处理者的职能,或承担着双重职能。在此情形下,有必要分类分析企业如何使用相关企业数据,以合规取得相关权益。

企业使用经营过程中产生或收集的数据,需确保数据来源合规,处理数据时符合相关法律法规要求。企业使用通过交易获取的数据,应当审查数据源是否存在合规性问题,并与数据提供方通过合同约定双方权利义务,在约定范围内处理相关数据,如涉及后续的使用、流通、转让等,需明确符合数据来源主体和/或数据交易方的授权范围。企业使用公共数据,获取数据时应根据不同开放类别,以合法手段获取公共数据,对于应开放的公共数据,企业可以直接采集获取,对于有条件开放的公共数据,企业应参考公共数据主管部门制定的公共数据开放的具体程序,提出开放申请。使用数据时,企业应合法正当利用公共数据,不得损害国家利益、社会利益和其他主体的合法权益,特别是不能损害数据来源主体的合法权益。企业还应履行注意义务,保障信息的客观准确性、时效性。

企业使用从公开渠道收集的数据时,应遵守合法公开、合理利用的原则。合法公开可能包括由数据主体依法自主公开的情况,也包含其他主体依法公开信息的场景,例如,依法公开的裁判文书等,企业应该对从公开渠道收集的数据进行合规性审查,确保所收集或处理的数据符合合法公开的原则,不侵犯其他主体的合法权益。合理利用指企业使用公开数据时应在必要的限度内合理使用,且应该符合正当竞争原则。此外,公开数据的使用不能违背数据主体的意愿,应该在数据主体公开相关数据的目的范围内进行处理，不超出数据主体公开相关数据的合理预期；另外，应该符合正当竞争原则，不侵害其他商事主体的合法权益。企业还应该注意收集公开数据手段的合法性，如通过爬虫等手段收集公开数据的，应遵守相关网站等平台的协议约定，以不妨碍网站等平台的正常运行为前提收集公开数据。

"数据二十条"虽然将个人数据剔除出企业数据的范围，但在实践中，企业数据本身来源的丰富性、构造的复杂性、本身的无形性等物理特性，导致企业数据与其本身负荷的大量个人信息难以有效区分。例如，对于网络行为轨迹、标签信息是否属于个人信息，司法实践中法院尝试了不同的解释路径，但此问题仍处于悬而未决的状态①。在此情形下，企业如何合规使用包含个人信息的数据，保护个人信息主体的在先权利成为难题。"数据二十条"的权利分置方案为解决该问题提出新思路，企业可以在尊重数据来源主体的法定权益的前提下，对此类数据的衍生数据依法享有数据财产权②。例如，对于网络行为轨迹、标签信息等通过采集大量个人信息形成统计类型或者形成不针对特定个人的大数据模型的场景，企业应先获得个人信息主体的授权，并在授权范围内处理个人信息，处理时需结合脱敏、匿名化等技术手段。

（三十六）企业数据保护现状如何？目前司法实践对企业数据的保护有哪些问题？

1. 企业数据保护现状

在司法领域，一般会通过《中华人民共和国反不正当竞争法》第二条进行保护，典型案例如"美景 v. 淘宝案"③。一审法院从数据产品的法律本质出发，强调数据产品的劳动成果本质——"衍生数据"，从而赋予其独立的财产性权益。一审法院进一步从数据产品的市场价值角度，强调其是网络运营者所拥有的重要的财产权益。同时，否定了网络用户对于其所提供给网络运营者的单个用户信息的财产权或财产性权益之可能性，但未就网络运营者与网络用户对原始网络数据的复杂权利状态进行清晰的界定。二审法院则从法律本质、市场价值、竞争优势、竞争秩序等四个方面，以竞争法的角度，提出并论证了网络大数据产品的

---

① 姫蕾蕾. 企业数据保护的司法困境与破局之维：类型化确权之路 ［EB/OL］. http：//www. pku-law. com.

② 王利明. 数据何以确权 ［EB/OL］. http：//www. legal-theory. org.

③ 参见淘宝（中国）软件有限公司诉安徽美景信息科技有限公司不正当竞争纠纷案，杭州市中级人民法院（2018）浙01民终7312号。

财产性权益。最终法院认为,虽然无法认定淘宝对"生意参谋"具有民法上的权利,但"生意参谋"作为一个产品被大量销售,用户通过使用该数据产品可以更加科学地形成自己的投资经营决策,该产品为淘宝公司带来了现实的经济收益和附带的竞争优势。根据《中华人民共和国反不正当竞争法》相关规定,法院确认淘宝公司就数据产品享有竞争性财产权益。

实践中,也通过《中华人民共和国反不正当竞争法》第十二条保护,典型案例是"新浪 v. 饭友"[①]。新浪微博是娱乐明星分享动态、与粉丝交流的重要平台。上海复娱文化传播股份有限公司(简称"饭友")运营"饭友"APP,用户使用该 APP 可实现点击明星照片进入相关明星微博账号界面的功能,并可直接查看包括图片、视频等在内的该账号全部微博内容。比较饭友与新浪微博中相同明星账号下的微博界面,界面设计和微博内容基本相同,主要不同在于:新浪微博与饭友显示的微博发布时间的精确度不同;新浪微博中的转发、评论和点赞数仅显示到万位数,饭友则显示到个位数;饭友的界面中增加了"送花"等选项,但删去了新浪微博界面中"友情链接"等。在该案件中,双方的争议焦点主要集中在新浪微博对于明星界面和内容在内的全部数据是否享有权益。对此,法院并未就新浪是否对相关数据具有权益进行界定,而是认定饭友影响了新浪微博用户协议的履行,破坏了新浪微博数据的展示规则,且对新浪微博的该部分内容构成实质性替代,分流了潜在用户流量,妨碍、破坏了新浪微博的正常运营,构成不正当竞争。

2. 企业数据保护存在的问题

企业数据与企业的传统财产存在较大差异,企业数据确权适用"财产规则"存在一定障碍。"财产规则"指未经产权持有者的同意,不得强制转让产权,并且转让的价格由交易双方协商确定。基于"财产规则"的企业数据财产权意味着相关企业对特定数据将享有绝对权,未经数据财产权享有者的同意,其他企业和个人不得使用、访问数据[②]。然而,数据本身又有着区别于传统财产的双重属性,即非竞争性和非排他性[③]。根据著名经济学家萨缪尔森的观点,非竞争性意味着它的价值不因他人的消费而减损,其新增消费者使用产品的边际成本为零;非排他性是指一个人无法排除他人对产品进行消费,即难以实现绝对控制,否则

---

① 参见北京微梦创科网络技术有限公司诉上海复娱文化传播股份有限公司不正当竞争纠纷案,北京知识产权法院(2019)京 73 民终 2799 号。

②③ 付新华. 企业数据财产权保护论批判——从数据财产权到数据使用权[J]. 东方法学,2022(2):137-138.

需要付出极高的成本①。这两个数据特性使企业数据足以区别于其他传统财产而使"财产规则"的适用陷入僵化境地。由此"数据二十条"提出的数据资源持有权、数据加工使用权、数据产品经营权等分置的产权运行机制,更适应企业数据权属的认定,一方面保障参与数据处理的各方基于各自角色获得相应的收益分配,另一方面促进数据流通形成释放数据要素的价值。

当前相关法律对企业数据界定以及相关数据产权的确认存在缺位。虽然"数据二十条"提出了有关企业数据确权的基本运行机制,但立法层面仅有对数据的基本规定,但并未有针对企业数据的界定或相关法律要求,如《网络安全法》第七十六条第1款第(四)项,"网络数据,指通过网络收集、存储、传输、处理和产生的各种电子数据",但并未明确提出企业数据的概念或要求。综上可以看出,我国相关企业数据的立法现状,在专有领域,立法研究尚未细化到企业数据层面,没有专项的立法文件以企业数据为调整对象;在相关领域,企业数据甚至其上位概念数据都只是在利用层面,仍侧重于安全保护这一最外层的发展,尚未深入到数据本身的核心领域。我国现行国内法中,上至法律下至规章条例、适用办法,均没有明确规定"企业数据"的财产权,即目前对企业数据的流通与交易以及数据库的构建都没有在明确或承认企业数据权属的前提下进行,我们目前对企业数据权属的认知都是通过相关法条的类比适用,而非法条的内容②,有关企业数据的产权机制,数据授权确权规则将是数据领域立法的重点之一。

(三十七) 企业如何开展企业数据确权?企业数据确权后如何应用?

1. 以企业数据分类分级为基础

确权是开展交易的基础,而数据分类分级是数据确权的前提。"数据二十条"提出要建立数据分类分级确权机制,但当前仍未有统一的分类分级标准。分类,指对企业数据客体进行类型化界分;分级,是对企业数据权利的权能效力进行差异化配置。企业数据分类分级工作的核心目的是提升制造业企业的数据管理,进而促进加快数据要素市场培育。一要实现对企业系统数据进行全面的盘点和分类梳理;二要实现对数据的分类分级的管理;三要打破数据的孤岛,实现数据在行业内、在企业内的有效共享和深度开发利用。

企业在开展数据分类分级前应进行数据资产盘点,建议企业对自身数据处理活

---

① ② 黄恒学.公共经济学[M].北京:北京大学出版社,2009.

动按业务场景或按实体/部门等开展尽职调查，以对所掌握的数据资产进行盘点和梳理，形成数据资产清单，同时可以参照《网络安全标准实践指南——网络数据分类分级指引》等标准从个人维度、公共管理维度、信息传播维度、组织经营维度以及行业监管维度等进行分类，并进一步进行分级，为企业数据确权做好准备。

2. 对不同企业数据进行权利分置

"数据二十条"对数据产权制度提出了两点要求：其一是"根据数据来源和数据生成特征，分别界定数据生产、流通、使用过程中各参与方享有的合法权利"；其二是"建立数据资源持有权、数据加工使用权、数据产品经营权等分置的产权运行机制，推进非公共数据按市场化方式'共同使用、共享收益'的新模式，为激活数据要素价值创造和价值实现提供基础性制度保障"，因此对于不同类型的数据进行权利分置。

数据产权的结构性分置以数据价值实现过程为内在线索。数据持有权，指通过自主劳动生产或经由相关数据来源主体的授权同意，对原始数据、数据资源和数据产品等享有管理、使用、收益和依法处分的权利；数据加工使用权，指经由数据持有权人授权，对原始数据、数据资源享有使用、分析、加工数据的权利；数据产品经营权，指数据持有权人或经由授权的其他主体作为数据市场主体，对加工数据形成的数据产品享有自主经营权和收益权。由此，在数据分类分级的基础上，明确企业对业务经营过程中采集或生产的数据，涉及的个人信息，来自其他企业的采购数据，公共数据等具备的排他的或受限的权利。对于企业经营过程中采集或生产的数据，如不涉及第三方权益，企业应该享有完全支配的权利；对于采集的个人信息，一方面，受限于个人信息主体的授权范围，应该在收集的目的、方式和范围内进行处理，另一方面，对个人信息进行匿名化处理，在其不属于个人信息后，企业可以享有更大的处理权限。

3. 数据确权与数据流通相协调

在确立授权规则后，企业数据可以进一步进入流通环节。数据流通方式包括场外交易和场内交易，在"数据二十条"的基础上，建构起包括但不限于数据登记、数据信托、数据经纪、数据交易所的配套制度将成为一项长期的工作。其中，数据登记制度提供了可信的权属状况，数据交易所制度提供了可信的交易平台，数据经纪商制度提供了可信的交易主体，数据信托制度提供了可信的交易模式。这些制度的共同目标是为数据流通营造可信环境，将市场主体的注意力从数据交易风险的防范转移至数据价值的充分实现之上[1]。

---

[1] 孙莹. 企业数据确权与授权机制研究［J］. 比较法研究，2023（3）：70.

（三十八）如何衔接企业数据产权保护和现有数据合规体系？

1. 企业数据产权保护应建立在企业数据合规体系搭建的基础上

《网络安全法》《数据安全法》《个人信息保护法》作为我国网络空间监管的"三驾马车"，从组织架构、制度建设、管理措施以及技术措施等角度对企业开展网络安全数据保护工作提出了明确的要求。企业建立健全数据合规体系，并具备一套行之有效的数据安全管理流程和机制既是企业应履行的法定义务，也是企业开展数据处理活动的基础。

企业数据确权是企业数据交易和流通的基础，无论是企业数据确权的过程，还是企业数据的交易和流通的过程，均是对企业数据的处理，均应满足相关法律法规的要求。若企业欠缺完善的数据合规体系，则既无法完成数据分类分级以开展企业数据确权，也无法保障后续的企业数据交易和流通的合法、合规性，更无法释放数据在市场中的要素价值，由此，企业数据产权的保护应建立在企业数据合规体系搭建的基础上，在数据全生命周期的合规管理流程中嵌入数据产权保护的理念，从而保障企业数据从采集或产生阶段，到交易和流通以及后续流转阶段的全面合规。

2. 不同企业性质或业务模式在企业数据确权时仍有诸多问题有待关注和解决

企业性质可能对企业数据确权产生一定的影响，不同性质的企业既要考虑企业数据确权的共性问题，也要考虑其本身性质可能产生的法律问题。

例如，作为国有企业，一方面可能需要响应"数据二十条"关于"鼓励探索企业数据授权使用新模式，发挥国有企业带头作用"的意见，在企业数据授权使用方面有更大的空间；另一方面，国有企业需要落实《中央企业合规管理办法》的工作原则和要求，考察企业数据落入国有资产范畴的可能性，并参照国有资产监管要求，落实国有资产保值增值责任，防止国有资产流失。又如，作为关键信息基础设施运营者（CIIO），在进行企业数据确权时，应该考虑《网络安全法》《关键信息基础设施安全保护条例》等要求的更严格的数据安全保护义务，以保障企业数据安全。

企业业务模式也可能对企业数据确权产生一定的影响，基于业务模式的不同可能涉及多方数据来源主体参与，从而给企业数据确权带来困难。

对于提供软件开发工具包（SDK）① 服务的企业，通过 SDK 收集的数据如何

---

① 参见《网络安全标准实践指南——移动互联网应用程序（App）使用软件开发工具包（SDK）安全指引》2.3 条，协助软件开发的相关二进制文件、文档、范例和工具的集合，简称 SDK。

进行确权以及后续开发利用是目前实践中的一个难题。实践中，SDK被广泛应用于各类App开发中，按SDK功能划分，常分为广告类①、统计类②、人脸识别类③等，因此至少涉及用户、App提供者和SDK提供者之间关于数据权益的分配，更复杂的场景中，还可能涉及广告主等更多的第三方参与数据权益的分配。

从为App提供者提供服务的角度而言，SDK会收集用户使用App的情况，如用户操作记录、浏览记录等，该等数据均属于个人信息，App提供者在具备合法性基础后处理该等个人信息，而SDK提供者无法决定个人信息处理目的、方式和范围，一般仅能根据App提供者的指示开展处理活动，该场景下SDK提供者对相关数据的处理权限较小；从SDK提供者将前述收集的数据用于自有商业化的角度而言，SDK提供者可能面临一些障碍，如SDK提供者在无法直接面向用户的情况下如何直接获得用户授权。另外，SDK提供者还可以通过嵌入不同的App收集用户使用不同App的情况，掌握丰富的数据资源，该等数据是否可以被认定为SDK提供者自有的企业数据，以及如何充分利用该等数据释放数据价值也值得进一步的探讨。

对于提供物联网或云计算服务④的企业，也可能面临相似的问题。以提供物联网服务的企业（"服务方"）为例，目前实践中服务方和使用方对于数据收集和处理可能并没有严格约定，仅通过知识产权或保密条款进行了简单约定。但实践中，服务方和使用方之间的数据交互情况是复杂的，如服务方在为使用方提供运维服务、维修服务的过程中，不可避免地将收集使用方使用服务的相关操作日志等数据，且服务方自身的运维、维修动作也将被记录在产品中，同时可能涉及其他的数据交互情况；此外，服务方不仅为一家使用方提供同类的服务，在为不同使用方提供服务的过程中，服务方将收集到大量的数据，该类数据是否可以作为服务方的企业数据尚有待讨论，如何使用该等数据并能够释放其中的数据价值值得进一步探讨。由此可见，随着数据要素市场的建立和发展，该等数据对服务

---

① 参见《网络安全标准实践指南——移动互联网应用程序（App）使用软件开发工具包（SDK）安全指引》3.2条，提供广告展示功能，通过使用广告SDK，App提供者可以在App中展示广告商投放的广告，进而根据用户的点击赚取收益。

② 参见《网络安全标准实践指南——移动互联网应用程序（App）使用软件开发工具包（SDK）安全指引》3.2条，提供收集用户与App之间的交互行为的功能。根据用户使用App的情况，开发者可以有针对性地改进App。

③ 参见《网络安全标准实践指南——移动互联网应用程序（App）使用软件开发工具包（SDK）安全指引》3.2条，提供人脸识别、活体检测等功能。

④ 《信息安全技术云计算服务安全能力评估办法》使用定义的接口，借助云计算提供一种或多种资源的能力。

方和使用方均具有一定的价值，数据的权属归属应成为服务方和使用方合同约定的一个重要的部分。

由此可见，企业性质或者业务模式的不同将在不同程度上影响企业开展数据确权以及后续的权益分配工作，但无论如何，按照不同来源对数据进行梳理和盘点，在分类分级基础上开展企业数据确权对所有企业都通用，在此基础上关注因自身属性或业务模式产生的新问题。

（三十九）个人信息数据的范围有哪些？

"数据二十条"提出"建立健全个人信息数据确权授权机制"，个人信息数据即承载个人信息的数据，而个人信息的定义体现于我国各部法律文件，如表3-2所示。

表3-2　个人信息定义表

序号	文件依据	发文机关及生效日期	效力级别	内容
1	中华人民共和国个人信息保护法	全国人大常委会 2021年11月1日	法律	个人信息是以电子或者其他方式记录的与已识别或者可识别的自然人有关的各种信息，不包括匿名化处理后的信息
2	中华人民共和国民法典	全国人大 2021年1月1日	法律	个人信息是以电子或者其他方式记录的能够单独或者与其他信息结合识别特定自然人的各种信息，包括自然人的姓名、出生日期、身份证号码、生物识别信息、住址、电话号码、电子邮箱、健康信息、行踪信息等
3	中华人民共和国网络安全法	全国人大常委会 2017年6月1日	法律	个人信息，是指以电子或者其他方式记录的能够单独或者与其他信息结合识别自然人个人身份的各种信息，包括但不限于自然人的姓名、出生日期、身份证号码、个人生物识别信息、住址、电话号码等
4	电信和互联网用户个人信息保护规定	工业和信息化部 2013年9月1日	部门规章	用户个人信息，是指电信业务经营者和互联网信息服务提供者在提供服务的过程中收集的用户姓名、出生日期、身份证号码、住址、电话号码、账号和密码等能够单独或者与其他信息结合识别用户的信息以及用户使用服务的时间、地点等信息
5	最高人民法院、最高人民检察院关于办理侵犯公民个人信息刑事案件适用法律若干问题的解释	最高人民法院、最高人民检察院 2017年6月1日	司法解释	公民个人信息，是指以电子或者其他方式记录的能够单独或者与其他信息结合识别特定自然人身份或者反映特定自然人活动情况的各种信息，包括姓名、身份证号码、通信联系方式、住址、账号密码、财产状况、行踪轨迹等

续表

序号	文件依据	发文机关及生效日期	效力级别	内容
6	信息安全技术——个人信息安全规范	国家标准化管理委员会 2020 年 10 月 1 日	国家标准	以电子或者其他方式记录的能够单独或者与其他信息结合识别特定自然人身份或者反映特定自然人活动情况的各种信息，包括姓名、出生日期、身份证号码、个人生物识别信息、住址、通信联系方式、通信记录和内容、账号密码、财产信息、征信信息、行踪轨迹、住宿信息、健康生理信息、交易信息等

从定义可以看出，判断是否属于个人信息的关键在于信息是否可"识别"，是否能识别出特定自然人或是否可反映特定自然人活动情况。

即个人信息＝已识别个人信息＋可识别个人信息－匿名化信息。

其中，"匿名化"指个人信息经过处理无法识别特定自然人且不能复原的过程，与"去标识化"相对，后者指个人信息经过处理，使其在不借助额外信息的情况下无法识别特定自然人的过程。

我们以一个典型案例分析个人信息与非个人信息的区别。

2022 年 5 月，为了维护网络空间的健康秩序，在用户发表评论/发布内容时，各大网络平台强制公开用户 IP 属地信息，一时间引发舆论监管与个人信息保护的激烈论战。

那么，IP 属地信息究竟是否构成个人信息？

（1）IP 属地≠IP 地址，IP 属地不构成"单独识别个人"的信息。IP 地址指对计算机等上网设备进行唯一标识的一串 32 位二进制数，指向具有唯一性，能够单独识别到个人，因而属于个人信息；IP 属地对应的是宽泛的地理区域，单从境内账号展示的地域信息维度看，省级地域内的用户数量庞大，难以直接通过该信息识别到或关联到特定的自然人，不构成"单独识别个人"的信息。

（2）IP 属地可能构成"与其他信息结合识别个人"的信息，或属于将 IP 地址进行去标识化（而非匿名化）措施后得到的个人信息。虽然 IP 属地不构成直接识别性信息，但如与用户已在平台公开的工作单位、工作经历、头像等信息相结合，却有可能构成"与其他信息结合识别个人"的信息（下称"间接识别性信息"）。

由此可见，IP 属地是否构成个人信息，需要结合具体场景，评估其对特定自然人的可识别性所起的作用程度；同时，有赖于实践对"可识别"个人信息认定边界的把握尺度。

基于间接识别性信息外延的延展性与范围的模糊性，如果将 IP 属地这类间接识别性信息均归为个人信息，虽然对于个人信息主体而言，保护性权益大大提升；但对于个人信息处理者而言，个人信息的效用将极大降低。但若反之而行，虽然个人信息的商业价值得到最大化利用，但个人信息主体的保护性权益将遭受巨大侵害，最终将危害到个人信息的持续性利用。

这就引发一个问题：如何平衡隐私保护与数据效用？

对此，欧盟及新加坡等国家和地区提出通过评估来平衡这一难题的解决方案。例如，欧盟 WP29 在 2014 年 4 月发布的《关于匿名化技术的意见》（"Opinion 05/2014 on Anonymization Techniques"）中特别指出：基于匿名化技术与再识别技术均为活跃的研究领域，匿名化处理需进行持续性的评估，定期对匿名信息的剩余识别风险进行再评估，以衡量采取的匿名化措施的有效性。

又如，新加坡个人数据保护委员会（Personal Data Protection Commission, PDPC）于 2022 年 3 月出台的《基础匿名化指南》（"Guide To Basic Anonymization"，以下简称《指南》），为企业执行数据匿名化与去标识化提供指引。根据《指南》，企业在进行数据匿名化时需要经历五个步骤，即识别数据、对数据进行去标识化、应用匿名化技术、评估匿名化效果、管理数据被重识别与披露的风险。

回归国内，对于我国个人信息处理者而言，当法律法规对于间接识别性信息的界定模糊，而该处理行为对个人权益可能产生重大影响时，可以考虑在事前进行个人信息保护影响评估，评估个人信息的处理目的、处理方式等是否合法、正当、必要，对个人权益的影响及安全风险，以及所采取的保护措施是否合法、有效并与风险程度相适应，并对处理情况进行记录及留存。

尤其在互联网科技与社交网络高度发达的当今时代，互联网中容易包含众多个人信息，且信息间存在众多的外部连接点，如果不加以事先评估而断然将其认定为"非个人信息"进行处理，将加剧个人信息保护风险的不可控。

由此，一方面，能够在一定程度上减少可能存在的个人信息权益损害风险；另一方面，即便未来损害真的发生，个人信息处理者届时也有理由及证据以"自证清白"，而不至于"哑口无言"。

（四十）个人信息数据如何确权授权？

创新业务的发展和各行业企业的数字化转型高度依赖数据，构建数据确权授权规则是匹配中国数据要素市场发展的必然要求，"数据二十条"提出，探索建立数据产权制度，推动数据产权结构性分置和有序流通，结合数据要素特性强化高质量数据要素供给；在国家数据分类分级保护制度下，推进数据分类分级确权授权使用和市场化流通交易，健全数据要素权益保护制度，逐步形成具有中国特色的数据产权制度体系。

针对个人信息数据，"数据二十条"明确提出，"建立健全个人信息数据确权授权机制。对承载个人信息的数据，推动数据处理者按照个人授权范围依法依规采集、持有、托管和使用数据，规范对个人信息的处理活动，不得采取'一揽子授权'、强制同意等方式过度收集个人信息，促进个人信息合理利用。探索由受托者代表个人利益，监督市场主体对个人信息数据进行采集、加工、使用的机制。对涉及国家安全的特殊个人信息数据，可依法依规授权有关单位使用。加大个人信息保护力度，推动重点行业建立完善长效保护机制，强化企业主体责任，规范企业采集使用个人信息行为。创新技术手段，推动个人信息匿名化处理，保障使用个人信息数据时的信息安全和个人隐私。"

1. 个人信息数据确权——归属个人信息主体

数据权属关系的界定是解决后续流通利用环节中权利义务关系界定、数据权益主体合法权益保障、数据秩序维护等核心问题的先决条件。由于个人信息数据兼具人格属性与财产属性的双重法律属性，在对于个人信息的财产属性利用过程中不能侵犯个人信息上的人格权，因此个人信息权利应归属于个人信息主体。如《民法典》规定："自然人的个人信息受法律保护。任何组织或者个人需要获取他人个人信息的，应依法取得并确保信息安全，不得非法收集、使用、加工、传输他人个人信息，不得非法买卖、提供或者公开他人个人信息"；"法律对数据、网络虚拟财产的保护有规定的，依照其规定"。相较于《民法典》的框架性规定，我国深圳颁布的地方性法规《深圳经济特区数据条例》首次提出数据的"个人权益"与"财产权益"的概念："自然人对个人数据享有法律、行政法规及本条例规定的人格权益"；"自然人、法人和非法人组织对其合法处理数据形成的数据产品和服务享有法律、行政法规及本条例规定的财产权益"，从立法层面对个人信息数据权属做出了规定。

2. 个人信息授权——一般个人信息个人授权+特殊个人信息主管部门授权

（1）一般个人信息个人授权——严守"告知同意"原则。企业在直接从个人信息主体处取得授权以使用个人信息时，应当具备《个人信息保护法》规定的合法性基础："符合下列情形之一的，个人信息处理者方可处理个人信息：（一）取得个人的同意；（二）为订立、履行个人作为一方当事人的合同所必需，或者按照依法制定的劳动规章制度和依法签订的集体合同实施人力资源管理所必需；（三）为履行法定职责或者法定义务所必需；（四）为应对突发公共卫生事件，或者紧急情况下为保护自然人的生命健康和财产安全所必需；（五）为公共利益实施新闻报道、舆论监督等行为，在合理的范围内处理个人信息；（六）依照本法规定在合理的范围内处理个人自行公开或者其他已经合法公开的个人信息；（七）法律、行政法规规定的其他情形。

依照本法其他有关规定，处理个人信息应当取得个人同意，但是有前款第二项至第七项规定情形的，不需取得个人同意。"

可见，无须经用户同意的情形在一般业务开展中难以直接适用，"告知-同意"则成为企业直接获取用户数据最为常见的合法性基础。具体而言，应"以显著方式、清晰易懂的语言"告知，并取得个人在"充分知情""自愿""明确"的前提下作出的同意。利用文字和 UI 界面设计诱导用户作出同意的"黑模式"（Dark Pattern）①，如利用 App 界面上的字体颜色、大小，来影响用户作出知情、自愿给出的同意，并不满足《个人信息保护法》的要求，将面临侵犯用户个人信息权益的法律风险。"告知-同意"规则详细如图 3-5 所示。

（2）特殊个人信息主管部门授权。"数据二十条"要求，对涉及国家安全的特殊个人信息数据，可依法依规授权有关单位使用。根据《保守国家秘密法》的规定："下列涉及国家安全和利益的事项，泄露后可能损害国家在政治、经济、国防、外交等领域的安全和利益的，应当确定为国家秘密：（一）国家事务重大决策中的秘密事项；（二）国防建设和武装力量活动中的秘密事项；（三）外交和外事活动中的秘密事项以及对外承担保密义务的秘密事项；（四）国民经济和社会发展中的秘密事项；（五）科学技术中的秘密事项；（六）维护国家安全活动和追查刑事犯罪中的秘密事项；（七）经国家保密行政管理部门确定的其他秘密事项。政党的秘密事项中符合前款规定的，属于国家秘密……

---

① 根据欧盟数据保护委员会（EDPB）于 2022 年 3 月发布的《Guidelines 3/2022 on Dark patterns in social media platform interfaces：How to recognise and avoid them》，黑模式是指一种产品设计模式，其目的是通过软件界面（interface）及用户体验（user experiences）致使用户对其个人数据作出无意识、非自愿且可能有害的决定。

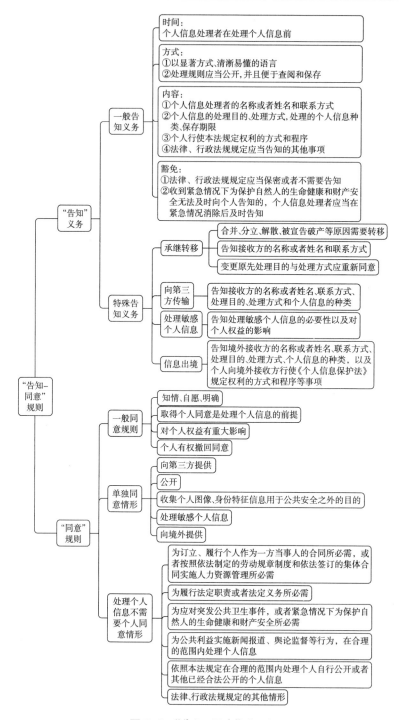

图 3-5 "告知-同意"规则

国家秘密载体的制作、收发、传递、使用、复制、保存、维修和销毁，应当符合国家保密规定。"

根据《数据安全法》的规定："国家建立数据分类分级保护制度，根据数据在经济社会发展中的重要程度，以及一旦遭到篡改、破坏、泄露或者非法获取、非法利用，对国家安全、公共利益或者个人、组织合法权益造成的危害程度，对数据实行分类分级保护。国家数据安全工作协调机制统筹协调有关部门制定重要数据目录，加强对重要数据的保护。"

可见，我国对于涉及国家安全的特殊个人信息数据等采取了特殊的保护制度，即需满足更高级别的授权（依法依规授权）方可使用。

3. 个人信息保护机制——落实个人信息处理者责任+创新个人信息保护技术

（1）落实个人信息处理者责任。根据《个人信息保护法》，针对一般个人信息处理者与特殊个人信息处理者（即提供重要互联网平台服务、用户数量巨大、业务类型复杂的个人信息处理者），法定义务不尽相同，具体如图3-6所示。

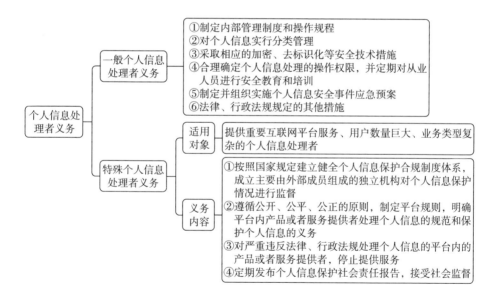

图3-6　个人信息处理者义务

（2）创新个人信息保护技术。工欲善其事，必先利其器。个人信息保护除了落实个人信息处理者责任，还需要运用技术手段为个人信息保护架起坚实屏障。

从个人信息的定义看（详见（三十九）个人信息数据的范围有哪些?），可识别性是个人信息界定的关键标准，因此，可大力发展各种脱敏和匿名化处理的创新技术，从源头上防止个人信息权益受损。

从数据使用的视角看，可通过机密计算技术（通过在基于硬件的可信执行环境（TEE）中执行计算的方式来保护使用中的数据。这些安全的、隔离的环境可防止对使用中的应用程序和数据进行未经授权的访问或篡改，从而提升相关组织在管理敏感数据和受监管数据方面的安全级别），确保个人信息的采集、加解密、特征提取等均在可信计算环境中执行，防止黑客对于软件的破坏和窃取。

此外，可通过诸如联邦学习等数据"可用不可见"的创新技术，使得各参与方在不披露底层数据的前提下共建模型，充分保障信息安全。

（四十一）企业收集个人信息后可以进行商业化利用吗?

企业收集个人信息后，在符合相关法律法规的前提下，可以对个人信息进行商业化利用，个性化推荐是商业变现场景中最为普遍的一种技术实现路径。

为了向用户提供个性化的服务，不少企业会通过对平台用户的追踪识别，汇聚其多样化行为数据，挖掘每个用户的兴趣爱好，以实现商业营销信息"精准推送"或信息展示"千人千面"，实现数据的商业化变现。个性化推荐为用户带来便利，然而由于该技术需要大规模收集和使用用户个人信息，让消费者让渡了隐私，引发对个人信息保护的担忧。因此，我国相关法律法规及推荐性国家标准皆对个性化推荐进行了相关规制，如表3-3所示。

表3-3 个性化推荐中个人信息合规维度分析表

序号	要点		要点内容
1	告知同意	类别	法定要求
		法律依据	《个人信息保护法》；法律；2021/11/01 生效 第十三条 符合下列情形之一的，个人信息处理者方可处理个人信息：（一）取得个人的同意 第十七条 个人信息处理者在处理个人信息前，应当以显著方式、清晰易懂的语言真实、准确、完整地向个人告知下列事项：（二）个人信息的处理目的、处理方式，处理的个人信息种类、保存期限
		合规维度	①告知个人信息收集范围：明确告知为实现个性化推荐所需收集的个人信息种类 ②告知个人信息处理目的：明确告知收集信息后用于何种目的（如个性化内容推荐或个性化广告推荐等）

续表

序号	要点		要点内容
2	拒绝路径	类别	法定要求
		法律依据	《个人信息保护法》；法律；2021/11/01 生效 第二十四条　个人信息处理者利用个人信息进行自动化决策，应当保证决策的透明度和结果公平、公正，不得对个人在交易价格等交易条件上实行不合理的差别待遇 通过自动化决策方式向个人进行信息推送、商业营销，应当同时提供不针对其个人特征的选项，或者向个人提供便捷的拒绝方式 《互联网信息服务算法推荐管理规定》；部门规章；2022/03/01 生效 第十七条　算法推荐服务提供者应当向用户提供不针对其个人特征的选项，或者向用户提供便捷的关闭算法推荐服务的选项。用户选择关闭算法推荐服务的，算法推荐服务提供者应当立即停止提供相关服务 算法推荐服务提供者应当向用户提供选择或者删除用于算法推荐服务的针对其个人特征的用户标签的功能
		合规维度	①能够关闭个性化推荐：提供不针对其个人特征的选项，或者提供便捷的关闭选项 ②关闭路径便捷：官方尚未出台明确指引及指南，建议企业采取通常判断标准予以认定（即关闭步骤是否小于等于 4 步） ③关闭效果：指当用户选择关闭算法推荐服务时，是否立即停止提供相关服务 ④选择/清除标签：提供选择或者删除基于个性化推荐目的而形成的用户画像、用户标签路径
3	自动化决策解释说明	类别	法定要求
		法律依据	《个人信息保护法》；法律；2021/11/01 生效 第二十四条　通过自动化决策方式作出对个人权益有重大影响的决定，个人有权要求个人信息处理者予以说明，并有权拒绝个人信息处理者仅通过自动化决策的方式作出决定
		合规维度	提供在通过自动化决策方式作出对个人权益有重大影响决定情形下的解释、说明路径
4	算法备案	类别	法定要求
		法律依据	《互联网信息服务算法推荐管理规定》；部门规章；2022/03/01 生效 第二十四条　具有舆论属性或者社会动员能力的算法推荐服务提供者应当在提供服务之日起十个工作日内通过互联网信息服务算法备案系统填报服务提供者的名称、服务形式、应用领域、算法类型、算法自评估报告、拟公示内容等信息，履行备案手续
		合规维度	在提供服务之日起十个工作日内履行算法备案手续

序号	要点		要点内容
5	显著区分个性化展示	类别	推荐性国标
		法律依据	《信息安全技术个人信息安全规范》；推荐性国标（非强制）；2020/10/01 生效 7.5 个性化展示的使用 a）在向个人信息主体提供业务功能的过程中使用个性化展示的，应显著区分个性化展示的内容和非个性化展示的内容 注：显著区分的方式包括但不限于：标明"定推"等字样，或通过不同的栏目、版块、页面分别展示等
		合规维度	显著区分个性化展示的内容和非个性化展示的内容
6	标签/画像的自主控制机制	类别	推荐性国标
		法律依据	《信息安全技术个人信息安全规范》；推荐性国标（非强制）；2020/10/01 生效 7.5 个性化展示的使用 d）在向个人信息主体提供业务功能的过程中使用个性化展示的，宜建立个人信息主体对个性化展示所依赖的个人信息（如标签、画像维度等）的自主控制机制，保障个人信息主体调控个性化展示相关性程度的能力
		合规维度	建立标签、画像维度等自主控制机制，保障用户调控个性化展示相关性程度的能力

除上述个性化推荐的典型场景外，根据现有司法判决，其实也认可了互联网平台企业对于在其日常业务开展与运营过程中收集的个人信息的集合（"数据集"）而享有的权利。当然，该权利的享有不得与个人信息主体对其个人信息数据依法享有的权利相冲突，且该互联网平台企业应当能证明其处理个人信息本身符合法律法规的规定（包括但不限于取得个人信息主体的同意等）。

（四十二）个人信息数据可以托管运营吗？

可以。

"数据二十条"首次明确，对承载个人信息的数据，推动数据处理者按照个人授权范围依法依规采集、持有、托管和使用数据……探索由受托者代表个人利益，监督市场主体对个人信息数据进行采集、加工、使用的机制。

在此框架下，各省市地方也纷纷做出有益探索。根据《中共北京市委北京市人民政府印发〈关于更好发挥数据要素作用进一步加快发展数字经济的实施意见〉的通知》的规定，北京积极推进建立个人数据分类分级确权授权机制，允许个人将承载个人信息的数据授权数据处理者或第三方托管使用，推动数据处理者或第三方按照个人授权范围依法依规采集、持有、使用数据或提供托管服务。

当前，我国并未从法律维度就个人信息数据托管运营的行为进行明确定义，仅在《网络安全法》与《数据安全法》提及"从事数据交易中介服务的机构",但未作进一步解释。

放眼国际,各国都在积极探索个人数据托管运营。如 2023 年 8 月印度通过的《数字个人数据保护法》(The Digital Personal Data Protection Act,DPDP)中,创新性地使用了两个关键定义:"数据委托人"(Data Principal)指个人信息主体,"数据受托人"(Data Fiduciary)指个人信息处理者,即获取数据并基于数据提供服务的一方,两者之间的关系被定义为信托关系。这与美国的"信息受托人"治理思路类似,如在美国《2018 数据保护法》草案中,规定了数据处理者的三大义务:注意义务(Duty of Care)、忠实义务(Duty of Loyalty)和保密义务(Duty of Confidentiality),其中,忠实义务即对应数据托管行为;欧盟的《数据治理法案》(Data Governance Act,DGA)则适用"数据中介服务"(data intermediation services)的概念,定义为"旨在通过技术、法律等手段,在数据主体、数据持有者和数据使用者之间建立以数据共享为目的的商业关系的服务,其中包括行使个人数据权利"。

从上述规制中可以看出,数据托管主要有两种模式:一种是二元结构,个人信息处理者同时承担着受托人的角色,重点在于增加个人信息处理者的义务;另一种是三元结构,即在个人信息处理者与受托人之间,增加一个独立的第三方机构进行约束,通过聚合保障数据主体权利实现利益平衡①。

实践中,也有个人信息数据托管运营实际案例。在该案例中,个人用户在知情且明确授权的情况下,由数据托管机构,利用数字化、隐私计算等技术采集求职者的个人简历数据,在确保用户数据可用不可见的前提下,在个人数据授权、采集加工、安全合规、场景应用、收益分配等方面完成交易闭环。对此,用人单位可以购买数据,而个人用户可以通过平台获得其个人简历数据产品交易产生的利润分成②。

个人信息数据托管运营是在个人信息数据利用与个人信息权益保障之间,取了一个折中的平衡点。当然,个人信息数据托管运营也面临着如下挑战③:

(1)权益分配的机制不完善。数据托管属于资产托管业务的一种,权益分

---

① 杨帆. 数据信托构想启示下的保护与利用平衡 [EB/OL]. https：//mp. weixin. qq. com/s/hgJ8 tT1XrbnOg3dpYpx5_Q,2023 年 11 月 15 日第一次访问.

② 全国首个个人数据信托案例初步成型,贵阳贵安数据交易创新实践再添新成果 [EB/OL]. https：// dsj. guizhou. gov. cn/xwzx/snyw/202310/t20231010_82721187. html.

③ 任图南,等. 商业银行数据托管业务初探 [EB/OL]. https：//mp. weixin. qq. com/s/C8fEI-oXe8fR VZGp35_teA.

配是数据托管业务的核心。但当前，场内数据交易还不够活跃，产品定价、资产评估等制度也不完善，尚未形成市场公允价值；同时，数据交易主要集中于一级市场交易，二次、三次分配制度缺失。整体而言，无法充分体现数据托管运营的价值。

（2）数据托管机构的数据安全保障能力。数据托管机构在托管大量数据后，极易成为重点攻击的节点，数据安全保障能力将成为数据托管机构的合规治理重点，也将成为其核心竞争力。

那么，在数据确权机制下，个人可以主张哪些个人信息权益？

在确权机制下，个人作为个人信息主体，享有《个人信息保护法》第四章规定所有个人信息主体享有的权益，包括：

（1）个人对其个人信息的处理享有知情权、决定权，有权限制或者拒绝他人对其个人信息进行处理的权利；

（2）查阅、复制其个人信息的权利；

（3）将个人信息转移至其指定的个人信息处理者的权利；

（4）请求个人信息处理者更正、补充个人信息的权利；

（5）删除个人信息的权利；

（6）要求个人信息处理者对其个人信息处理规则进行解释说明的权利。

对此，个人信息处理者应当建立便捷的个人行使权利的申请受理和处理机制。如果要拒绝个人行使权利的请求的，应当向其说明理由。

但《个人信息保护法》并未对个人信息权益行使作出细化规定，在实际行使过程中还存在挑战。以查阅权为例，查阅权其实是个人信息权益的基石，在有权利查阅个人信息的基础上，行使复制、转移、删除等一系列权益才更为"有的放矢"，否则无异于"盲人摸象"。

如何在不过多增加个人信息处理者义务的同时，保障个人信息权益不被侵害，是在数据确权机制下需要重点考虑的问题。

（四十三）数据分类分级确权授权的内涵与意义？

随着数字经济的迅猛发展，数据已然成为一种重要的新型"财富"。国务院印发的《"十四五"数字经济发展规划》中指出，数据要素是数字经济深化发展的核心引擎，应加快数据要素市场化流通，鼓励企业、研究机构等主体基于区块链等数字技术探索相关应用。足见数据对经济发展的重要性。作为第五大生产要素，应认可数据之上所承载的财产性权利，并以此作为数据流通利用中所产生的利益分配的基础。如此方能有效激发企业参与数据流通利用的意愿，提高数据要素市场的活力，加速数字经济的发展。虽然数据权属问题不是数据流通、加工、利用的前提条件，但如果不能解决这个问题，进行数据出资、繁荣数据交易市场、开展数据估值、实现数据维权等都将受到或多或少的影响。通过已经达成共识的实操性法律条文和审慎包容的监管机制清晰界定数据主体、数据持有者、数据控制者、数据处理者、数据使用者、技术提供者等数据利益关联方的权利界域，不仅是加快培育数据要素市场的基石，也是实现科技创新与数据保护动态平衡的关键。

但因为数据具有可复制性、非排他性等特殊属性，致使传统的权利保护方式并不适用于数据领域，导致数据相关权利难以得到有效保障。例如，数据确权不适用物权确权制度。传统所有权体系的核心是支配与排他，这是与物不可无损复制的特点相适应的，而数据天然具有可复制性与非排他性，二者在底层逻辑上相斥，因此数据确权不宜适用物权确权模式。此外，根据物权法定原则，若将数据相关权利确认为物权的一种，需要法律对此明确规定，而目前我国在法律层面并未对此作出明确安排。又如，数据确权不适用知识产权确权制度。知识产权的客体虽然也具有无形性和可复制性，但其核心是保护创新，而对于数据来说，不凝结人类创造性智力成果的原始数据的相关权利仍应受到保护，故数据确权也不能适用知识产权的确权规则。

对此，2022 年 12 月，《中共中央 国务院关于构建数据基础制度更好发挥数据要素作用的意见》（以下简称"数据二十条"）中提出"探索数据产权结构性分置制度。建立公共数据、企业数据、个人数据的分类分级确权授权制度。根据数据来源和数据生成特征，分别界定数据生产、流通、使用过程中各参与方享有的合法权利，建立数据资源持有权、数据加工使用权、数据产品经营权等分置的产权运行机制，推进非公共数据按市场化方式'共同使用、共享收益'的新模式，为激活数据要素价值创造和价值实现提供基础性制度保障"。其核心是将数据分为公共数据、企业数据、个人数据三大类后，根据数据的具体性质逐类分级，最终根据数据分类分级的结果确定其权属，或是确定授权利用标准。这种分级分类的数据治理方式能够实现"因地制宜"，最大限度发挥数据的经济价值，避免一刀切式的监管规则阻碍数据的正常流通利用。

根据"数据二十条"，按照数据类型的不同，其授权、确权机制也有所区别：

对于公共数据，"数据二十条"提出要加强汇聚共享和开放开发。为加强公共数据开放利用的力度，"数据二十条"提出了三个新举措：一是要统筹授权，推进数据开放，在统一的开放政策、规则和规划下允许公共服务机构根据数据行业特征、用途等因素进行有序开放，增加公共数据的有效供给；二是要以"原始数据不出域、数据可用不可见"为原则，这样既可以减少数据开放所带来的对数据安全和合规风险的担忧，又能够大大扩大数据开放利用的范围；三是要明确公共数据可以有条件地开放使用，也即用于公益事业的公共数据，采取有条件无偿开放，用于产业发展等的公共数据，进行有条件有偿开放，坚持受益者承担相关数据治理成本的原则，促进公共数据的高效有序开放。在实践中，已经有部分公共服务机构单独或联合进行数据治理和汇集，开发数据模型，形成计算分析结果等数据衍生产品向社会提供或许可使用；全国各省市也相继开展公共数据授权运营实践，在制度建设、平台运营、应用挖掘等方面初步形成了各具特色的实施路径与运营模式。

对于个人数据，"数据二十条"坚持在《个人信息保护法》的个人信息权益保护规则下，探索个人数据多种方式的规范使用，以实现促进个人数据的合理、高效利用。对此，"数据二十条"提出建立"数据受托人"制度的构想，探索中国版的个人数据信托制度。数据信托旨在解决数据领域中的"信任赤字"问题，通过给数据控制者强加信托义务或引入独立第三方作为信托人，数据信托将信托法的理念和制度引入数据治理中，试图打破上述不平衡的权力结构，形成一个数据管理的法律结构，能够更好地维护数据主体的隐私、信息安全以及相关的利益。其最早来源于海外，现有两种模式构想，即美国"信息受托人"模式和英国"数据信托"方案，前者要求个人数据处理者承担严格受托人义务，后者则需建立一个独立第三方以实现数据主体与数据处理者之间权利的平衡，目前二者均处于试点阶段，并没有建立起完整的制度架构。值得注意的是，前述的数据信托并非《信托法》意义下的信托，仅借用了信托人信义义务的概念。

此外，"数据二十条"明确，对于涉及国家安全的特殊个人数据，应由主管部门依法授权使用，以确保国家安全不受侵害，但目前并没有相关的法规政策等明确何种数据属于涉及国家安全的特殊个人数据。在实践中，因个人数据敏感程度较高，因此对其流通利用的商业探索较少，个人数据的市场价值仍有待进一步挖掘。

对于企业数据，"数据二十条"明确市场主体对相关数据享有依法依规持有、使用、获取收益的权益，保障其投入的劳动和其他要素贡献获得合理回报。"数据二十条"确立了以数据资源持有权、数据加工使用权、数据产品经营权为核心三权分置的产权运行机制，回避了数据所有权的权属难题，但承认持有权人、加工使用权人、经营权人的各自财产性权益，一定程度上解决了相关主体对是否具有财产权保障的疑虑，为构建安全有效的企业数据利用秩序奠定了基础。但需注意，"数据二十条"在效力层级上仅为政策性文件，并非法律，三权分置的确权规则缺乏法律依据，有待立法上的进一步确认。目前，已经有一些地方政府和组织以"数据二十条"所确定的三权分置体系为依据，展开数据产权登记、数据知识产权登记、数据资源登记等试点工作，探索数据权属的确认模式，但如前述，这些尝试目前严格来说缺乏法律层面规范的支撑，所依据的规范性文件效力层级较低，数据登记后产生的法律效力有待商榷。此外，目前数据登记平台对登记材料要求标准不一：例如，上海数据交易所强制要求登记申请人聘请第三方专业服务机构对拟挂牌交易的数据产品进行合规评估，以证明拟挂牌交易的数据产品的合规性；而部分登记平台则对此不做要求，仅进行形式审查而不做实质评估，此种情形下，数据登记对于登记人对所登记数据享有权利或许具有一定的增信，但难以作为一个法律上的权利证明。因此，数据登记确权的效力及具体规则，还有待立法的进一步确认和实践的进一步探索。

（四十四）数据确权如何服务数据交易与流通？

对于数据而言，考虑到数据具有经济学上的"非竞争性"特征，即一个人对数据的使用，并不影响他人对其的使用，并且边际上成本近乎为零，因此，数据的价值挖掘依赖于对数据的重复使用。数据市场化配置的目的是加强数据的交易与流通，以实现数据价值最大化。

经济学家科斯在《社会成本问题》一书中指出，由于交易费用的存在，不同的权利界定和分配会带来不同效益的资源配置，因此产权制度的设置是优化资源配置的基础。这一观点被斯蒂格勒概括为"科斯定理"。科斯定理表明，市场的真谛不是价格而是产权，因此，明确数据产权是通过数据交易实现资源最优配置的必要条件。具体而言：

数据确权能够增加数据交易与流通的确定性。在实践中，数据市场已经出现了数据许可、融资担保、投资入股等交易方式，但由于缺乏完善的数据产权制度，上述交易方式的不确定性依然存在，很大程度上阻碍了数据的流通。事实上，数据交易与流通涉及数据需求方、数据提供方等多个主体，涵盖数据产品形成、挂牌、交易、流通等多个环节，此过程中存在着较为明显的信息不对称和信任问题。而数据确权可以明确数据的交易和流通规则，增进买方卖方的信任，减少数据交易的法律风险，从而增强数据交易与流通的确定性。

数据确权能够降低数据交易与流通的成本。在数据交易与流通过程中，数据提供方与数据需求方为了降低数据交易与流通的风险，通常需要对作为标的资产的数据的使用目的、使用范围、使用限制、权利归属等条款进行详细、明确的约定。建立完善的数据产权制度，在法律层面明确数据交易和流通的相关规则，将极大地节约数据交易与流通的成本，提高交易效率。此外，数据产权不明晰可能还会引发数据非法复制和盗取的问题，数据处理者需要通过多种技术手段防止自身的数据权益受到侵害，将极大地增加数据的生产和处理成本，交易成本将随之提高。

数据确权能够培育数据交易与流通的良好生态。数据的生产和使用涉及大量的个人数据、企业数据和公共数据，若缺少数据确权，相关主体便无法知晓自身是否有权以及在何种范围内有权允许他人使用相关数据，而数据确权有助于建立健全的数据治理机制，规范数据的采集、使用和共享等活动，明确对个人数据、企业数据和公共数据的使用规则，防止数据的滥用和泄露，从而促进数据生态的健康发展，进而为数字交易和流通提供公平竞争和创新的环境。

（四十五）数据确权过程中交易所的作用职能？

数据交易所是有关数据的整合、交互、交易的场所。综合国内现有实践看，数据交易所的经营范围主要包括数据资产交易、数据金融衍生数据的设计及相关服务、数据清洗及建模等技术开发、数据相关的金融杠杆数据设计及服务、经数据交易相关的监督管理机构及有关部门批准的其他业务。此外，数据交易所的职能还包括为数商开展数据期货、数据融资、数据抵押等业务，建立交易双方数据的信用评估体系，增加数据交易的流量，加快数据的流转速度。"数据二十条"明确指出要统筹构建规范高效的数据交易场所，由此足见数据交易所在数据要素市场建设中的重要作用。

数据的价值在于"物尽其用"，因此需要设置一种高效机制，使数据高效安全地流通起来，最大限度地挖掘数据价值，而数据交易所的建立是数据要素市场发展的核心一环。数据交易与流通的过程包括数据确权、数据定价、数据交易等多个环节，其中数据确权环节是数据交易与流通的前提，也是数据资产化的基础。数据交易所是数据确权的审批登记方和数据交易的平台搭建方，第三方数商则参与剩余的数据交易与流通中的其他增值服务。根据"数据二十条"对数据交易所提出的"所商分离"的明确定位，数据流通环节将逐步形成以数据交易所为中心、与第三方数商协同发展的数据流通生态圈。并且，数据交易所将逐渐剥离现有的一部分数商职能，回归到交易平台的核心定位。

全国各地的数据交易所已经在数据确权道路上做出探索与尝试。例如，北京国际大数据交易所正积极推进北京市属国企数据确权创新试点，聚焦于企业数据确权工作，对数据资源进行盘点梳理，推动建立企业数据资产报表体系。上海数据交易所则规定数据进入交易所挂牌交易前，需要取得产品登记证书和产品说明书。

（四十六）数据确权还需要哪些法律？

为了达成数据确权的目的，我们建议调整或新增以下法律法规及规范性文件：

（1）制定数据确权法律法规。"数据二十条"提出三权分置的数据产权制度将数据资源持有权、数据加工使用权及数据产品经营权划分给了不同的数据主体。我们认为，在三权之外，数据的原始提供者（如个人用户）的数据权利同样值得保障。如数据资源持有权权利人持有的数据中包含经原始提供者授权同意提供的个人信息的，在面对原始提供者以明示或默示的形式停止对数据资源持有权权利人的数据采集的授权的情况下，法律应在保障原始提供者撤回数据等权利的同时，确保数据三权分置的数据产权制度的合法合规性。

（2）制定数据确权登记法律法规。我们认为，为促进数据资源在市场上的广泛流通，可从国家层面制定统一的数据财产登记制度。在数据财产权进行登记前，可聘请数据服务商对数据财产的价值和权属情况进行判断，从而降低数据财产流通出现纠纷的可能性。

（3）建立相对统一的数据交易定价标准办法。在数据市场的起步发展阶段，如果入场的数据资源等权益的价格过于昂贵，会极大打击市场的活跃性。为促进数据市场的健康发展，我们认为，可制定统一的数据交易定价标准办法供数据服务商对数据产权的价格进行公正评估。

（4）制定国家级数据开放条例。根据我们的检索，截至本书撰写日，实施政务数据共享开放条例的不多，为促进政务数据的利用，我们认为，国家可在立法层面对政务数据的开放及利用作出基本规定，为各省份通过具有当地特色的数据开放条例提供参考模板。

（5）制定数据争议解决的法律法规。我们认为，面对数据资源产生的矛盾纠纷，在审理过程中存在较高专业性，对法官及仲裁员有一定的技术要求。我们建议针对数据要素，建立更多数据资源专门法庭（如温州市瓯海区人民法院新桥人民法庭首个"数据资源法庭"），制定相关法律法规规定数据争议解决的程序和方式，以及数据争议解决的结果和效力。

（6）积极参与制定跨境数据产权确权法律法规。在世界范围内，各国都在探索数据的确权及数据要素的流通相关法律法规，我们认为，我国可向其他国家及地区传递数据确权经验，签署互认协议，在降低数据要素跨境流通成本的同时为其提供公信力。

（四十七）数据确权和全国数据要素市场建设的关系？

随着数字经济的发展，数据作为生产要素的重要性愈发凸显，党和国家更是把充分发挥数据要素价值、建设数据要素市场提升至重要战略高度。

2019年10月31日，党的十九届四中全会通过的《推进国家治理体系和治理能力现代化若干重大问题的决定》首次将"数据"作为重要的生产要素并参与分配，标志着数据要素已经从投入阶段发展到产出和分配阶段。2020年，中共中央、国务院发布的《关于构建更加完善的要素市场化配置体制机制的意见》和《关于新时代加快完善社会主义市场经济体制的意见》均强调要培育和发展数据要素市场。2021年1月31日，中共中央办公厅、国务院办公厅印发《建设高标准市场体系行动方案》（以下简称《行动方案》），对持续推进市场化改革进行了又一重要部署。《行动方案》指出要加快培育发展数据要素市场，建立数据资源产权的基础制度和标准规范。2021年3月，《中华人民共和国国民经济和社会发展第十四个五年规划和2035年远景目标纲要》中再次提出要健全数据要素市场运行机制，建立健全数据产权交易和行业自律机制，推动数据资源开发利用。2022年4月，《中共中央 国务院关于加快建设全国统一大市场的意见》，再次强调加快培育数据要素市场，建立健全数据权利保护基础制度和标准规范。2022年12月2日，中共中央、国务院发布的"数据二十条"更是明确指出要推动数据确权授权机制，加快推进数据要素市场高质量发展。

随着我国社会主义市场经济体制改革全面展开，主要由土地、劳动等传统生产要素组成的市场机制和市场体系已经形成。近年来，互联网技术、数字经济、大数据产业的高速发展为数据成为生产要素奠定了基础，数据在社会主义市场经济中发挥的作用逐渐凸显。数据要素市场指将尚未完全由市场配置的数据要素转向由市场配置的过程，最终目的是形成以市场为根本调配的机制，实现数据流动的价值或者使数据在流动中产生价值。促进数据要素市场建设已经成为社会主义市场经济体制下要素市场化改革的重要组成部分，数据价值的充分发挥离不开健全的数据要素市场。

现如今，数据要素市场正处于高速发展阶段，但数据作为生产要素进行交易和流通仍面临着多重阻碍，主要包括数据产权不清晰、数据垄断、不正当竞争及数据泄露风险等问题，其中数据产权不清晰乃是数据要素市场建设首先需要解决的问题。通过建立和完善数据产权制度构建公平竞争、成熟完备的高质量数据要素市场体系，推动数据要素价值最大化，不仅是党和国家顶层规划的目标，也是数据市场主体共同的愿景。

将数据确定为生产要素，不可避免地需要对数据进行"生产要素分配"，因此数据确权至关重要。数据权利主体的确认、数据权益的明确、数据流转配置规则的设立等均需要完善的数据产权制度予以规范。可以说，数据确权从根源上影响了数据要素市场的建设。数据产权制度可以调节市场主体间数据使用的利益关系，不仅可以解决"数据归谁所有"的基础问题，更可以从数据使用、数据流通和数据收益等多个方面确定具体数据权益的归属，保障数据流通的效率和数据收益分配的公平性，解决数据交易信息不完全对称、信用建立不足和数据流通交易权属不清的问题，从而推进数据要素市场的建设。

第四章　数据资产入表

一、相关会计准则

（四十八）发布《暂行规定》的背景是什么？

根据财政部会计司有关负责人介绍，发布《企业数据资源相关会计处理暂行规定》（简称《暂行规定》）的背景主要涉及三个方面：

一是贯彻党中央、国务院决策部署，服务数字经济健康发展。习近平总书记强调，发挥数据的基础资源作用和创新引擎作用，加快形成以创新为主要引领和支撑的数字经济。党的二十大报告提出，加快建设数字中国，加快发展数字经济。制定《暂行规定》是贯彻落实党中央、国务院关于发展数字经济的决策部署的具体举措，也是以专门规定规范企业数据资源相关会计处理、发挥会计基础作用的重要一步。

二是加强企业会计准则实施，服务相关会计实务需求。目前，有关各方积极推动数据要素市场建设，对数据资源是否可以作为资产确认、作为哪类资产确认和计量以及如何进行相关信息披露等相关会计问题较为关注。财政部会计司在专家研讨、专题调研、公开征求意见等过程中发现，部分企业对数据资源能否作为会计上的资产"入表"、作为哪种资产入表等存在疑虑，需要加强指引。制定《暂行规定》将有助于进一步推动和规范数据相关企业执行会计准则，准确反映数据相关业务和经济实质。同时，将为持续深化相关会计问题研究积累中国经验，有助于在国际会计准则相关研究制订等工作中更好发出中国声音。

三是推进会计领域创新研究，服务数字经济治理体系建设。近年来，国际会计领域对无形资产会计处理的改进日益关注，其中涉及数据资源会计问题，目前普遍认同加强信息披露是短期内务实的解决路径。制定《暂行规定》，进一步强化数据资源相关信息披露，有助于为有关监管部门完善数字经济治理体系、加强宏观管理提供会计信息支撑，为投资者等报表使用者了解企业数据资源价值、提升决策效率提供有用信息。

（四十九）国际财务报告准则如何计量数据资产？

迄今为止，《国际财务报告准则》体系中并没有专门针对数据资产的准则和解释公告。事实上，中国企业会计准则与《国际财务报告准则》趋同，两者没有实质性的差异。无论是中国企业会计准则，还是《国际财务报告准则》，已经包含一系列资产准则或者涉及资产相关会计处理的准则，比如存货、固定资产、无形资产、投资性房地产、长期股权投资和金融工具等。这些资产准则或者涉及资产相关会计处理的准则，其实已经能够涵盖几乎所有的资产类别。即使一些诸如数据资产等的新型资产类别，也通常不会超出现有这些准则的规范范围。比如，国际会计准则理事会几年前曾经讨论过比特币等加密货币的会计处理，最终也是和数据资产类似，根据不同的业务模式将其确认为无形资产或存货。数据资产实际上并非一项需要制定专门准则进行特别规范的资产类型。正如财政部会计司有关负责人就《暂行规定》有关问题答记者问时所表达的，《暂行规定》只是解决实务中对数据资源能否作为会计上的资产确认、作为哪类资产"入表"的疑虑，并未改变现行准则的会计确认和计量要求。

因此，在《国际财务报告准则》下，即使没有类似《暂行规定》那种专门针对数据资产的准则，根据其概念框架以及无形资产准则和存货准则，基本上可以解决数据资产的相关会计处理问题。对于采用《国际财务报告准则》编制财务报告的企业，可以采用类似《暂行规定》的做法，将符合资产确认条件的数据资产，根据其持有目的、业务模式等方式，分别适用无形资产准则或存货准则。唯一有所不同的是，《国际财务报告准则》允许企业对具有活跃市场的无形资产采用重估价模型进行后续计量（当然企业也可以选择不采用该方法），这与中国企业会计准则仅仅允许采用成本模式后续计量有所不同。需要注意的是，重估价模型并非公允价值模型，两者有所区别。重估价模型只是要求企业按照一定的频率（比如三年一次）对无形资产按照活跃市场价格进行重估，重估的差额视情况计入其他综合收益或当期损益，并基于重估后的新账面价值在剩余使用寿命内进行摊销。累计计入其他综合收益的部分，则采用一定的方式，在资产剩余使用寿命内，直接转入留存收益。

（五十）国际上有哪些企业将数据资产计入报表？如何计量？

根据所观察的信息，国际上有部分企业将数据资产计入资产负债表，比如标普、邓白氏、环联、路透社等公司，将其数据库资源作为无形资产进行确认和计量。

（五十一）什么是数据资源？什么是数据资产？

数据资源和数据资产均不是纯粹的会计概念。目前比较权威的解释来自中国大数据技术标准推进委员会发布的《数据资产管理实践白皮书》（以下简称《白皮书》），该白皮书已经发布至6.0版。根据《白皮书》，原始数据经过数据管理实践活动，具备一定的潜在价值后，就成为数据资源。而数据资产指由组织（政府机构、企事业单位等）合法拥有或控制的数据，以电子或其他方式记录，例如，文本、图像、语音、视频、网页、数据库、传感信号等结构化或非结构化数据，可进行计量或交易，能直接或间接带来经济效益和社会效益。

根据《白皮书》对于数据资源和数据资产概念的诠释，原始数据必须先资源化变为数据资源，才能再资产化变成数据资产。《白皮书》关于数据资产的定义显然是借鉴了企业会计准则中的资产定义。《企业会计准则——基本准则》第二十条规定，资产指企业过去的交易或者事项形成的、由企业拥有或者控制的、预期会给企业带来经济利益的资源。因此，数据资产一定属于数据资源，但并不是所有的数据资源都能成为数据资产。只有那些企业能够拥有或控制且预期会给企业带来经济利益且符合资产确认条件的数据资源，才可能属于数据资产。

多数时候，人们习惯称某一项对企业有经济价值的资源为"资产"，这其实对应着会计准则中资产"经济利益有可能流入企业"的判断条件。除此之外，会计准则的资产还应该满足这些条件：企业过去的交易或者事项形成、企业拥有或者控制、成本或者价值能够可靠计量。

毫无疑问，数据资产的本质依然是资产，它指以数据为主要内容和服务的、满足资产确认条件的数据资源。值得注意的是，在《暂行规定》出台前，市场上大多数的"数据资产"并不一定满足会计准则的资产确认条件，换句话说，不一定能"入表"。在《暂行规定》后，我们应该更多从能否入表的角度来判断相关数据资源是否可以称为数据资产。

根据企业会计准则的相关规定，资产指企业过去的交易或者事项形成的、由企业拥有或者控制的、预期会给企业带来经济利益的资源。

将一项资源确认为资产，需要符合资产的定义，同时应满足以下两个条件：

(1) 与该资源有关的经济利益很可能流入企业。

(2) 该资源的成本或者价值能够可靠地计量。

数据资源要确认为一项资产也应满足上述条件。本报告将数据资产定义为：由企业拥有或控制的，预期会给企业带来经济利益（内部价值或外部收益），以数据为主要内容和服务的可辨认非货币资产。

值得注意的是，数据产品不一定满足资产的确认条件，如有的数据产品可能不能给企业带来经济利益流入，有的数据产品使用方式与无形资产类似，但生命周期可能不超过一年，而会计上不超过一年一般不计入无形资产。但企业实践中确认数据资产往往以数据产品作为载体。基于数据产品确认数据资产的优势主要在于：数据产品的可使用状态或者可交易状态更容易辨认，可以更直观地判断该资产是否达到预定用途；数据产品更方便企业进行内部管理。

从数据资产入表的角度看，基础会计工作的重要性体现在以下方面：第一，审慎地从成本的角度梳理数据资产的规模，一方面提升全社会对数据要素的认知，另一方面不至于引起数据资产泡沫；第二，提高企业数据资产信息披露的质量，企业可以通过梳理内部满足资产确认条件、真正有发展潜力的数据产品来提高数据资产的管理水平；第三，提升报表质量，减少数据要素型企业与投资者之间的信息不对称，进一步推进数据资产化创新应用，帮助企业吸引投资、优化财务结构、提升公司估值等等。

数据资产入表可以显著提升大众对数据要素的认知，促进数据要素的交易与流通，进而对数据交易所提出更高的合规性、便利性等要求，有助于繁荣数据要素市场。

数据资产具有多样性，包括数据来源的多样性以及使用主体的多样性。数据来源包括企业、政府、个人等主体形成的身份数据以及其日常行为记录收集形成的数据。从数据使用者的角度看，数据资产的使用者包括采集、编辑加工形成新的数据产品自用或对外提供服务的单位，也包括利用数据资产进行分析、决策，达到提高决策的准确性等形式，如广告商通过数据资产形成广告精准推送、政府通过数据资产精准招商、企业通过数据资产精准获客、新闻媒体通过数据资产精准快速提供信息报导等。

数据作为新的生产要素，由于其来源、使用者的多样化也决定了其有以下特点：

第一，数据资产具有非排他性。数据资产具有可复制性，一个数据资产可以被多个主体、应用、算法同时使用，导致其具有非排他性。

第二，数据资产具有高重塑性。数据资产具备高重塑性，数据产品间的组合、整合与聚合，能够呈现新形态与新价值。

第三，数据资产具有价值时变性。不同数据产品在不同应用场景下呈现多样化价值生命周期。其价值随着应用场景、时间的推移、数据产品的供给情况发生较大变化。

（五十二）如何理解《暂行规定》中的数据资源？

《暂行规定》中的数据资源指"生产过程中所使用的投入"，其本质是数据生产要素，与"数据二十条"保持高度一致，因此，《暂行规定》把"数据资源"界定为企业数据资产入表的范畴是一种审慎的做法，最终确认资产的载体可以是数据产品。传统经济学中认为产品是价值交换的媒介，同样地，数据产品也是数据要素交换价值的重要媒介。数据产品的边界比较清晰，可以比较容易确认为该产品达到预定使用状态的必要投入部分，同时产品的生命周期比较明确。

产品生命周期是市场营销学的传统概念，指产品在市场竞争中的经济寿命，是产品从准备进入市场开始到被淘汰退出市场为止的全部过程，一般分为导入期、成长期、成熟期、衰退期四个阶段。产品生命周期存在的原因主要是在市场流通过程中，消费者需求发生变化，或者其他影响产品市场竞争的因素产生，如出现竞品等。数据产品具有传统产品生命周期的特征，有叠加数据价值时变性的特点，数据产品的生命周期可能会呈现阶段跳跃性或者各个阶段生命周期更短的特征。如图 4-1 所示。

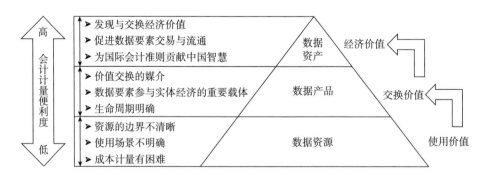

图 4-1 理解数据资源

（五十三）数据资源如何形成数据资产？

上海数据交易所根据企业数据资产形成路径的研究，结合场内登记挂牌的业务实践，创新性提出企业数据资产化三部曲：数据资源化、资源产品化和产品资产化。

1. 数据资源化

从数据资源的来源看，企业可能通过公共数据授权、自身运营产生、交易市场采购等多种渠道获得数据资源，因此，推进以数据分类分级确权授权制度为基础的数据资源入表，是有效提高数据要素市场化流通效率、促进数据使用价值充分释放的起点。

数据资源化的过程是企业通过上述一种或多种方式结合获取的原始数据，经过脱敏、清洗、整合、分析、可视化等加工步骤，在物理上按照一定的逻辑归集后达到"一定规模"，形成可重用、可应用、可获取的数据集合后，形成数据资源的过程。原始数据是经济社会活动产生的附属品，数据资源并不是生产出来的，而是企业通过安排相应的人力、组织、技术、系统等对原始数据进行系统性梳理整合加工出来的。数据资源化是企业挖掘原始数据使用价值的过程，也是企业数据资源实现资产化的第一步。一般来说，数据资源化的过程可能是企业数据产品的研究阶段，也有可能是企业数据资产的开发阶段，取决于企业在具体产品研发之前有没有针对目标场景进行深度的调研学习。

中债金融估值中心有限公司（简称"中债估值中心"）是中央结算公司的全资子公司，是中央结算公司基于中央托管机构的中立地位和专业优势，历经二十多年精心打造的中国金融市场定价基准服务平台。1999 年，中债估值中心编制发布中国第一条国债收益曲线，之后不断完善数据产品服务体系，围绕定价基准服务职能，打造出中债价格指标、中债指数、中债 ESG 产品、中债分析工具、中债咨询解决方案等数据产品体系，覆盖标准化债权资产、非标资产、权益类资产及金融衍生品四大类资产的数据服务，为超过 150 万亿元金融资产提供定价参考基准数据服务，建立了中国最完整最连续的债券市场数据库、中国债券市场定价模型库、高效支持海量数据运算的算法库，形成差异化竞争优势。

金润征信的数据由外部采集和内部加工两部分组成。外采来源的数据包括全国 ETC 车辆高速通行数据、重卡全路段通行数据（北斗+GPS）、车联网数据、主机厂数据四类，其中，全国 ETC 车辆高速通行数据为相关部门第一源合法授权该企业并且独家加工处理输出的数据，已投放市场实践运用，很受相关行业欢迎，调用量近千万次。内部采集的数据主要是由企业自身多年交通行业经营积淀形成的车辆运营相关数据。该企业及其下属商业保理公司拥有多年的客货车 ETC 记账卡金融服务运营经验，并与超过 10 个省份的高速方合作开展 ETC 发行服务，包括山东、江苏、福建、云南、浙江、广东、江西、贵州等，所服务的全国车辆已近百万。

以上海合合信息科技股份有限公司（简称合合信息）旗下全资子公司上海生腾数据科技有限公司的数据产品启信宝为例。启信宝是一款企业商业信息查询 APP，其汇集了境内 3.1 亿家企业等组织机构的超过 1000 亿条实时动态商业大数据，提供包括工商、股权、司法涉诉、失信、舆情、资产等超过 1000 个数据特征标签，可对数据进行深度挖掘，为客户提供企业关联图谱、舆情监控（情感及语义分析等）、风险监控（经营异常、司法涉诉等）、商标及专利信息、深度报告（信用报告、投资及任职报告、股权结构报告）等多种数据查询、挖掘和智能分析服务。

2. 资源产品化

资源产品化是企业数据资产化的第二步，是数据资源为企业创造交换价值的核心环节。企业通过对数据资源赋予创新型劳动和实质性加工，形成满足特定应用场景需求的数据产品。数据产品指以数据集、数据信息服务、数据应用等为可辨认形态的产品类型。数据产品是数据要素参与实体经济运行的重要载体。

任何一个产品都会经历从产生到消亡的过程，数据产品也不例外。与传统产品类似，数据产品会经历导入期、成长期、成熟期和衰退期。由于数据本身具有高重塑性的特点，数据产品在导入期和成长期即可批量生产，边际成本几乎为零，不受限于传统产品规模经济的特点，因此数据产品的生命周期较传统产品会呈现跳跃式、价值时变性等特点。

数据资源化后，在明确的应用场景中，将有价值的数据内容通过与服务终端或算法等相结合，以数据产品作为载体，通过内部使用或对外交付客户使用。在这一阶段，企业根据产品的应用场景，梳理数据集的形式、分类等，并根据应用场景开发相应的服务终端或算法程序等。根据数据产品持有目的的不同，数据产品一般通过自用、共享、开放以及对外交易方式实现其价值。企业形成的标准化数据产品可重复使用，能满足不同客户的需求；企业为某个客户开发定制化的数据产品将向客户整体出售，其服务客户的数量有限。

基于需求特征和服务方式不同，可将数据产品形态分三类：数据集，即以数据库的形式提供，以满足客户模型化需求的数据产品；数据信息服务，即以数据资源库为基础，为客户提供满足其特定需求的信息类服务；数据应用，即以应用程序的方式，基于统一的用户界面，提供基于数据资源和模型应用的数据产品。

需求特征包括模型化需求以及非模型化需求。模型化需求：数据用于训练和优化使用者的模型或算法，提高模型算法的性能。非模型化需求：使用者利用分析（模型）形成的结果（信息或知识），支持企业的日常生产经营决策。

服务方式包括界面类方式和非界面类方式：界面类方式，通常是通过用户主动操作的界面，实现人机交互的过程来获得数据或信息，例如搜索软件、SaaS 等应用；非界面类方式，通过某个软件程序的功能，实现程序间交互方式，例如 API、文件配送、受控沙箱、联邦学习等。如表 4-1 所示。

表 4-1 数据产品分类

需求特征 ＼ 服务方式	界面类 （查询终端、SaaS 应用）	非界面类 （接口调用、数据库传输等）
非模型化需求（查询等）	数据应用（功能服务）	数据信息服务
模型化需求（机器学习等）	数据应用（联合建模功能服务）	数据集

以中债估值中心的中债指数数据产品服务为例，中债指数是中国境内历史最为悠久、应用最为广泛、产品数量最多的人民币债券市场代表性指数品牌。中债指数数据产品服务包含十二大指数数据，目前已突破 1500 只，实现了境内人民币债券全覆盖，并拓展至权益资产与境外资产指数数据领域。为响应国家战略需求，紧随市场发展，中债估值中心先后推出了碳中和、ESG、长三角、京津冀、科创主题等指数，为投资人提供债券市场价格走势的检测数据指标、表征和预测宏观经济运行的参考数据、债券投资组合业绩评估的参考基准数据以及指数化投资产品跟踪标的数据等应用服务。

金润征信的数据产品按产品内容可分为高速通、车辆通、路径通、核验通、司法通、工商通、税务通等，按运用类型可分为查询类、核验类、模型类。上述产品主要的应用场景包括：①物流，如车队运力综合评估、单车运力情况分析；②交通管理，如稽查打逃高速费、车流量分析等；③金融，包括银行信贷业务、非银行金融业务（商业保理、融资租赁等）；④保险，如保险定价（网约车识别、货车识别）、理赔的补充等。公司产品均采取按次收费方式，根据不同的查询内容定价不同。

启信慧眼是基于公司商业大数据平台，结合人工智能技术，融合多种细分业务场景，打造的标准化 SaaS 云平台，覆盖"拓客—尽调—风控—管理"，为企业客户实现商业调查、风控管理、营销拓客等多场景数字化管理，帮助企业快速智能地发展业务、管控风险。启信慧眼金融版，服务于银行、融资租赁、商业保理等金融行业的垂直版 SaaS 产品，遵循"数据—信息—商业智能—价值"转型路径，构建数字金融服务模式，助力解决"营销拓客、尽职调查、风险预警、客户管理"等问题。启信慧眼客商版针对生产制造、贸易经销、能源化工等行业，为国企、央企、私企、外企等企业多部门提供风险自主可控的数字化客商管理。公司为客户提供商业全景数据库服务，采用先进的数据库设计技术，为客户在企业尽调、信用审核、风险监控、智能拓客、供应链管理、企业数据大屏等方面提供全面的数据支持。

3. 产品资产化

产品资产化是企业运用数据资产开展经济活动的过程，充分体现了数据资产的金融属性，也是数据产品从账面价值转向市场价值的重要一步，是探索数据资产公允价值的重要环节。

促进数据要素市场的交易与流通，市场主体一方面沿着数据要素价值链，正向推动数据资源化过程，提升数据资源的使用价值和交换价值，推进以数据产品为载体的数据资产入表；另一方面积极研究数据资产创新应用，以数据资产经济价值的显性结果反向推动产业链各主体积极参与市场各项规则的建设。

中债估值中心的多种数据产品已形成公司稳定收入来源，客户覆盖境内各类大中型金融机构，服务包括境外央行、国际金融组织、主权基金和商业银行等境外客户。在数据产品开发过程中，估值公司在产品数据模型开发、自动化生产系统建设等方面大量投入，包括数据采集、清洗、加工流程、架构设计，计算公式开发，系统建设所需的数据、人工、系统资源等"数据产品生产线"的开发费用，均为数据产品成为资产前的必要投入，符合资本化条件。公司在管理数据产品时，在公司"数据血缘""公式血缘"等基础上，形成了"作业消耗资源，产品消耗作业"的"两步法"归集分摊原则，与上海数据交易所提出的"三步蒸馏法"高度契合。

金润征信在物流运输、供应链管理、信贷、保险等行业不断深挖客户需求，在快速实现产品市场化的同时，不断实现产品的价值化。2022 年 2 月，金润征信的产品"高速通"正式在上海数据交易所挂牌，是首批挂牌的数据产品之一。截至目前，该企业已经在上海数据交易所挂牌了高速通、路径通两个系列共计58 个产品，其中高速通产品 48 个。

合合信息自主研发的领先的智能文字识别及商业大数据核心技术已形成了丰

富且广泛的产业化应用成果，C 端产品覆盖了全球百余个国家和地区的亿级用户，B 端服务覆盖了近 30 个行业的企业客户。公司的数据产品已经形成稳定的收入并持续为公司带来现金流入，从会计确认的角度看，合合信息在数据产品启信宝和启信慧眼开发过程中的投入，包括数据采集、购买、清洗、加工、算法等相关的人力投入、设备投入、维护投入、安全投入，是属于该数据资产达到预定可使用状态的直接相关且必须投入，均符合资产化条件。

值得注意的是，企业数据资源需要投入实质性加工或者创新性劳动才能形成数据资产。企业业务伴生的数据资源很有价值，但这种价值无法在资产负债表中以"公允价值"的形式体现，要想体现数据资源的价值，必须先投入人力、资金和设备去开发利用，形成数据产品。这些数据产品在内部使用以达到"降本增效"的目标，或者对外服务为企业创造显性的现金流，才有可能满足资产确认条件成为"资产负债表"中的资产项。如图 4-2 所示。

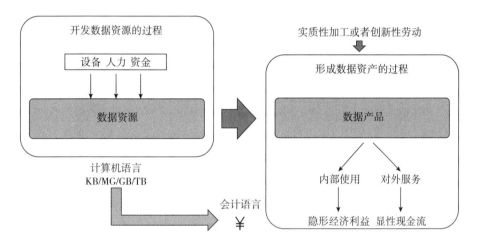

图 4-2 数据资源开发形成数据资产的路径

二、会计准则的内涵解读

（五十四）数据资源能入表吗？

数据资源能够入表，但不是无条件的。这里说的"入表"是一种通俗的表述，特指将数据资源作为一项资产，在资产负债表中列示。一项资源能够在资产负债表中作为一项资产列示，首先必须满足资产的定义。根据《企业会计准则——基本准则》第二十条，资产指企业过去的交易或者事项形成的、由企业拥有或者控制的、预期会给企业带来经济利益的资源。

此外，满足资产定义的数据资源，还必须满足资产的确认条件，才能够"入表"。根据《企业会计准则——基本准则》第二十一条，符合本准则第二十条规定的资产定义的资源，在同时满足以下条件时，确认为资产：（一）与该资源有关的经济利益很可能流入企业；（二）该资源的成本或者价值能够可靠地计量。

（五十五）数据资产的载体是什么？

数据没有独立实体，不占有物理空间，并且一定要依附一定载体存在。这种载体可以从狭义和广义两个角度理解。狭义的载体特指数据资产存储的物理介质，如纸张、磁盘、磁带、光盘、硬盘等，甚至可以是化学介质或者生物介质。这些载体本身也具有一定资产属性，在很多情况下物理介质一般被认定为固定资产；广义的载体是一个完整数据资产生命周期内，用于数据资产存储、传输、使用而存在的物理介质和非物理介质，包括存储设备、主机设备、网络环境、基础软件、应用软件等。

明确定义和区分数据资产的载体，对于数据资产评估和相关会计处理具有非常重要的意义。

首先，数据资产的非实体性和依托性，决定了数据资产不可能以独立的数据实体存在，但数据资产的价值体现依然是数据本身，并不会因为载体的不同而产生价值的差异。所以，在进行评估和会计计量的过程中，要明确数据和载体间的依存关系，避免混淆。

其次，数据的载体也需要消耗成本。在会计处理中，需要详细计量数据资产和数据载体的相关成本构成，特别是广义的数据载体，存在的目的通常并不仅仅是为了某类具体数据资产的存储、传输和使用。因此，如何将数据载体的成本合理分配到相关的数据资产，是计量数据资产的难点之一。

最后，数据载体和数据资产的生命周期可能存在时间上的差异。在对数据资产进行摊销和减值处理时，要充分考虑数据资产的寿命、预期收益以及技术和市场变化等因素。但数据载体的寿命应该作为一个重要因素一并考虑。从理论上讲，数据资产的生命周期不得长于相关数据载体的使用寿命。

综上所述，明确数据资产载体的概念，正确认识数据资产和载体之间的关系，对于数据资产确认、数据资产评估和会计计量研究都具有重要的意义，是数据资产入表及数据资源市场化研究过程中的一个重要因素。

（五十六）数据资产的确认条件有哪些？

根据企业会计准则的相关规定，资产指企业过去的交易或者事项形成的、由企业拥有或者控制的、预期会给企业带来经济利益的资源。

由此可见，判断数据资源是否能作为一项资产，应满足以下条件：

（1）相关数据资源由外购或在生产经营过程中积累产生，均符合"由过去的交易或事项形成"这一资产判断要素的要求。

（2）相关数据资源是由企业拥有或控制的，企业享有某项资源所有权，或者虽然不享有所有权，但该资源能被企业持有并控制。

（3）相关数据资源预期会给企业带来经济利益，且相关的经济利益很可能流入企业，主要指直接或者间接导致现金和现金等价物流入企业的潜力的概率大于50%。

（4）相关数据资源的成本或者价值能够可靠地计量，企业需以实际发生的交易或者事项为依据进行会计确认、计量和报告，如实反映符合确认和计量要求的各项会计要素及其他相关信息，保证会计信息真实可靠、内容完整。如图4-3所示。

01-形成过程　01
02-拥有控制
数据资产的判断条件
03-经济利益流入
04-成本可靠计量

图4-3　数据资产判断条件

（五十七）数据产品一定是数据资产吗？

不一定。

广义的数据产品指以数据为主要内容和服务的产品，包括从数据采集、预处理、存储和管理、挖掘和分析到展现的全域价值链上所有与数据相关的技术平台和工具服务。狭义的数据产品指以数据为主要内容和服务的产品,包括数据可视化和与大数据应用平台相关的产品。

根据企业会计准则的相关规定,资产指企业过去的交易或者事项形成的、由企业拥有或者控制的、预期会给企业带来经济利益的资源。将一项资源确认为资产,需要符合资产的定义,还应同时满足两个条件:与该资源有关的经济利益很可能流入企业;该资源的成本或者价值能够可靠地计量。

数据产品不一定满足资产的确认条件。例如,有的数据产品可能不能给企业带来经济利益流入;有的数据产品成本或者价值不能够可靠地计量;有的数据产品使用方式与无形资产类似,但由于生命周期可能不超过一年,一般不计入无形资产。如图4-4所示。

图4-4 数据产品

(五十八) 数据资产入表的条件?

从制度体系建设角度看,建立完善的数据资产管理制度体系,加强数据资源管理,夯实企业数据基础是企业进行数据资产入表的必要支撑。具体情况如下:

(1) 企业应建立统一规范的数据标准分类机制。在数据的基础属性、业务属性、技术属性和管理属性等各方面,实现业务数据与管理数据的标准化管理。

(2) 企业应建立数据质量稽核规则。设置规则并根据规则进行数据校验,对规则校验的结果进行监控和分析,实现数据向优质资产的转变。

(3) 建立数据资源内部控制管理制度。在业务、财务、业财衔接、业财融合等方面进行风险识别和风险应对,明确数据资产日常管理和财务核算与列报披露机制,通过制度、流程、权限、职责分工等,保障管理制度化、制度流程化、流程信息化。

从安全合规角度看，保障"数据来源合规"及"数据治理合规"是企业进行数据资产入表的前置管理条件。

（1）企业应根据《中华人民共和国网络安全法》《中华人民共和国数据安全法》及《中华人民共和国个人信息保护法》等规定要求，确保企业采购数据的合同（合同链条清晰、权利义务约定明确）；保障企业公开渠道获取数据的合规（数据获取技术实现方式的合法性）。

（2）企业应建立数据全生命周期的数据治理理念与制度，并采取相应的技术措施和组织措施保障数据的安全合法、有序流通；同时应搭建数据合规管理体系，对数据进行分类分级管理，定期对企业数据处理活动进行风险评估和合规审计等。

三、入表实务与操作

（五十九）企业应该推进数据资产入表吗？

2023 年 8 月，财政部发布《企业数据资源相关会计处理暂行规定》（财会〔2023〕11 号），以下简称《暂行规定》，自 2024 年 1 月 1 日起施行。《暂行规定》明确了数据资源适用于现行企业会计准则，标志着数据资产确认政策落地，后续数据定价、交易流通、收益分配等相关政策有望陆续推出。无论从合规角度，还是企业商业模式角度，企业推进数据资产入表是必须的，是有着重要意义的。

尽管数据资源已成为数字经济时代的重要生产要素之一，是企业特别是数据相关企业保持核心竞争力和提升价值创造能力的关键驱动因素，但按照会计的谨慎性原则稳健性理念，通常会对企业内部存在较大不确定性的无形资产采取比外部无形资产和有形实物资产更严苛的确认标准。这使得数据等富含经济价值的内生无形资产长期未在财务报表上得到反映。《暂行规定》将企业在生产经营过程中合法取得并拥有或控制的、预期会带来经济利益且符合资产确认条件的数据资源，确认为企业的数据资源无形资产或数据资源存货，对相关企业未来的高质量发展显然具有重要意义。

首先，数据资产入表将推动企业全面有效的数据治理工作。企业可以通过建立统一的基础数据标准，对基础数据的命名、定义、格式、代码等属性进行标准化定义，并以此为抓手对库表字段形成规范约束，统一企业的数据认知，有效提升基础数据质量。另外，数据资产入表可推动企业构建数据认责体系，明确数据在采集、加工、应用各环节的部门权责，解决数据标准多套定义、数据质量无人整改等潜在问题及风险。

其次，数据资产入表将创新企业数据应用，提升赋能企业内部价值。在数据资产入表的背景下，企业可在内部树立鼓励创新、包容试错的氛围与机制，激励引导企业上下主动发起数据应用建设、开展成果迭代，实现数据资产价值的充分释放。对于集团型企业，应以业务协同为目标，推动数据资产在集团与子公司间的共享和应用，并以数据资产估值为手段计量共享价值，从而促进数据资产在集团内部的有效流通和价值最大化。

（六十）企业如何推进数据资产入表？

数据资产入表和企业数字化转型，是企业战略规划与运营管理的具象问题，单个业务部门或者财务部门都无法独立推进，所以，企业在推进数据资产入表的过程中，应该协同各部门，从业务流程规划开始做起，直到顺利实现成本归集、科学高效完成入表操作。如图4-5所示。

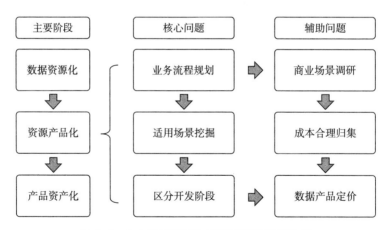

图 4-5　企业数据资产入表的实践路线图设计

（六十一）数据资源无形资产的判断条件是什么？

1. 数据资产的概念界定

数据资产是企业拥有和控制的，能够为企业带来经济利益的，以物理或电子方式记录的数据资源。《企业会计准则第 6 号——无形资产》对无形资产的定义是"企业拥有或者控制的没有实物形态的可辨认非货币性资产"。无形资产是资产的一种存在形式，若一项资产要成为无形资产，需要满足"无实物形态"和"可辨认"两大条件。

首先，数据显然是无实物形态。

其次，"可辨认"可以从两方面分析。一方面，需要能够从企业中分离或者划分出来，并能单独或者与相关合同、资产或负债一起，用于出售、转移、授予许可、租赁或者交易。另一方面，源自合同性权利或其他法定权利，无论这些权利是否可以从企业或其他权利和义务中转移或者分离。数据流通的本质是允许他人使用，数据可以有偿流通交易。数据的财产性权益已经在国家相关政策文件里予以承认和保护，上海、深圳等地方也通过立法明确了数据资产的财产性权益。数据产权具备通过合同进行清晰界定的条件，未来有很大可能通过国家层面立法形成类型化的数据资产权利，因此数据具备可辨认特征。基于以上分析，数据符合"无实物形态"和"可辨认"两大条件，符合无形资产定义。根据《暂行规定》，企业使用的数据资源，符合《企业会计准则第 6 号——无形资产》（以下简称《无形资产准则》）规定的定义和确认条件的，应当确认为无形资产。

2. 数据资源无形资产的确认原则

数据作为一项资产进行确认和计量时，可视为无形资产的一种新类别，即企业在生产经营活动中产生的或从外部渠道获取的，具有所有权或控制权的，预期能够在一定时期内为企业带来经济利益的数据资源。依据《企业会计准则——基本准则》的资产定义：①资产的形成基于企业行为。资产由企业过去的交易或事项所形成；②企业对资产背后的资源拥有所有权或控制权；③资产的最终目的或用途是为企业带来经济利益。

根据上述数据资产的定义和分析，依据资产的定义和确认条件，数据资源要成为数据资产需要考虑三个条件：①个人或企业拥有数据资源的权属，即可控制；②数据资源可以创造价值或者带来收益，即可变现；③数据资源的价值可以被可靠计量，即可量化。当数据资源满足上述三个条件时，一般可将其认定为数据资产。

（1）可控制性。数据资产必须是企业能够合法合规进行控制和管理的数据资源。一方面，企业非法获取的数据、在相应产权方面存在巨大争议的数据资源，不能确认为数据资产。作为一种新型的资源与要素表现形式，部分数据资源的产权还未给出明确界定。例如，部分源于互联网（社交平台、电商、门户网站）、物联网传感器等公共渠道的个人地理、行为数据等。在产权界定上存在巨大争议的数据资源，尚不完全具备资产的属性，只是具有资产潜力的资源。

但值得注意的是，从会计计量与资产化的角度而言，"控制权与所有权具有二重性"，即企业虽然不拥有一项资产，即不对其享有所有权，但只要合法合规明确地控制了一项资产的部分权益，并可以实现从中取得经济利益，就符合会计准则对资产的定义。同时，通过前置条约与数据脱敏，也能在一定程度上缓解相关问题。在过去一段时间，中国、欧盟等陆续制定出台个人数据保护相关条例。因此，企业只要合法合规享有数据的部分控制权，就可以在一定程度上对这部分数据资产进行资产化确认。

另一方面，企业必须能够控制该数据资产产生的经济利益，并同时约束他人无法从中获取相关经济利益。具体表现为，企业拥有该项数据资产的相应法定权利，或通过签订协议的方式使企业的相关数据资产受到法律保护。反之，如果没有通过法定方式或合约方式确定企业对于数据资源所拥有的权利，表明相关的数据资源不能确认为资产。

（2）可变现性。数据资产必须能够为企业带来经济收益。包括能够证明运用该数据资产生产的产品存在市场或数据资产自身存在市场；数据资产在内部使用时，应证明其有用性。那些没有经济利用价值或者在现有技术和知识条件下，未能确定其未来是否具有经济获利能力的数据资源，不能列入数据资产。同时，数据资产需要能够在一定时期"被反复地、连续地使用"，否则不能称为资产，应作为中间投入进行费用化处理。联合国等五大国际组织发布的《2008 年国民账户体系》在界定"资产""数据库"概念时，为了区别"数据库"与"中间产品"，明确界定资产需要在"生产过程中被反复或连续使用一年以上"，这一思想可供企业借鉴。

（3）可量化性。数据资产需要能够从企业实际生产与运营中分离或划分出来，并可用货币可靠计量其成本，这是数据资产化的问题之一。实际上，通过对无形资产会计确认与计量方法的研究与分析，我们认为通过计量方法的创新与完善，特别是在充分考虑"数据获取成本与数据实际价值""数据价值影响因素"的基础上，数据资产的价值可以相对较为准确地衡量。

综上，在实践过程中符合可控制、可变现、可量化三大特征的数据资源可考虑作为数据资产，满足无形资产准则确认条件的数据资产应进行会计确认并纳入资产负债表以明确数据作为要素的财务价值。

3. 数据资源无形资产的初始确认

数据资源的初始确认，是数据交易、流通和计量的基础和前提。《暂行规定》根据其取得方式不同，对外购及企业内部研发取得的可确认为无形资产的数据资源分别规定相关会计处理。

根据财政部制定的《暂行规定》，会计主体通过外购方式取得确认为无形资产的数据资源，应按照取得时实际支付的价格入账，以取得该项资产而支付的全部费用作为数据资产的历史成本，包括购买价款、相关税费、直接归属于该无形资产达到预定用途所发生的数据脱敏、清洗、标注、整合、分析、可视化等加工过程所发生的有关支出，以及数据权属鉴证、质量评估、登记结算、安全管理等费用。对于数据采集、脱敏、清洗、标注、整合、分析、可视化等服务所发生的有关支出，不符合无形资产定义和确认条件的，计入当期损益。特别需要强调的是，外部获取的数据资产，若在交易过程中出现所有权或者部分所有权转移时，可以确认资产，计入"无形资产"科目下的"数据资产"项目；若不涉及所有权转移，但在获得数据使用权的同时，拥有一定的代理、分销、转售等可以通过交易该数据资产获得利益的权利，会计主体可确认为资产；若仅获得数据使用权，例如使用许可证，且企业无法通过外部交易等方式获取未来利益，则不涉及"数据资产"的转移，会计主体只能将其计入成本或费用。

企业内部数据资源研究开发形成的数据资产，依据形成方式可分为主动研发的数据资产和随生产经营等产生的伴生数据资产。企业通过投入技术、人力、物力主动收集、整理分析得到的数据资产，类似无形资产研发，可参照无形资产会计处理方法进行确认。具体而言，依据会计准则中关于无形资产研究与开发的规定，企业内部数据资源研究开发项目的支出，应区分研究阶段支出和开发阶段支出。其中，研究阶段的支出费用化计入当期损益，开发阶段的支出符合特定条件的可以资本化，计入无形资产的成本；无法对象化区分研究和开发支出的，全部费用化，计入当期损益。实务中，由于研发活动的复杂性和相关性，要清晰区分研究和开发阶段难度较大。我们建议，数据的获取、确认、预处理阶段，数据价值不确定性及风险较大，发生的成本支出应全部费用化，计入当期损益；数据的分析、挖掘、应用带来经济利益的确定性较高，该步骤的支出满足资本化条件的可资本化，计入数据资产成本。

除主动研发数据资产外，企业内部自有数据还包含企业生产、经营等活动伴生的数据。这一部分数据作为数据资产的初始计量，需要在不同的阶段进行不同会计处理：在数据获取、确认、预处理等阶段，处理数据所产生的各项成本处理方式类似于主动研发数据资产的研究阶段，应进行费用化处理计入当期损益；在数据分析、挖掘、应用等阶段，符合条件的支出则进行资本化处理。

目前《暂行规定》关于数据资源无形资产的初始确认和计量与《国际会计准则第38号——无形资产》（以下简称《国际准则38号》）规定的以成本进行初始计量一致。

（六十二）数据资源无形资产后续计量如何操作？

1. 数据资源无形资产后续计量

对于满足无形资产确认条件的数据资源，根据《暂行规定》按成本模式进行后续计量。在实务中，不同行业对数据资源的管理类型多样，其业务模式、应用场景、价值创造等方面不尽相同，从而数据资源技术、数据容量、数据价值密度等因素对数据资产价值的影响不同，仅按照数据资源的投入成本进行后续计量，部分数据资源的价值会被严重低估，可能无法反映企业真实的财务信息。

《国际准则38号》对无形资产后续计量方法包括基准处理方法，即成本模式，该方法与我国《暂行规定》基本一致。此外，《国际准则38号》允许使用重估价模式对无形资产进行后续计量。根据其第75段规定，无形资产如果选择适用重估价模式，需要该无形资产的公允价值能够参考活跃交易市场中的价格信息进行计量。可见，《国际准则38号》中对于有活跃交易市场的无形资产，可以使用重估价模式进行后续计量。

《中共中央　国务院关于构建数据基础制度更好发挥数据要素作用的意见》（以下简称"数据二十条"）提出数据产权"三权分置"，即建立数据资源持有权、数据加工使用权、数据产品经营权"三权分置"的数据产权制度框架。根据该框架，企业可将数据资源按权利类别进行核算，随着数据产品经营权的认可，数据交易活动越来越频繁，数据产品的交易价格更加被市场认可。基于此，业内研究者提出对于数据产品经营权可采用重估模式进行后续计量。如光大银行的《商业银行数据资产会计核算研究报告》（以下简称《商业银行研究报告》）中指出"应根据数据资产的价值运动规律指定适配的数据资产后续计量方案，对于数据使用权资产和数据经营权资产分别使用成本模式和重估模式进行后续计量。数据使用权资产可考虑在公允价值基础上进行后续计量，在每个资产负债表日以公允价值为基础调整账面价值，其差额计入其他综合收益，数据资产终止确认时转入损益。"该计量模式借鉴了《国际准则38号》中无形资产采用重估模式的计量方法。

《暂行规定》使用成本模式，其投资成本较客观、容易验证、可靠性强，强调资产价值能够可靠计量，但无法动态反映数据资产价值变化。而《商业银行研究报告》提出的计量模式，可动态反映数据资产价值变动情况，缺点是当前数据安全、数据确权、数据估值等问题在一定程度上影响了数据流通效率，导致数据交易市场缺乏标准化产品、数据产品交易价格不具备公允性等问题，不满足以公允价值进行后续计量的条件。随着数据管理的一系列配套措施逐项落地，如出台数据产权相关的法律法规、相关行业主管部门出台具有操作指导性的数据资产评估准则，使得数据评估标准化，数据资产交易更为活跃。同时，我国会计环境对会计信息质量提出更高要求，更加重视会计信息的相关性，这种变化趋势意味着可能突破当前的成本核算模式，采用公允价值模式或者成本与公允价值混合模式进行后续计量。

2. 数据资源无形资产的摊销

在成本模式下，根据《暂行规定》，企业在持有确认为无形资产的数据资源期间，利用数据资源对客户提供服务的，应按照无形资产准则、无形资产准则应用指南等规定，自取得当月起在预计使用年限内分期平均摊销，摊销金额计入当期损益或相关资产成本。

会计主体应根据各类数据反映的与该数据资产有关的经济利益的预期消耗方式选择摊销方法。如数据工具技术迭代升级较快，可使用加速摊销法；无法可靠确定预期实现方式的，应采用直线法摊销。估计无形资产数据资源的使用寿命时，应考虑无形资产准则应用指南规定的因素，若取得的数据资产合同有约定受益年限或法律规定有效年限的，摊销年限不应超过受益年限与有效年限两者之中较短者。此外，还需重点关注数据资源相关业务模式、权利限制、更新频率和时效性、有关产品或技术迭代、同类竞品等因素。

对于使用寿命不确定的数据资源无形资产，不应摊销，应在每个会计期间对其使用寿命进行复核，如果有证据表明无形资产的使用寿命是有限的，应估计其使用寿命进行摊销。针对使用寿命不确定的数据资源无形资产每年应进行减值测试。

3. 数据资源无形资产减值准备

在成本模式下，当数据资源出现减值迹象时进行减值测试。数据资源无形资产减值，应按照《企业会计准则第 8 号——资产减值》处理。根据减值测试结果，发生减值的，计提资产减值准备。

4. 数据资源无形资产计量的发展趋势

企业对符合确认条件的数据资产入表时，应选择恰当的计量方法确认其价值。随着世界经济一体化、资本流动全球化的推进，与国际会计准则趋同是未来发展和适应经济全球化的必然选择。2010 年 4 月 1 日，财政部发布《中国企业会计准则与国际财务报告准则持续趋同路线图》，表示支持国际会计准则理事会（IASB）建立一套全球统一的高质量会计准则，同时强调始终坚持会计准则趋同互动原则。未来，随着数据资源入表工作的逐步开展，各行各业积极投入其中，建立规范标准化的管理制度，在实践中寻求适用于数据资源的核算方法，将提供更高质量的会计信息使财务报告使用者作出投资或信贷决策。

与此同时，数据资源会计也对各企业的数据资源管理和财务管理提出了更高要求。企业应按照全面性、合法性、清晰性等原则进行会计核算，如根据会计信息相关程度等，按照数据资源相关业务活动的细分类别进行核算。将数据资产科目与数据资源的生命周期管理相结合，设计数据资源计量规则，应用于数据采集、数据传输、数据存储、数据使用、数据交易、数据删除和数据销毁等环节。此外，要完善财务管理部门与数据业务部门的协同机制，对数据资源业务人员开展数据资产化相关培训，为数据资产核算、会计处理等提供合法合规的依据，推动企业数据资源全面准确地入表。

（六十三）数据资源无形资产处置和报废如何操作？

1. 数据资源无形资产处置和报废条件

根据《中华人民共和国会计法》和企业会计准则等相关规定，数据资源符合《企业会计准则第6号——无形资产》（简称《无形资产准则》）规定的，应按照《无形资产准则》规定对数据资源进行初始计量、后续计量、处置和报废等相关会计处理。

当数据资源无形资产预期无法为企业带来经济利益时，应将无形资产的账面价值予以转销，终止确认该项无形资产。例如，当企业将其数据资源的无形资产删除、销毁、登记权进行变更，权属转移至受让人，不再拥有数据资源无形资产的一切权利时，包括但不限于数据资产持有权、数据资产经营权、数据资产加工权等，将数据资源无形资产的全部相关的风险和报酬完全转移。企业终止确认数据资源无形资产的，应将取得的价款与该数据资源无形资产账面价值的差额计入当期损益。

2. 终止确认数据资源无形资产的会计处理

根据《企业会计准则第6号——无形资产》关于无形资产处置和报废相关规定，企业出售无形资产，应将取得的价款与该无形资产账面价值的差额计入当期损益；无形资产预期不能为企业带来经济利益的，应当将该无形资产的账面价值予以转销。

数据资源无形资产终止确认的情形通常包括：①数据资源无形资产的使用场景完全消失，此时终止确认部分数据资源无形资产；②数据由于大面积删除、污染、毁损导致无法继续使用，此时终止全部数据资源无形资产；③数据资源的登记权属发生转移，数据资产相关的风险额报酬完全转移，如数据托管（可能存在有偿）、资产权利丧失、对外转让等，需终止确认全部数据资源无形资产。针对前两种情形，将数据资源无形资产账面余额通过营业外支出进行核销。针对第三种情形，将数据资源无形资产的账面余额与有偿托管可收取金额的差额，计入营业外收支。如直接对外转让数据资源无形资产权属取得价款与该数据资源无形资产账面价值的差额，则将差额计入资产处置损益。

《国际准则38号》第112段、第113段规定：无形资产应在处置或没有未来经济利益预用，从其使用或后续处置流入时，终止确认（从资产负债表中删除）；无形资产的报废或处置形成的利得或损失，应根据净处置收入和资产的账面价值之间的差额确定，并在收益表中确认为收益或费用。

目前，关于数据资源无形资产处置和报废的会计处理与《国际准则38号》基本一致。

（六十四）数据资源存货如何进行初始确认和计量？

1. 数据资源存货的确认条件

如本书第六十一问所述，数据资源要成为数据资产必须要考虑三个条件：个人或企业拥有数据资源的权属，即可控制；数据资源可以创造价值或者带来收益，即可变现；数据资源的价值可以被可靠计量，即可量化。同理，符合可控制、可变现、可量化三大特征且满足存货准则确认条件的数据资产应予会计确认并纳入企业会计报表，以明确数据作为要素的财务价值。

数据资产存货区别于传统存货，其具备非实体和无消耗性、可加工性、形式多样性、多次衍生性、可共享性、零成本复制性、依托性以及价值易变性等数据资产的特殊性质。《暂行规定》根据数据资源的持有目的，将企业日常经营活动持有，最终目的用于出售的数据资源分类为存货；以交易流通为驱动的数据产品，即为满足用户特定的数据需求，以数据为主要原料，将数据、数据模型、业务逻辑等要素进行固化封装，形成持续迭代、共享复用的，为用户使用的数据集或数据服务的组合均作为数据资源存货进行核算。

从业务角度判断，会计主体把享有数据经营权的资产业务化，将数据资产独立封装，以产品或服务形式对外进行交易，产生独立现金流，通过行使数据资产的经营权实现数据价值，该类资产属于存货范畴。数据产品经营权指会计主体在数据资源持有者和相关数据主体的授权同意下，对数据进行实质性加工和创造性劳动，形成数据产品和提供对外服务，从而获得交易收入的权利。数据的业务化，主要指对数据进行搜集、整理（分析）形成可对外提供的服务或产品。数据资产在对外提供产品或服务时，应证明其具备市场需求以及交易价值。

根据数据形成和使用的不同模式，将数据资产分为衍生性数据和数据工具。通过对衍生性数据（生产模式）和数据工具（研发模式）的差异化会计处理，为报表使用者提供更多关于数据资产形成和使用的相关信息。

在生产模式下，输出的是衍生性数据。该模式下，数据资产具有明显的流动性，在企业内部重复循环运行，与企业的其他产品生产流程非常相似。该模式下的数据资产经常处于不断采集、加工、应用或销售过程中，加工过程有明确的方向，且具有较快的直接或间接变现能力。该类模式可以类比企业存货。存货具有明显的流动性，经常处于不断购买、生产、加工、销售和重置的过程中，具有较快的变现能力。会计主体通过数据资源系统持续产生和输送新的数据，根据业务或市场的需求，通过定制化加工处理形成衍生性数据，投入具体应用场景。

研发模式下，输出的是数据工具。该模式下，数据资产的形成一般要经历研究和开发两个阶段，且价值具有不确定性，需要分阶段视具体情况进行会计核算，类似于企业无形资产的研发。在该模式下，最终形成的数据资源直接应用于业务场景或交易流通，对外交易的数据资源可分类为存货。

综上，在对外交易场景下，衍生性数据主要是会计主体以自有的数据或外部采购的数据为基础开发形成的数据产品。数据工具主要为会计主体自行研发、对外授权使用的标准化应用层工具，对外交易的衍生性数据和数据工具可计入数据资源存货。

2. 数据资源存货的初始确认

《暂行规定》明确，企业日常活动中持有、最终目的用于出售的数据资源，符合《企业会计准则第1号——存货》（财会〔2006〕3号，以下简称《存货准则》）规定的定义和确认条件的，应当确认为存货。

会计主体通过外购方式取得确认为存货的数据资源，其采购成本包括购买价款、相关税费、保险费，以及数据权属鉴证、质量评估、登记结算、安全管理等所发生的其他可归属于存货采购成本的费用。企业通过数据加工取得确认为存货的数据资源，其成本包括采购成本，数据采集、脱敏、清洗、标注、整合、分析、可视化等加工成本和使存货达到目前场所和状态所发生的其他支出。

目前《暂行规定》关于数据资源存货的初始确认与《国际会计准则第2号——存货》规定的以成本进行初始计量一致。

（六十五）数据资源存货后续计量如何操作？

1. 理论

企业日常活动中持有、最终目的用于出售的数据资源，符合《企业会计准则第1号——存货》（财会〔2006〕3号，以下简称《存货准则》）规定的定义和确认条件的，应当确认为存货。企业应按照《存货准则》、《〈企业会计准则第1号——存货〉应用指南》（财会〔2006〕18号）等规定，对确认为存货的数据资源进行初始计量、后续计量等相关会计处理。

根据《企业会计准则第1号——存货》和《〈企业会计准则第1号——存货〉应用指南》，存货的后续计量包括发出存货的计量、期末计量以及存货处置和报废处理。发出存货的计量方法包括先进先出法、移动加权平均法、月末一次加权平均法和个别计价法等方法，期末存货按成本与可变现净值孰低计量，可变现净值考虑存货的形态和用途确定。

2. 实操问题

（1）存货跌价准备的计量。

1）存货跌价计提方式。《数据资产的确认、计量和报告——基于商业模式视角》提出，对于以外部出售为商业模式且转移所有权并被确认为存货的数据资产，应按"历史成本+减值测试"的方式进行后续计量。如果减值测试表明已确认为存货的数据资产发生了减值，应计提存货跌价准备。而企业数据资源资产通常具有价值易变的特征，减值规律与传统资产不同，后续资产减值风险的判断和减值评估的时点难以确定[①]。而在理论上，存货应在一个经营周期内卖掉或消耗掉。一般情况下，企业数据产品的时效性很强。如果一个经营周期以上还不能完成销售，存货可变现净值很可能低于成本，需计提存货跌价准备，把相应差额计入利润表的损失。

《企业数据资产化：会计确认与价值评估》提出，对于存货价值，可以采用基于成本的评估方案、现金流折现法、市场交易价格来确定[②]。数据资产基于成本的评估方案可坚持历史成本法的基本框架，并将数据的质量、减值、风险等特

① 黄世忠，叶丰滢，陈朝琳．数据资产的确认、计量和报告——基于商业模式视角［J］．财会月刊，2023（14）．

② 罗玫，李金璞，汤珂．企业数据资产化：会计确认与价值评估［J］．清华大学学报（哲学社会科学版），2023（5）：195-209.

征作为调整因子，而现金流和市场交易价格要依赖标准化和市场交易的频繁性。

2）存货减值计提时点。数据资产不同于传统存货，随着时间推移其价值变动的可能性较高，比如技术进步可能会影响数据资源存货的价值。随着新技术的出现和应用，企业应评估其对数据资源存货的影响，原有存货是否具备减值迹象，及时计提存货跌价准备。

（2）存货盘点。鉴于数据资产虚拟化、不可计数、来源多样、标准化程度低等特点，即使作为存货核算，仍较难以类比有形存货进行期末盘点。但随着目前数据交易所的出现，相应数据资产登记的制度建立，可以通过运用相应技术建设数据资产的登记平台，如北京易华录信息技术股份有限公司发布的登记确权存证平台"易证"，期末可以通过该类权证的盘点确定相应资产的存货。或者对于数据资产，是否可以采用物联网技术、WMS等信息系统对存货进行实时监控、采用大数据分析和人工智能技术对存货数据进行分析等方式在期末进行盘点。

（3）存货的重分类。

1）存货是否可以再转为无形资产？《暂行规定》对于符合条件的数据资产，主要根据持有目的、形成方式、业务模式，以及与数据资源有关的经济利益的预期消耗方式等区分为存货、无形资产或未确认为资产等。类似于土地使用权，根据不同的持有目的和业务模式，可能是存货（房地产企业用于建造商品房的土地使用权）、无形资产（多数企业自己使用的土地使用权）、固定资产（如果企业不能把土地使用权和地上建筑物合理分配）。数据资产如果符合资产定义，根据持有目的是自用还是为了出售，经济利益是来自逐年消耗给公司增值还是转让收益，都可能导致数据资源存货与数据资源无形资产的转换。

2）存货是否可以再加工？相应增加的价值如何计量？如果设计同时兼具两种目的，那如何进行存货和无形资产核算？分摊，还是在处置时再结转？

（4）数据资源存货是否可以抵押？如果数据资产能够符合存货或无形资产的定义并相应入表的话，从原理上是可以进行抵押的。同时考虑作为数据资源存货不具备实物形态的特性，可能要依赖于交易市场的"权证"，或者相应数据资源后台操作权来作为依据。

（5）为防止数据资产损失的防火墙投入应该计入存货成本还是计入当期损益？企业为了防止数据资产的损失，一般会安装杀毒软件和防火墙，定期更新病毒库和安全补丁，防范恶意软件和网络攻击。同时，定期检查网络流量，发现异常及时处理。

3. 实务案例

（1）数据堂。数据堂是一家面向支撑人工智能产业发展，专业从事智能数据要素服务的企业，专注于为国内外人工智能技术和应用客户提供一站式数据资源服务、数据生产服务以及数据处理解决方案服务。

业务模式包括：①数据要素资源服务；②数据要素生产服务；③数据要素处理解决方案服务。

根据数据堂 2022 年年报公开数据：

1）存货的分类。存货包括自制数据产品形成的库存商品和在产品、定制数据服务发生的合同履约成本等。

2）发出存货的计价方法。发出存货采用个别计价法。

3）存货可变现净值的确定依据。资产负债表日，存货采用成本与可变现净值孰低计量，按照单个存货成本高于可变现净值的差额计提存货跌价准备。直接用于出售的存货，在正常生产经营过程中以该存货的估计售价减去估计的销售费用和相关税费后的金额确定其可变现净值；需要经过加工的存货，在正常生产经营过程中以所生产的产成品的估计售价减去至完工时估计将要发生的成本、估计的销售费用和相关税费后的金额确定其可变现净值；资产负债表日，同一项存货中一部分有合同价格约定、其他部分不存在合同价格的，分别确定其可变现净值，并与其对应的成本进行比较，分别确定存货跌价准备的计提或转回的金额。

4）存货。

明细情况如表 4-2 所示。

表 4-2　明细情况　　　　　　　　　　　　　　　　单位：元

项目	期末数		
	账面余额	跌价准备	账面价值
在产品	3111015.25		3111015.25
库存商品	13138160.88	4310755.92	8827404.96
合同履约成本	21480650.69		21480650.69
合计	37729826.82	4310755.92	33419070.90
项目	期初数		
	账面余额	跌价准备	账面价值
在产品	679708.48		679708.48
库存商品	9415209.67	4178723.54	5236486.13
合同履约成本	10257796.99		10257796.99
合计	20352715.14	4178723.54	16173991.60

资料来源：数据堂 2022 年年报。

存货跌价准备中，明细情况如表4-3所示。确定可变现净值的具体依据、本期转回或转销存货跌价准备的原因如表4-4所示。

表4-3　存货跌价明细情况

单位：元

项目	期初数	本期增加		本期减少		期末数
		计提	其他	转回或转销	其他	
库存商品	4178723.54	132032.38				4310755.92
合计	4178723.54	132032.38				4310755.92

资料来源：数据堂2022年年报。

表4-4　原因

项目	确定可变现净值的具体依据	本期转回存货跌价准备的原因	本期转销存货跌价准备的原因
库存商品	相关产成品估计售价减去估计的销售费用以及相关税费后的金额确定可变现净值	无	无

资料来源：数据堂2022年年报。

存货增加主要是因为业务订单量有所增长，且为增强市场竞争力加大自制数据产品的投入。根据存货跌价政策，将公司2020年末、2021年末存货跌价准备重新厘定，针对库龄3年以上的自制产品，全额计提存货跌价准备。

数据堂将可用于出售的数据产品作为库存商品核算，将有在手合同生产中的存货作为合同履约成本核算，并按照个别计价的方式计价。对于存货跌价准备计提，一方面按照《存货准则》规定的政策确认，另一方面结合库龄情况谨慎地计提了跌价准备。

（2）恒信东方。恒信东方是一家主要从事数字文化创意、内容生产与技术服务的公司。业务范围主要包括数字创意产品应用及服务业务、互联网视频应用产品及服务业务、算力系统集成及技术服务业务。

根据恒信东方2022年年报公开数据：存货的计价方法。存货中库存商品手机和影视制作业存货按个别计价法计价，其他存货按先进先出法计价。"存货—库存商品—影视类作品"在不超过五年的期间内，采用计划收入比例法将其全部实际成本逐笔结转销售成本。存货附注、存货跌价准备和合同履约成本减值准备如表4-5所示。准备情况如表4-6所示。

表 4-5　存货附注　　　　　　　　　　　　　　　　单位：元

项目	期末余额			期初余额		
	账面余额	存货跌价准备或合同履约成本减值准备	账面价值	账面余额	存货跌价准备或合同履约成本减值准备	账面价值
在产品	361938824.48	209649475.77	152289348.71	381317187.40	126911421.29	254405766.11
库存商品	210425570.12	143753642.71	66671927.41	194754252.73	66286094.39	128468158.34
发出商品	54081194.57		54081194.57			
合计	626445589.17	353403118.48	273042470.69	576071440.13	193197515.68	382873924.45

资料来源：恒信东方 2022 年年报。

表 4-6　准备情况　　　　　　　　　　　　　　　　单位：元

项目	期初余额	本期增加金额		本期减少金额		期末余额
		计提	其他	转回或转销	其他	
在产品	126911421.29	89654841.10		6916786.62		209649475.77
库存商品	66286094.39	79964153.10		2496604.78		143753642.71
合计	193197515.68	169618994.20		9413391.40		353403118.48

资料来源：恒信东方 2022 年年报。

（六十六）数据资源存货的处置和报废如何进行会计处理？

1. 会计准则规定

（1）数据资源存货的披露。对于以外部出售为商业模式且被确认为存货或无形资产的数据资产，企业需要根据暂行规定在报表附注中披露相关内容：①数据资产的价值实现方式；②数据资产所有权和使用权的确权情况；③数据资产所有权的转移方式或使用权的授予方式；④数据资产的会计确认标准和初始计量方法；⑤数据资产后续计量所涉及的方法、假设和输入值来源；⑥数据资产的终止确认标准。

（2）存货报废。发生报废时，应冲销有关存货的账面价值，查明原因，按管理权限报有关部门审核，等待处理：

借：待处理财产损溢

贷：原材料、周转材料、库存商品、生产成本等

应交税费——应交增值税（进项税额转出）

计提了存货跌价准备的，还要转出已计提的累计跌价准备。

经批准后进行处理：

借：原材料（残料入库）

　　其他应收款（应收保险公司或责任人的赔偿）

　　管理费用（扣除残料及赔偿后的净损失，属经营损失的部分）

　　营业外支出（属于非常损失的净损失，如自然灾害造成的损失）

　　贷：待处理财产损溢

2. 文献综述及实操问题

（1）对于数据资产的存货销售，在损益表中如何进行核算？对于日常活动中持有、最终目的用于出售的数据资源，我们将其作为存货核算，而数据资源因为其可复制性，通常处置的为使用权，而非所有权，相应收入确认和成本结转都存在不同于传统业务的情况。《数据资产的确认、计量和报告——基于商业模式视角》[1] 中提出了对于数据对外出售的商业模式下的会计处理选择：

1）收入确认。首先，经济利益流入的处理，需要结合该类业务是否属于公司的主营业务范围，如果是则作为主营业务收入，如果不是则作为其他业务收入。其次，要考虑是作为时点法确认收入，还是时段法进行收入确认。所有权转让是时点法，比如在全部移交给客户并取得客户确认；而对于类似授权的形式，可根据收入准则判断是否用时段法确认更为合适。

2）成本或费用结转。需要结合在数据资产转让的过程中，是将资产的所有权转让，还是使用权转让来确定成本结转的方式。而对于资产所有权不转移的情况下可以不做成本。可采取两种方案：一是对外出售数据资产时设定出售限制条件的可借鉴存货中包装物、低值易耗品的成本结转方法，采用五五摊销法结转数据资产账面价值；二是对于可无限复制、无限次出售的数据资产，按照预计使用寿命采用多次摊销或分期摊销的方法结转其账面价值。[2]

（2）对于公司准备用于出售的存货，会存在成本与价格差异较大的情况，这是否影响投资者判断？不同规模、不同类型的数据资源实现交易的过程具有较高的同质性，可能会使其成本支出项目大同小异。并且成本支出随技术水平提升而不断下降的趋势，会进一步导致不同企业之间数据资源成本的差异趋于缩小。据此，由于企业采用历史成本对对外交易的数据资产进行初始计量且采用成本与

---

① 黄世忠，叶丰滢，陈朝琳. 数据资产的确认、计量和报告——基于商业模式视角 [J]. 财会月刊，2023（14）.

② 张俊瑞，危雁麟. 数据资产会计：现状、规制与展望 [J]. 财会月刊，2023（12）：3-11.

可变现净值孰低原则进行后续计量，不同企业基于数据资产反映企业价值的差异可能较难从资产负债表中捕获，而主要源于利润表中的相关信息。

（3）如果采用分次或分期结转数据资产成本的方法，对外出售的数据资产交易何时完成？应分几期、分几次来结转对外出售数据资产的成本？考虑数据资产的可拆分性，以及合同约定的履约义务交付情况，可拆分具体履约义务逐项结转，或者采用时段法分次结转。

（4）作为存货核算的数据资产报废如何处理。数据资产作为存货资产时，因为其不具备实务性，通常依赖数据存储系统。如果存在系统损坏、备份失效等问题，相应存货产生报废，公司需结合报废原因，按管理权限报有关部门审核后处理。如果是因工作人员失职所致，可以考虑收取相应赔偿，对于因为管理问题导致的，损失可计入管理费用，对于非正常因素报废的，比如火灾、洪水等，损失可计入营业外支出。

3. 案例数据堂

（1）数据堂。

根据数据堂 2022 年年报：

"公司主营业务为提供数据要素服务，业务模式主要包括数据要素资源服务、数据要素生产服务、数据要素处理解决方案服务；数据要素资源服务收入主要是指公司向客户销售已经制作完成并拥有所有权的数据产品而向客户收取的收入，公司与客户签订合同约定销售的数据产品及其交易金额；数据要素生产服务收入主要是指公司根据客户需求为客户提供数据定制服务而收取的收入，公司与客户通过合同或订单约定提供的服务内容、服务总量及交易总额；数据要素处理解决方案服务收入主要是指公司根据客户需求为其提供应用软件的授权使用或者是应用软件的开发服务而向客户收取的收入。

公司向客户销售的数据集可以拆分为若干个单元数据，每个单元数据被识别为单项履约义务，属于某一时点履行的履约义务，公司在将相关自制或定制数据产品向客户交付并经客户验收时确认收入；应用软件的授权许可或者定制开发属于可明确区分的单项履约义务，属于某一时点履行的履约义务，公司在向客户交付并经客户验收时确认收入。"

因此，数据堂在处置存货时，选取的是以转让产品成本全部结转成本的方式，是基于可拆分的独立单元数据进行结转，并且为某一时点所确认。

（2）恒信东方。

根据恒信东方 2022 年年报公开数据：

"存货—库存商品—影视类作品在不超过五年的期间内，采用计划收入比例法将其全部实际成本逐笔结转销售成本。"

影视类存货按照其性质和形成情况，属于数据资产范畴，该类业务成本结转采用了逐年结转的方式。

（六十七）数据资源入表与土地资源入表有何相似之处？

数据资源作为新生产要素，在数字经济时代扮演着核心引擎的角色。企业依赖数据资源进行创新、决策、市场洞察等，通过对数据的深度开发利用，获得竞争优势。与此相似，土地资源在企业中同样扮演着至关重要的角色。无论是用于生产、建设、农业还是商业活动，土地资源的有效利用都直接关系到企业的稳健发展。因此，两者都是企业日常经营中不可或缺的资产。数据资源与土地资源如何在企业财务报表中进行恰当列报和披露，对于上市公司的市值管理、企业的财务决策和战略投资以及其他财务报告相关者理解企业均至关重要。

《暂行规定》的发布为企业数据资源是否能作为一项资产入表提供了准则层面的判断依据。《暂行规定》围绕数据资源是否可以确认为资产、可能确认的资产类别、列报和披露及过渡与衔接等方面对数据资源进行了规范，并要求企业根据数据资源的持有目的、形成方式和业务模式，将满足资产定义和确认条件的数据资源确认为存货或无形资产。

土地是一项重要资源，从社会制度看，我国属于公有制国家，实行土地所有权和使用权相分离的制度，而大多数国家都以私有制为主。因此，我国特殊的土地制度下，土地资源入表即土地使用权入表。《企业会计准则第6号——无形资产》及其应用指南对于土地使用权做了明确规定：无形资产主要包括专利权、非专利技术、商标权、著作权、土地使用权、特许权等；作为投资性房地产的土地使用权，适用《企业会计准则第3号——投资性房地产》。

数据资源以及土地资源入表均随着经济发展而得到逐步完善，下文就其入表会计处理层面的相似性做总结归纳。

（1）入表基础均为现行准则体系。数据资源入表与土地资源入表均适用于现行企业会计准则，不改变现行准则的会计确认计量要求，两者初始核算、后续计量以及处置均应按照现行企业会计准则执行。

（2）部分情况下均适用无形资产准则。《企业会计准则第6号——无形资产》明确：无形资产，是指企业拥有或者控制的没有实物形态的可辨认非货币性资产。资产满足下列条件之一的，符合无形资产定义中的可辨认性标准：

1）能够从企业中分离或者划分出来，并能单独或者与相关合同、资产或负债一起，用于出售、转移、授予许可、租赁或者交换。

2）源自合同性权利或其他法定权利，无论这些权利是否可以从企业或其他权利和义务中转移或者分离。

3）关于数据资源无形资产的判断条件、后续计量、处置和报废详见本书六十一至六十三问。

4）根据《〈企业会计准则第6号——无形资产〉应用指南》，企业取得的土地使用权通常应确认为无形资产，但改变土地使用权用途，用于赚取租金或资本增值的，应当将其转为投资性房地产。自行开发建造厂房等建筑物，相关的土地使用权与建筑物应当分别进行处理。外购土地及建筑物支付的价款应当在建筑物与土地使用权之间进行分配，难以合理分配的，应当全部作为固定资产。企业（房地产开发）取得土地用于建造对外出售的房屋建筑物，相关的土地使用权账面价值应当计入所建造的房屋建筑物成本。

（3）披露以及列报层面遵循现有准则规定。财务报表的真实性是会计处理中的一个核心原则。在数据资源和土地资源的入表过程中，要求企业保证财务报表的真实性，确保资产的准确列示，不夸大或低估其价值。这涉及数据资源和土地资源价值的客观反映，以及相应的披露和附注，使信息更具透明度。对于数据资源，其真实性面临着不同的挑战。由于数据资源的特殊性，其价值可能更依赖于内部的数据处理和分析流程。因此，在财务报表中充分展示数据资源的处理流程、加工过程、数据质量等方面的信息，可以增加财务报表的真实性。此外，数据资源可能涉及用户协议、数据使用许可等法务层面的事宜，对这些方面的披露也是确保真实性的一部分。对于土地资源，需要更多地关注土地市场的变化、政策的影响等因素。企业应充分揭示土地资源价值的计量方法、市场影响因素、可能存在的风险等信息，确保报表中反映的是土地资源真实的价值。

在会计处理方面，审慎性谨慎性原则也是不可忽视的。特别是对数据资源这样具有较大主观性的资产，企业在确认计量时要更为谨慎。审慎性原则要求企业在确认计量和披露中更倾向于较为保守的方式，以确保报表的谨慎性和可靠性。

总的来说，数据资源与土地资源的会计处理都需要企业在遵循相关会计准则的前提下，面对其特殊性和复杂性进行职业判断。在数据资源入表过程中，应关注对数据资源价值的客观反映和数据质量的披露，而土地资源入表需要考虑市场因素和政策因素的影响。审慎性谨慎性原则贯穿整个会计处理过程，以确保财务报表的真实性和可靠性。在数字经济时代，会计处理应更加灵活，不断适应新兴资产的变化，以保障企业信息的全面准确。

（六十八）企业内部使用的数据资源可以入表吗？

依据《企业会计准则——基本准则》对资产的定义及前述数据资产的概念，数据资产是企业在生产经营活动中产生的或从外部渠道获取的，具有所有权或控制权的，预期能够在一定时期内为企业带来经济利益的数据资源。这意味着企业内部使用的所有数据资源不一定全部能够入表核算。与实物资产不同，实物资产中的原材料和半成品在加工形成最终产品时，本身会发生消耗，其价值会流转归集到最终产成品。企业在数据归集、加工、分析的过程中产生的大量原始类数据、过程类数据，并不因流转至后续价值链中而消耗或消失。

原始类数据、过程类数据等数据资源要成为数据资产，必须要满足可控制、可变现、可量化三个条件，满足相关条件的方可确认为数据资产。数据资产实现经济价值的路径包括内部使用和对外交易流通两种，两种经济利益创造路径分别对应数据加工使用权和数据产品经营权。

数据加工使用权指数据资源持有者在相关数据主体的授权下，或其他市场主体在数据资源持有者和相关数据主体的授意下，对数据进行归集、加工、分析等处理，应用于具体业务场景，从而提升运营效率、创造经济利益的权利；数据产品经营权指市场主体在数据资源持有者和相关数据主体的授权下，对数据进行实质性加工和创造性劳动，形成数据产品和提供对外服务，从而获得交易收入的权利。

根据无形资产准则，达到预定可使用状态或对外交易状态的数据资产可确认为无形资产。因此，内部使用的数据资源满足原始类数据、过程类数据的数据资产在达到预定可使用状态或对外交易前，先通过"研发支出"科目归集，待满足无形资产确认条件后再转入数据加工使用权资产或数据经营权资产。

第五章　数据资产评估

一、评估指南与操作

（六十九）什么情况下需要对数据资产进行评估？

数据资产评估作为保障数据要素有序流通与价值挖掘的重要抓手，对推动数据要素市场化配置和数字经济高质量发展具有重要意义。与传统的资产类型相比，数据资产的财务核算、交易利用和管理等都面临着新的挑战，数据资产的价值评估已成为助力数字经济发展和推动数据资产化进程的重要环节。

1. 资产评估是市场价格发现机制的补充

资产评估随着我国经济体制改革而产生并逐步发展壮大，其在建设我国社会主义市场经济体制过程中发挥了重要作用。一般而言，市场经济利用"无形的手"对资源进行合理配置，市场对公开交易的资产、企业等标的物有其自身的价格发现机制。但由于资产特性、交易机制等固有局限，某些资产或企业产权进行交易时可能出现价格发现机制失灵的状况，在这种情况下，需要专业评估人员根据相关专业知识和经验为市场主体提供资产评估服务，形成价值意见供市场主体决策时参考，以提高决策的合理性。因此，资产评估作为价格发现机制的补充为市场经济的顺利运行提供支持，是市场经济体制中不可或缺的组成部分。而且，随着市场经济的不断发展，各类新型资产价值的不断发掘，各类交易市场的逐渐孕育，资产评估的重要性愈发突出。数据要素市场是新兴的蓝海市场，数据资产评估理所当然地肩负着保障数据要素有序流通与数据价值挖掘的重任。

2. 数据资产评估情形多样

在数字经济不断发展的今天，数据要素作为一种重要的生产要素，已经成为推动我国经济高质量发展的重要动能。数据要素要成为类比土地、资本等的生产要素，需要形成交易与流通的要素市场，通过市场化的交易行为来进一步发现数据资产的价值。数据资产评估作为能够发现数据资产市场价值的一种方法，能够起到有效改善数据要素市场的供求格局，减少供给与需求的信息不对称程度，促进交易与流通的作用，同时也有助于提高企业管理数据资产的能力和效率。确认需要进行数据资产评估的情形，首先需要确认评估目的。在目前的实践中，数据资产评估一般是对评估基准日特定目的下的数据资产价值进行评定和估算，其中特定目的可以是数据资产入表后续计量中的减值测试、企业并购重组中的合并对价分摊、数据资产交易、侵权损害赔偿、质押融资、出资、增信、证券化、金融创新等。

值得注意的是，同一数据资产在不同的评估目的中，通常会发挥不同的价值；而数据产品的权利性质、应用场景、价值类型等会对数据资产评估产生影响。《数据资产评估指导意见》指出："执行数据资产评估业务，应根据数据来源和数据生成特征，关注数据资源持有权、数据加工使用权、数据产品经营权等数据产权，并根据评估目的、权利证明材料等，确定评估对象的权利类型。"所以，在进行数据资产评估时，应了解相应评估目的下评估对象的权利性质、具体应用场景，选择和使用恰当的价值类型。上述4个维度共同决定了数据资产评估的评估情形。

3. 国资背景下的数据资产评估

我国资产评估产生于国家经济体制改革和对外开放的背景之下。为防止国有资产流失、规范国有资产交易行为，政府部门出台了一系列政策对必须进行资产评估的事项进行了规定。在相关政策规定下，国有企业在进行有关经济行为时，资产评估是国有企业相关行为具体实施的必要选择。根据《国有资产评估管理办法》《企业国有资产评估管理暂行办法》等法律法规的文件要求，当持有数据资产的国有企业进行如改制、合并、分立、破产、解散、国有股东股权比例变动、产权转让、整体租赁等产权变动涉及的经济行为，及以数据资产对外投资、转让、置换、偿还债务、诉讼等涉及资产处置的经济行为时，均需要根据经济行为类型对股权或者资产等价值进行评估。此外，当国有企业收购非国有单位的数据资产（含数据资产的股权）、接受非国有单位以数据资产出资、抵债等涉及相关非国有资产的经济行为时，也需要满足相关法律法规要求对相关标的进行评估。作为专业机构，资产评估机构实质上已有机地融入党和国家监督体系之中，成为市场经济秩序有序发展的重要"看门人"，并与财会监督密不可分。资产评估在国资的资产处置、产权变动转让等方面起到监督、保障等作用，在未来可能的数据资产相关业务中也将继续发挥重要作用。

总而言之，数据资产评估作为数据市场价格发现机制的补充，通过为上述这些经济行为提供生态链服务，来实现数据资产化、资本化、资源化闭环，激发数据市场的活跃性，推动数据资产流通和价值实现。其作为确保数据资产有序流转的有效手段，在各类市场主体、国有企业和国有资产的流转和配置过程中，起到维护经济秩序、保障公平交易、反映数据资产真实价值的作用，切实发挥了价值发现和价值管理的双重功能。

（七十）《数据资产评估指导意见》的背景？

在数字化时代，数据已经成为一种崭新的生产要素，其独特性质推动了相关主管部门出台一系列政策，以推动数据资产的发展与管理。数据不仅是信息技术领域的核心资源，更在经济社会各领域发挥着日益重要的作用，成为推动国家经济发展的新挑战、新机遇、新动能。

2019 年 10 月，党的第十九届四中全会提出"健全劳动、资本、土地、知识、技术、管理、数据等生产要素由市场评价贡献，按贡献决定报酬机制"，标志着对数据生产价值与历史地位的极大肯定。2020 年 4 月 9 日，中共中央、国务院发布了《关于构建更加完善的要素市场化配置体制机制的意见》，标志着我国数据要素市场化工作正在加速推进。2022 年 12 月 2 日，中共中央、国务院印发了《关于构建数据基础制度更好发挥数据要素作用的意见》。在这份专门针对数据要素的基础性文件发布后，相关政策规定陆续出台，数据要素发展接连提速。2023 年 8 月 1 日，财政部印发了《企业数据资源相关会计处理暂行规定》（以下简称《暂行规定》），规范了企业数据资源相关会计处理，强化了相关会计信息披露。2023 年 9 月 8 日，在财政部指导下，中国资产评估协会发布了《数据资产评估指导意见》（以下简称《指导意见》），为数据资产的评估实务提供了指引。《暂行规定》和《指导意见》均是财政部贯彻落实党中央、国务院关于发展数字经济的决策部署的具体举措，是对数据资产入表新模式的积极探索，极富时效性和实践指导意义。如图 5-1 所示。

1. 从数据资源到数据要素

2019 年 10 月，党的第十九届四中全会提出"健全劳动、资本、土地、知识、技术、管理、数据等生产要素由市场评价贡献，按贡献决定报酬机制"，数据具有可复制、可共享、无限增长、无限供给的特点（见图 5-2），对生产效率

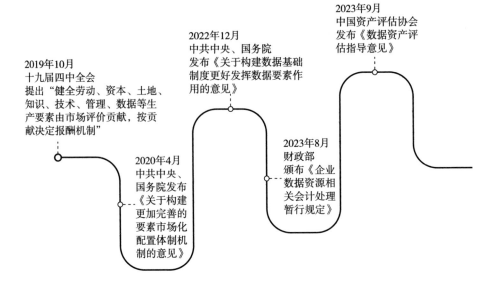

2023年9月
中国资产评估协会
发布《数据资产评估指导意见》

2022年12月
中共中央、国务院
发布《关于构建数据基础制度更好发挥数据要素作用的意见》

2019年10月
十九届四中全会
提出"健全劳动、资本、土地、知识、技术、管理、数据等生产要素由市场评价贡献，按贡献决定报酬机制"

2020年4月
中共中央、国务院发布《关于构建更加完善的要素市场化配置体制机制的意见》

2023年8月
财政部颁布《企业数据资源相关会计处理暂行规定》

图5-1 我国各相关部门有关数据要素出台的系列政策时间线

资料来源：金证评估整理。

的提高具有乘数效应。新冠疫情加速了经济"数字化"过程，提前实现了数字经济的集中展示、检验和体验。在我国土地、劳动力等生产要素边际效益日益萎缩的背景下，以数据作为生产要素的数字经济优势，将对经济产生巨大的拉动和影响。这一提议不仅在理论上对数据的生产价值和历史地位进行了积极肯定，也展示了国家对数据资产重要性的深刻认识。随着数据资产在经济增长、社会发展和创新能力提升中的作用日益显著，国家对数据资产的重视程度不断提升。这反映了对数据作为关键生产要素的认可，强调了其在现代经济结构转型和推动创新中的关键作用。

图5-2 数据的特点

2. 从数据要素到数据要素市场化

2020 年 4 月 9 日，中共中央、国务院发布《关于构建更加完善的要素市场化配置体制机制的意见》，该文件从国家层面对推进要素市场化配置改革进行了总体部署。明确了要素市场制度建设的方向和重点改革任务，对于形成生产要素从低质低效领域向优质高效领域流动的机制，提高要素质量和配置效率，引导各类要素协同向先进生产力集聚，推动经济发展质量变革、效率变革、动力变革，加快完善社会主义市场经济体制具有重大意义。总的来看，这一举措极大推动了数据资产市场化进程，为数字经济的发展奠定了坚实的基础。

3. 数据要素的重要性凸显

2022 年 12 月 2 日，中共中央、国务院印发了《关于构建数据基础制度更好发挥数据要素作用的意见》。这一基础性文件突出了数据要素在数字经济中的关键作用。数据作为新型生产要素，具有无形性、非消耗性等特点，对传统产权、流通、分配、治理等制度提出新挑战。该政策不仅认识到数据资产在推动数字经济发展中的核心作用，还强调了对数据资产管理体系的完善，以保障数据资产的合理流通和高效利用。

4. 企业数据资源的会计处理规范

2023 年 8 月 1 日，财政部印发了《企业数据资源相关会计处理暂行规定》。这一政策的制定是为了增强数据的利用和开发，为数据资产入表和交易提供明确框架，包括确认、计量和报告准则。这不仅规范了企业数据资源的会计处理，还强化了数据资产在企业财务报告中的地位，有助于企业更准确地评估和披露其数据资源的价值。而《指导意见》在此基础上，明确了数据资产的初始计量路径，强调了历史成本作为初始计量的主要依据。这有助于企业合理入表数据资产，将其正式纳入资产负债表，同时为数据资产的后续计量提供了指导。资产评估成为数据资源入表后续计量的必要工具，其专业服务能力和经验为数据资产入表提供了专业支持，增强了数据资产的透明度和可核算性。

5. 数据资产评估的实践指引

2023 年 9 月 8 日，在财政部的指导下，中国资产评估协会发布了《数据资产评估指导意见》。《指导意见》的发布为评估机构开展数据资产评估工作提供了重要的指导，包括对数据资产的明确定义、有效指引和规范、具体的方法路径以及数据资产质量评价的重要性。这有助于规范数据资产评估行为，促进数据资产的资产化和价值传导机制畅通，同时也提升了数据资产评估行业的公信力和专业水准。它标志着政府对数据资产价值评估机制的重视，并为数字资产的入表、交易、流通和相关运作提供了切实可操作的基础设施。这一政策的发布进一步巩固了政府对数据资产的地位，有助于推动数字时代企业的投融资和经济发展，同时使数据资产的评估更加规范和可信。

综合这五个政策，可以看到国家关注数据要素的重要性，积极推动数据资源的合规、高效流通和利用，以释放数字经济的潜力。这一系列政策的出台标志着国家对数据资产的高度关切和深刻认知。数据作为信息的源泉，对数字经济的推动和可持续发展具有不可替代的作用。政府在政策层面的积极干预，有力地推动了数据资产市场的形成和规范，为数字经济的可持续发展奠定了坚实的基础。这一系列政策文件不仅将数据看作一种生产要素，更将其定位为信息的重要来源，为构建数字经济提供了有力的政策支持。

（七十一）数据资产评估怎么做？

1. 资产评估的主要程序

根据《资产评估执业准则——资产评估程序》的要求，开展资产评估工作的主要程序包括：编制资产评估计划；进行评估现场调查；收集整理评估资料；评定估算形成结论。如图5-3所示。

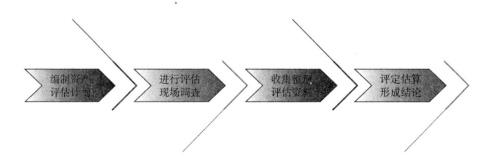

图5-3　资产评估的主要程序

具体操作如下：

（1）根据资产评估业务具体情况制订评估计划，合理确定评估工作实施的主要过程及时间进度等。

（2）对资产评估业务涉及的评估对象进行现场调查，获取资产评估业务需要的资料，了解评估对象现状，关注评估对象的法律权属。现场调查手段通常包括询问、访谈、核对、监盘、勘查等。

（3）根据资产评估业务具体情况对收集的评估资料进行分析、归纳和整理，形成评定估算的依据。

（4）根据评估目的、评估对象、价值类型、资料收集情况，分析市场法、收益法和成本法三种评估方法的适用性，选择最合适的评估方法及评估参数进行计算和判断，形成测算结果。

2. 数据资产评估过程中需关注的因素

根据《数据资产评估指导意见》的要求，需要了解和关注数据资产的信息属性、法律属性和价值属性等基本信息，其中：

（1）信息属性主要包括数据名称、数据结构、数据字典、数据规模、数据周期、产生频率及存储方式等。

（2）法律属性主要包括授权主体信息、产权持有人信息，以及权利路径、权利类型、权利范围、权利期限、权利限制等权利信息。

（3）价值属性主要包括数据覆盖地域、数据所属行业、数据成本信息、数据应用场景、数据质量、数据稀缺性及可替代性等。如图5-4所示。

图5-4 数据资产的属性

在具体操作数据资产评估业务时，需要根据数据来源和数据生成特征，关注以下因素：

（1）**数据资源持有权、数据加工使用权、数据产品经营权**等数据产权，并根据评估目的、权利证明材料等，确定评估对象的权利类型。

（2）**成本因素**，包括形成数据资产所涉及的前期费用、直接成本、间接成本、机会成本和相关税费等。

（3）**场景因素**，包括数据资产相应的使用范围、应用场景、商业模式、市场前景、财务预测和应用风险等。同一数据资产在不同的应用场景下，通常会创造不同的价值，需要了解相应评估目的下评估对象的具体应用场景，选择和使用恰当的价值类型。

（4）市场因素，包括数据资产相关的主要交易市场、市场活跃程度、市场参与者和市场供求关系等。

（5）质量因素，包括数据的准确性、一致性、完整性、规范性、时效性和可访问性等。需要采取恰当方式执行数据质量评价程序或者获得数据质量的评价结果，也可以利用第三方专业机构出具的数据质量评价专业报告或者其他形式的数据质量评价专业意见等。如图5-5所示。

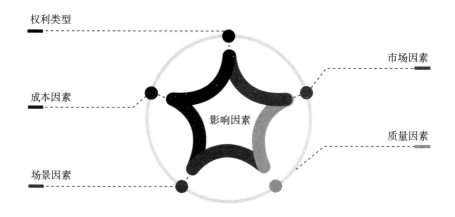

图 5-5　数据资产评估的因素

（七十二）数据资产评估成本法怎么做？

1. 数据资产成本法介绍

成本法是按照重建或者重置的思路，将重建或者重置成本作为确定评估对象价值的基础，扣除相关贬值后确定评估对象价值的评估方法总称。成本法包括多种具体方法，例如，复原重置成本法、更新重置成本法等。复原重置成本法主要用于评估对象的效用，只能通过按原条件重新复制评估对象的方式提供，而更新重置成本法通常用于使用当前条件所重置的资产提供与评估对象相似或者相同的功能，并且更新重置成本低于其复原重置成本。

成本法下的关键参数主要是重置成本和贬值因素。重置成本的构成要素一般包括建造或者购置评估对象的直接成本、间接成本、资金成本、税费及合理的利润。贬值因素主要包括实体性贬值、功能性贬值及经济性贬值。其中，实体性贬值也称有形损耗，指由于使用和自然力的作用导致资产的物理性能损耗或者下降引起的资产价值损失。功能性贬值指由于技术进步引起资产功能相对落后造成的资产价值损失。经济性贬值指由于外部条件变化引起资产闲置、收益下降等造成的资产价值损失。对于数据资产的成本法评估，由于数据资产具有非实体性和依托性的特征，所以不存在有形损耗，更多可能存在类似于功能性和经济性的贬值，一般采用数据调整系数涵盖两者的贬值因素。

2. 数据调整系数的确定

根据《数据资产评估指导意见》的要求，对于可以直接确定剩余经济寿命的数据资产，可以结合剩余经济寿命确定调整系数，对于需要进行质量因素调整的数据资产，可以结合相应质量因素综合确定调整系数。

数据质量因素调整一般从数据的准确性、一致性、完整性、规范性、时效性和可访问性六个维度逐一进行打分评价，再经过加权平均后最终得出数据质量因素调整系数。如图 5-6 所示。

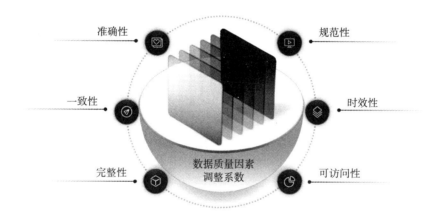

图 5-6　数据质量因素的调整系数

准确性，是衡量所采集数据的真实且准确程度。数据的真实性和准确性越高，可分析性越强，数据资产的价值越大。实操中可通过检验数据资产中准确的数据占比作为准确性的打分结果。

一致性，是衡量所采集数据保持一致的程度。数据的一致性越高就意味着可信性越高，数据资产的价值就越大。实操中将估算数据不一致的比例，以满分100 分为基础，扣减不一致数据的比例后作为一致性的打分结果。

完整性，是衡量所采集的数据是否存在缺失。完整的数据资产可持续利用程度高，所反映的数据资产价值大。实操中以满分 100 分为基础，分析数据的完整程度结合数据的利用率进行打分。

规范性，是衡量所采集数据合规的程度。数据的合规程度越高就意味着权威性越高，数据资产的价值就越大。实操中数据符合数据标准、业务规则和元数据等要求的规范程度作为打分的依据。

时效性，是衡量数据最后一次更新时点与期望有效时间之间的差距，对于需要持续跟踪最新数据的用户来说具有较大意义。实操中按照各个类型的数据资产不同的更新频率设定具体打分标准，并确定打分结果。

可访问性，是衡量所采集数据可正常访问的程度。实操中需要根据具体情况来具体分析可访问性对数据资产价值是否为正向影响。

通过对以上六个维度的评价分析，结合不同行业数据资产的自身特点，按照重要性原则设定权重，经加权平均后得到数据质量调整系数。

3. 数据资产成本法下的评估结果与历史成本的差异原因

数据资产的历史成本主要来自两个途径，分别是外购形成和自身开发产生。

外购形成的数据资产的历史成本主要来自市场参与者在购买时点对数据资产价值的认可程度，该历史成本中可能包含了截至购买时点数据资产开发过程中的成本归集，也可能包含了数据资产在运用场景中的超额收益或市场对数据资产的价格预期。除因历史购买时点和评估基准日两个不同时点导致购买后继续开发产生的成本差异外，买卖双方对数据资产价格的预期与数据资产本身成本归集的差异，是导致数据资产成本法下的评估结果与历史成本差异的另一主要原因。

自身开发产生的数据资产的历史成本主要来自开发过程中的人工成本、材料成本及其他开发成本，该历史成本与成本法下的评估结果的差异主要源于成本法评估时需考虑的时间差异导致的物价水平变化、资金成本、合理利润及贬值因素。

（七十三）数据资产评估收益法如何确定收益期限？

1. 收益期限的种类

收益法下的收益期限又称有效期限，指资产发挥作用并具有获利能力的时间。资产在发挥作用的过程中，其损耗是客观存在的，但数据资产不像有形资产，存在由于使用或自然力作用形成的有形损耗。采用收益法评估数据资产时，确定收益期限需要综合考虑数据资产的法律有效期限、相关合同有效期限、数据资产的更新时间、数据资产的时效性、数据资产的权利状况以及相关产品生命周期等因素。

法律有效期限，即法律法规明文规定的使用期限，数据资产只有在合法合规前提下产生的收益才能被认定为价值。

合同有效期限，指通过商业合同的约定拥有了数据资产的权利，在合同期内所产生的收益才能被认定为数据资产权利的价值。

数据资产的更新时间和时效性，通常反映在需要定期更新的数据资产上，一旦更新了数据或者原有数据过了时效，那么被迭代的数据或失效的数据都将失去其价值。

数据资产的权利状况类似于合同有效期限，如果数据资产的权利状况仅允许在一段时间内拥有数据资产的权利，那么数据资产的收益期限仅可采用其权利状况所允许的期间。

相关产品生命周期，是将数据资产置于运用场景来判断收益期限的一种方式。数据资产的价值也将依附于相关产品的收益，随着相关产品的生命周期来确定数据资产的收益期限。当数据资产可运用于多个场景或多个产品时，其收益期限需要根据每个场景或每个产品的生命周期的长短判断。

2. 收益法下收益期限的确定及应用的难点

采用收益法对数据资产评估时，需要综合考量数据资产所涉及的所有期限，分析每项期限的长短、续期的可能性及潜在的限制条件。实操中，除法律法规和合同约定有明确的期限外，需要关注在当今科技飞速发展下，数据资产更新迭代周期加快，导致经济寿命缩短，会出现数据资产的有效期限或数据资产所运用的产品有效期可能比法律法规或合同约定的期限短的情况，这是在数据资产收益法评估下不可忽略的问题。

二、数据资产凭证

（七十四）数据资产凭证对数据资产评估的意义如何？

当前，数据资源作为生产要素推动经济发展还面临着许多问题。最重要的是：一方面，数据资源需要进行具象化（即产品化或场景化）、入表和资产化，即需要明确数据资源权益边界及归属，使得数据资源具备可交易、可流通的基础条件；另一方面，数据资源流通需要建立起有效的机制，保障数据资源来源合法合规、内容真实和安全、数据质量和数据治理达标以及流通可溯源，即需要构建数据资产的流转、管控、追踪、溯源的全套机制，激发数据潜能。

基于此，"以凭证治理数据、以凭证保障合规、以凭证声明权益、以凭证承载资产"的数据资产凭证应运而生。

1. 数据资产凭证的定义

目前，国家有权机关尚未出台数据资产凭证管理办法。基于市场实践，数据资产凭证指数据交易所通过采用区块链的技术，将数据资产的原始取得信息、加工脱敏信息、合规性信息、数据质量评价信息、数据资产持有人对权属的声明信息、数据资产的交易流转等信息记录存档，在数据交易所内，赋予数据资产唯一标识编码的登记凭证，使得数据资产具有唯一身份证明，有助于保障数据资产在确权、交易、授权和维权过程中的可信性和可靠性。如图5-7、图5-8所示。

图5-7 上海数据交易所的 DCB 数据资产凭证

图 5-8 广州数据交易所有限公司的数据资产登记凭证

2. 数据资产凭证的重要性

数据要素与传统生产要素相比具有明显不同的特点，数据要素的本质是通过规律推导而呈现的信息，数据资产是通过加工整理各种不同形式的数字、文字、图像、音视频等数据要素，使得数据资源承载的信息规律化、具象化。

按照我国民法典的定义：物权是权利人依法对特定的物享有直接支配和排他的权利，包括所有权、用益物权和担保物权。所有权指所有权人对自己的不动产或者动产，依法享有占有、使用、收益和处分的权利。基于我国的法律制度体系，所有权是一项资产的最基础权利，是最为重要的物权表现形式，是对财产权的最底层确认，所有权的转移是交易能够发生的前提和交易追求的结果。

数据资产的权属关系数据交易的本质和核心，是构建数据要素市场的基础。由于数据资产本身的特殊性，数据资产的所有权界定极其困难，我国法律界目前对于数据资源的所有权仍存在极大争议，暂时无法从法律层面对数据资源的所有权进行确权，数据资源的所有权问题成为制约数据资源流通的最大障碍。

2022 年 12 月 2 日，《中共中央　国务院关于构建数据基础制度更好发挥数据要素作用的意见》围绕数据权属，创新性地建立数据资源持有权、数据加工使用权和数据产品经营权"三权分置"的数据产权制度框架，旨在淡化所有权、强调使用权，加强数据分类分级管理，针对数据资产建立了专门的权属机制，围绕数据权属，探索建立数据产权制度，推动数据相关权利结构性分置与有序流通，明确数据资源各方的权利与责任，逐步形成中国特色的数据产权制度体系，为数据资产的交易流通奠定基础。

数据资源根源于同源化同质化采集和无成本复制能力的弱排他性，以及较多的规律可推导潜力，使得数据资源具有独特的要素优势，同时使得数据资源呈现复杂多变的情况。而数据资源的资产化是一个依赖于包括市场参与者、交易平台、第三方服务机构、监管部门以及社会公众等多领域多层次分工协作的过程。基于数据资源独有的特点，迫切需要在数据资产的交易流通中寻找一个纽带，实现强证明性，保障交易各方的合法利益。

在国家有权机关暂时未对数据资产进行相应登记确权的大背景下，数据交易所基于区块链技术的数据资产凭证，建立了交易各方的信任机制，实现了数据资产取得、加工及交易流转的可溯性，一定程度上解决了数据资产的权利归属问题，为数据资产的交易流通提供了较高的保障。包括但不限于以下作用：

（1）确定了数据资产的身份标志，在一定程度上能够证明数据资产的权利情况，实现"确权"，避免因数据资产权属而引起的纠纷和法律风险。

（2）能够作为数据资产企业保护其合法权益的辅助文件，在一定程度上防止数据资产被非法获取和使用。

（3）数据资产凭证记录数据资产的流转和使用情况，可以实现数据资产的可追溯管理，及时发现和处理数据资产被非法获取、使用乃至篡改的情况。

（4）数据资产凭证的颁发和管理可以加强监管机构对数据资产的监管力度，规范数据资产的市场秩序，防止数据资产被滥用或非法交易。

3. 数据资产凭证对数据资产评估的意义

资产评估方法包括市场法、收益法和成本法三种基本方法，三种方法分别从市场、收益和成本三个不同路径来衡量资产的价值，使得得出的评估结果在价值内涵上具有极大的差异。基于资产评估行业对于三种资产评估方法对应的评估结论在价值内涵上的差异认识，结合《企业会计准则第39号——公允价值计量》关于公允价值层次的论述，三种方法对于资产价值的判断的适用性顺序，首先是市场法，其次是收益法，最后是成本法。一般认为市场法评估结论是对资产价值最直观和最公允的判断，但数据资产本身具有非标准性和非均质化的特性，且当前数据资产的规范交易处于较为早期阶段，市场交易量极小，不具备大量可靠的交易案例，基本不具备采用市场法评估的基础。

数据资产凭证采用区块链技术，可以实现防篡改，实现信息的唯一真实。同时数据资产凭证涵盖数据资产的原始取得信息、加工脱敏信息、合规性信息、数据质量评价信息、数据资产持有人对权属的声明信息、数据资产的交易流转等信息，在一定范围内赋予数据资产唯一标识，具有唯一身份证明，因此其天然可以作为数据资产市场法评估的最优证明材料和可比案例来源。

数据资产凭证，一方面能够厘清权责、节约专业资源，为资产评估专业程序和专业分析提供高信用度的底稿依据。另一方面，记载的可靠交易信息，基于科学的分类方式和特征标签积累数据资源的交易案例，可以形成大量的、持续观测的交易案例信息，能够更加直观达到持续观察数据资产公允价值的条件，采用市场法对数据资产进行评估，进而形成最优的评估结论。

（七十五）数据资产评估市场法与数据交易所的关系？

1. 市场法的基本含义

市场法，指利用市场上同样或类似资产的近期交易价格，经过直接比较或类比分析以估测资产价值的各种评估技术方法的总称。市场法是根据替代原则，采用比较和类比的思路及其方法判断资产价值的评估技术规程。因为任何一个理性的投资人在购置某项资产时，所愿意支付的价格不会高于市场上具有相同用途的替代品的现行市价。运用市场法要求充分利用类似资产成交价格信息，并以此为基础判断和估测被评估资产的价值。运用已被市场检验了的结论评估被评估对象，显然是容易被资产评估业务各当事人所接受的。因此，市场法是资产评估中最为直接、最具说服力的评估方法之一。

2. 数据资产市场法评估要求

根据《数据资产评估指导意见》的要求，采用市场法对数据资产进行评估时，通常需要考虑以下因素：

（1）考虑该数据资产或者类似数据资产是否存在合法合规的、活跃的公开交易市场，是否存在适当数量的可比案例，考虑市场法的适用性。

（2）根据该数据资产的特点，选择合适的可比案例，例如：选择数据权利类型、数据交易市场及交易方式、数据规模、应用领域、应用区域及剩余年限等相同或者近似的数据资产。

（3）对比该数据资产与可比案例的差异，确定调整系数，并将调整后的结果汇总分析得出被评估数据资产的价值。通常情况下需要考虑质量差异调整、供求差异调整、期日差异调整、容量差异调整以及其他差异调整等。

总之，一个成熟、有序、活跃且具有大量的交易数据和数据资产交易信息的交易市场将对资产评估中市场法评估数据资产有着极大的促进作用。

3. 数据资产评估市场法和数据交易所的关系

数据交易所作为面向全球开展大数据综合交易的机构,构筑了更加繁荣的流通交易生态。数据交易所率先针对数据交易全过程提供一系列制度规范,涵盖各类办法、规范、指引及标准,让数据流通交易有规可循、有章可依,为培育一个成熟、有序、规范、活跃的交易市场搭建了平台。

因此,数据交易所作为连通数据资产评估市场法与交易市场的纽带,将理论与实践充分结合,不仅可以将合理的市场法评估结果作为交易双方的定价依据之一,而且可以将市场的反馈直接运用于数据资产的市场法评估。

(七十六) 对于不同类型的数据产品如何展开评估?

数据产品指对数据资源投入实质性加工或者创新性劳动形成的、可满足内外部用户需求的、可持续提供的以数据为内容的可辨认的服务形态,数据产品是企业实现数据资源资产化的重要途径。需要说明的是,由于评估受多重因素的影响,评估目的、价值类型、评估基准日、评估方法等的不同,都有可能对数据产品的评估造成影响,因此,本题讨论的数据产品的评估仅指数据资产以数据产品为载体的市场价值的评估,本质是自愿买方和自愿卖方在各自理性行事且未受任何强迫的情况下,数据资产以数据产品为载体,在特定评估基准日进行正常、公平交易的估计数额。因此,在对不同类型的数据产品展开评估时,核心是梳理不同数据产品在使用不同评估方法时的关注要点。

数据产品有哪些类型呢?目前理论研究中对于数据产品的类型还没有统一的分类,上海数据交易所研究院收集了 25 家数据交易机构在经营归集或机构说明中披露的数据产品和服务类别,归纳了七大类数据产品:数据集(或称为数据包)、基于 API 的信息服务类产品、基于许可证(license)使用的数据产品、以清洗加工处理为主的数据处理服务、以分析和建模为主的数据应用服务、数据分析工具服务和行业研究报告。欧阳日辉和龚伟认为,数据产品主要包括数据包、数据 API、数据报告和数据服务[1]。

有些研究则根据分类方式的不同进行数据产品的划分,有学者认为按照产品功能可以分为内容类数据产品、处理工具类数据产品和服务类数据产品;有学者将数据产品按照不同的发展形态分为报表型数据产品(静态报表、DashBorad、即席查询)、多维分析型产品(OLAP 等分析型数据产品)、定制服务型数据产品

---

① 欧阳日辉,龚伟.基于价值和市场评价贡献的数据要素定价机制 [EB/OL]. http://view. inews. qq. com.

（根据企业业务需求，提供定制的数据模型、可视化方案等服务）、智能型数据产品（预测型数据产品）、使能型数据产品（通过数据分析与预测，提供指导性建议的产品）；有学者按照不同的受众群体分为企业内部使用的数据产品（自建BI数据分析平台、推荐系统等）、针对公司推出的商业型数据产品（Google Ana-lytics、GrowingIO 等）、每个用户均可使用的数据产品（淘宝指数、应用市场排行榜等）；有学者按照用途分为分析类产品（挖掘数据最大价值，帮助业务/用户进行分析、决策的产品）、策略类产品（通过数据计算，直接更改页面逻辑的产品，例如推荐策略型产品）；等等。

数据产品的分类纷繁复杂，基于上述分类和本题的分析，这里的数据产品按需求特征和服务方式分类，将典型的数据产品分为数据集、数据信息服务和数据应用三大类（见表5-1），就这典型的三类数据产品进行评估要点分析。由于目前数据资产还未形成成熟的市场，在现阶段评估主要讨论成本法和收益法两种评估方法。

表 5-1　数据产品的类别

需求特征＼服务方式	界面类 （查询终端、SaaS 应用）	非界面类 （接口调用、数据库传输等）
非模型化（查询等）	数据应用（功能服务）	数据信息服务
模型化需求（机器学习等）	数据应用（联合建模功能服务）	数据集

资料来源：赵丽芳. 数据资产化路径和入表的探索［R］. 数据资产入表研修班，2023.

1. 数据集

数据集指以数据库的形式提供，以满足客户模型化需求的数据产品，包括原始数据集、数据标签、定制数据集等。通常这类数据产品不针对某一具体的需求方，服务群体相对比较广泛，如某公司将收集到的汽车车载数据出售给数据消费者，并向数据消费者收取固定的会员费和数据包费用。

在使用成本法对数据集类的数据资产进行评估时，应重点关注形成数据集的相关前期费用，如从采集至加工形成数据集过程中源数据成本、数据加工处理成本、数据存储成本等对数据集的成本影响较大的因素。通过对数据集的质量评价，确定合理的价值调整系数。数据质量的评价可以从数据的准确性、一致性、完整性、规范性、时效性、可访问性等多个维度考量，而数据集重点关注前四个指标。

在使用收益法对数据集类的数据资产进行评估时，根据数据集在企业整体价值中的贡献可以优先考虑使用分成收益模型，或者若数据集类的数据资产为企业的核心资产，则可以考虑使用多期超额收益法进行评估。在进行收益法评估数据集时，由于数据集的盈利模式通常是以全量购买或按时长购买（订阅时长）的方式进行定价，定价较为稳定，因此该类产品重点关注数据集的目标市场，基于市场的容量和未来的客户拓展情况进行未来收益预测。相关的成本费用的预测则重点关注数据集的采购、处理成本，营销费用与收入的匹配性等相关因素。

2. 数据信息服务

数据信息服务指以数据资源库为基础，为客户提供满足其特定需求的信息类服务。该类数据产品具有较强的定制性，如银行对公的数字化解决方案（营销获客中心、风险预警中心、行业能力中心、对公存款预测、智能数据工厂）。

在使用成本法对数据信息服务类数据资产进行评估时，在基于数据采集成本上，应重点关注数据的加工处理成本，由于定制化程度较高，需要付出的人工成本相对较高，因此，应重点关注人工成本支出的合理性。在对数据信息服务产品进行质量评价时，应积极与被服务方沟通，了解其对产品质量的评价和满意度。

在使用收益法对数据信息服务类的数据资产进行评估时，根据该类产品的收费方式，通常如按项目计费+按市场计费（年费）的方式，应重点关注产品单价预测的合理性，且因为项目的定制性较高，未来的获客数量通常需要一一核实和确认。在对相关的成本和费用进行预测时，重点关注人工成本、销售费用等与收入口径的匹配性。

3. 数据应用

数据应用指以应用程序的方式，基于统一的用户界面，提供基于数据资源和模型应用的数据产品。通常该类数据产品拥有统一的数据终端，如 Wind 数据库等。

在使用成本法对数据应用类数据资产进行评估时，由于其基于终端呈现数据产品，该类形式的产品通常研发周期较长，其间涉及大量研发投入，且构成相对其他数据产品更为复杂，如何匹配对应仅属于数据应用的成本投入是其中的关注重点。

在使用收益法对数据应用类的数据资产进行评估时，根据该类产品的收费方式，通常为按账号计费，或基于不同的版本收取对应的年费，由于这类收费单价较为稳定，在未来收益预测中应重点关注数据应用终端对应的客户群及其市场容量，该类产品预计可能达到的市场份额与公司营销能力的匹配性。此外，由于该类产品的复杂性，其他相关资产的识别和贡献的确定是其中难点，在数据应用产品中应合理地剥离除数据资产以外的其他资产的贡献。

三、不同行业的资产评估实践

（七十七）对于不同行业的数据产品如何展开评估？

目前，许多行业都产生或使用了大量的数据产品，一些典型的行业如下：

（1）金融业：包括银行、保险公司和投资机构。数据产品用于风险管理、欺诈检测、信用评分、市场分析等。

（2）互联网电商行业：数据产品用于客户行为分析、库存管理、个性化营销、价格优化等。

（3）医疗保健行业：数据产品用于病人护理、药物研发、临床试验分析、疾病预测等。

（4）软件和信息技术服务行业：包括软件公司、云服务提供商、大数据分析公司。数据产品用于产品开发、系统优化、用户行为分析等。

（5）数字媒体行业：数据产品用于观众分析、内容推荐、广告定位、市场趋势分析等。

（6）交通运输行业：数据产品用于路线优化、车队管理、需求预测、货物跟踪等。

（7）公用事业行业：数据产品用于需求预测、资源优化、智能电网管理等。

由于评估受多重因素的影响，评估目的、价值类型、评估基准日、评估方法等的不同，都有可能对数据产品的评估造成影响，因此本题讨论的不同行业的数据产品的评估仅指这些行业的数据资产以数据产品为载体的市场价值的评估。在上述不同类别的行业进行数据资产评估时，基于目前市场法适用条件不成熟，本题仅从使用成本法和收益法两种方法对其相关数据产品进行评估，对需注意的要点进行分析。

1. 金融业

使用成本法对金融业的数据产品进行评估时，应重点关注：

（1）数据收集和处理成本：考虑金融交易数据、客户资料、市场分析数据的收集、处理和维护费用。这包括支付系统、交易处理平台和客户关系管理系统的成本。

（2）技术和基础设施投资：评估建立和维护用于数据存储、分析和安全的基础设施的费用，如高性能计算资源、大数据处理平台、网络安全和数据加密技术。

（3）合规性和风险管理成本：估算确保数据合规（尤其是金融法规）和风险管理的相关费用，包括合规性监测系统和审计费用。

（4）数据安全和隐私保护投入：考虑保护客户数据安全和隐私的相关投入，如防止数据泄露和欺诈行为的技术和人员成本。

使用收益法对金融业的数据产品进行评估时，应重点关注：

（1）风险管理和决策支持：评估数据在提高风险评估准确性、信贷决策和投资策略制定方面的潜在经济价值。

（2）客户服务和个性化产品：考虑数据资产在提升客户服务质量、开发个性化金融产品（如定制化投资组合）方面的价值。

（3）市场分析和竞争优势：评估数据在提供市场洞察、增强竞争力方面的潜在收益，如通过更准确的市场预测和趋势分析。

（4）运营效率和成本节约：考量数据资产在优化内部运营（如自动化交易、改进审计流程）方面的潜在收益。

2. 互联网电商行业

使用成本法对互联网电商行业的数据产品进行评估时，应重点关注：

（1）数据收集和处理成本：包括客户交易数据、在线行为数据、市场调研数据的收集、存储和处理费用。这涉及支付系统、网站分析工具、CRM系统等的成本。

（2）技术和基础设施投资：考虑建立和维护用于数据分析和管理的基础设施的费用，如数据服务器、云服务、数据安全和加密技术。

（3）数据分析和营销工具成本：估算用于数据分析、客户关系管理和个性化营销的软件工具和服务的成本。

（4）合规性和隐私保护成本：考虑确保数据合规（特别是涉及客户隐私数据）的相关费用，包括遵守数据保护法规的投入。

使用收益法对互联网电商行业的数据产品进行评估时，应重点关注：

（1）销售和营销优化：评估数据在提高销售效率、优化营销活动（如目标广告、个性化推荐）方面的潜在经济价值。

（2）客户体验和忠诚度提升：考量数据资产在改善客户体验、提升客户满意度和忠诚度方面的价值，及其对长期收入的影响。

（3）库存和供应链管理：评估数据在优化库存管理、降低库存成本、提高供应链效率方面的潜在收益。

（4）市场洞察和新业务机会：考虑数据资产在识别市场趋势、开发新产品和服务方面的价值，以及对扩展业务和市场份额的贡献。

3. 医疗保健行业

使用成本法对医疗保健行业的数据产品进行评估时，应重点关注：

（1）数据收集和处理成本：评估收集、处理和维护医疗和生命科学数据的成本，包括患者记录、临床试验数据和研究结果。这涉及数据采集设备、信息系统以及相关人员的费用。

（2）技术和基础设施投资：考虑建立和维护用于存储、处理和分析医疗数据的基础设施的成本，如高级计算资源、数据存储解决方案和安全措施。

（3）合规性和隐私保护成本：估算确保数据符合医疗行业规范和数据保护法律的相关费用，包括加密、访问控制和法律咨询费用。

（4）研发支出：评估为开发和维护医疗数据系统（如电子健康记录、临床决策支持系统）而进行的研究与开发投入。

使用收益法对医疗保健行业的数据产品进行评估时，应重点关注：

（1）临床决策和患者护理优化：评估数据在提高临床决策质量、改善患者护理效果方面的潜在经济价值，如通过个性化医疗和疾病预测。

（2）药物开发和研究加速：考量数据资产在加速新药开发、提高临床试验效率方面的价值，及其对减少研发成本和缩短上市时间的影响。

（3）运营效率提升：评估数据在提高医疗机构运营效率、降低成本（例如，通过优化资源分配和减少误诊率）方面的潜在收益。

（4）市场竞争力和服务扩展：考虑数据资产在提升机构竞争力、开拓新服务（如远程医疗、健康咨询）方面的潜在收益。

4. 软件和信息技术服务行业

使用成本法对软件和信息技术服务行业的数据产品进行评估时，应重点关注：

（1）研发和技术投入成本：评估开发和维护数据相关产品和服务的研发费用，包括软件开发、数据处理算法和用户界面设计。

（2）基础设施建设成本：考虑建立和维护数据存储、处理和分析所需的基础设施投资，如数据中心、云计算资源和网络安全系统。

（3）数据获取和维护成本：估算收集、验证和维护数据（如用户数据、市场数据）的成本，包括采购外部数据源和内部数据管理的开销。

使用收益法对软件和信息技术服务行业的数据产品进行评估时，应重点关注：

（1）产品和服务创新：评估数据资产在推动新产品和服务创新（如人工智能应用、云服务）方面的潜在经济价值。

（2）用户体验优化：考量数据在改善用户体验、提高客户满意度和增强用户黏性方面的作用，以及这如何转化为收入增长。

（3）运营效率提升：评估数据在提高内部运营效率、降低成本（例如，通过自动化和优化工作流程）方面的潜在收益。

（4）市场竞争力增强：考虑数据资产在提升公司竞争力、开拓新市场和客户群体方面的潜在收益。

5. 数字媒体行业

使用成本法对数字媒体行业的数据产品进行评估时，应重点关注：

（1）内容收集和生产成本：评估用于收集、生产和处理内容（如新闻、电影、音乐）的成本，包括版权购买、内容创作和编辑工作。

（2）技术和基础设施投资：考量用于存储和管理媒体内容的技术设施投资，如数据服务器、云存储解决方案和数据管理系统。

（3）数据分析和用户研究成本：估算用于分析观众行为和市场趋势的工具和研究的成本，以及为个性化内容推荐系统等进行的技术开发费用。

使用收益法对数字媒体行业的数据产品进行评估时，应重点关注：

（1）广告和订阅收入：评估数据分析能力在提高广告定位精准度、增加广告收入和提升订阅服务吸引力方面的潜在价值。

（2）内容策略优化：考量数据在指导内容创作和发布策略（如确定最佳发布时间、目标观众）以提高观众参与度和内容消费方面的价值。

（3）市场扩展和新业务机会：评估数据资产在开拓新市场、创造新业务机会（如个性化内容服务、跨媒体内容推广）方面的潜在收益。

（4）品牌价值和客户忠诚度：考虑数据在建立品牌认知度、提高观众满意度和忠诚度方面的长期收益。

6. 交通运输行业

使用成本法对交通运输行业的数据产品进行评估时，应重点关注：

（1）数据收集和维护成本：考虑收集、整理和维护物流数据（如货物追踪、运输路线、客户信息）所产生的成本。这包括采集设备（如 GPS 系统）和技术人员的成本。

（2）系统开发和升级费用：评估开发和维护用于处理和分析物流数据的软件系统的费用，包括任何必要的技术升级以适应新的数据处理需求。

（3）数据存储和安全成本：估算数据安全存储所需的硬件和软件费用，以及保护数据免受未授权访问或损坏的安全措施的成本。

（4）合规成本：考虑满足行业规定和数据保护法规的相关成本，特别是涉及客户数据和跨境运输信息。

使用收益法对交通运输行业的数据产品进行评估时，应重点关注：

（1）运营效率提升：评估数据在优化运输路线、提高装载效率、减少运输时间和成本方面的潜在价值。

（2）客户服务改善：考虑数据资产在提高客户满意度（如通过改进货物追踪系统）方面的价值，以及这如何转化为长期客户忠诚度和收入增长。

（3）决策支持：评估数据在帮助管理层做出更有效的物流和运输决策（如市场需求预测、车队管理策略）中的作用。

（4）风险管理：考虑数据在减少运输过程中的风险（如迟到、货物损坏、供应链中断）方面的贡献，以及这对避免损失的潜在经济影响。

7. 公用事业行业

使用成本法对公用事业行业的数据产品进行评估时，应重点关注：

（1）数据收集和处理成本：评估收集、处理和维护能源数据（例如，消费数据、发电量、分布网络信息）的成本。包括传感器、智能计量设备和相关硬件的投入。

（2）系统开发和升级费用：考虑开发和维护用于分析和管理能源数据的软件系统的成本，包括数据分析工具和智能电网管理系统的开发。

（3）数据存储和安全成本：估算安全存储大量能源数据所需的硬件和软件费用，以及保护数据安全和隐私的成本。

使用收益法对公用事业行业的数据产品进行评估时，应重点关注：

（1）运营效率和成本节约：评估数据在提高能源分配效率、降低运营成本（如通过预测维护和优化资源分配）方面的潜在经济效益。

（2）需求响应管理：考量数据资产在管理需求响应、平衡供需关系方面的价值，以及其对减少浪费和提高用户满意度的贡献。

（3）新服务和业务模式创新：评估数据在支持新服务开发（如智能家居服

务、能源咨询）和业务模式创新上的潜在价值。

（4）环境影响和可持续性：评估数据在环境保护和可持续发展策略中的作用。

上述仅为部分典型行业的数据产品在使用成本法和收益法评估时的一些关注要点，随着数据要素市场的不断完善，不同行业的数据资产评估也将会出现更多的典型案例，为更好地指导数据资产评估提供支持。

（七十八）金融服务业的数据产品如何评估？

使用成本法对金融服务业的数据产品进行评估时，应重点关注：

（1）数据收集和处理成本：考虑金融交易数据、客户资料、市场分析数据的收集、处理和维护费用。这包括支付系统、交易处理平台和客户关系管理系统的成本。

（2）技术和基础设施投资：评估建立和维护用于数据存储、分析和安全的基础设施的费用，如高性能计算资源、大数据处理平台、网络安全和数据加密技术。

（3）合规性和风险管理成本：估算确保数据合规（尤其是金融法规）和风险管理的相关费用，包括合规性监测系统和审计费用。

（4）数据安全和隐私保护投入：考虑保护客户数据安全和隐私的相关投入，如防止数据泄露和欺诈行为的技术和人员成本。

使用收益法对金融服务业的数据产品进行评估时，应重点关注：

（1）风险管理和决策支持：评估数据在提高风险评估准确性、信贷决策和投资策略制定方面的潜在经济价值。

（2）客户服务和个性化产品：考虑数据资产在提升客户服务质量、开发个性化金融产品（如定制化投资组合）方面的价值。

（3）市场分析和竞争优势：评估数据在提供市场洞察、增强竞争力方面的潜在收益，如通过更准确的市场预测和趋势分析。

（4）运营效率和成本节约：考量数据资产在优化内部运营（如自动化交易、改进审计流程）方面的潜在收益。

（七十九）零售和电子商务行业的数据产品如何评估？

使用成本法对零售和电子商务行业的数据产品进行评估时，应重点关注：

（1）数据收集和处理成本：包括客户交易数据、在线行为数据、市场调研数据的收集、存储和处理费用。这涉及支付系统、网站分析工具、CRM 系统等的成本。

（2）技术和基础设施投资：考虑建立和维护用于数据分析和管理的基础设施的费用，如数据服务器、云服务、数据安全和加密技术。

（3）数据分析和营销工具成本：估算用于数据分析、客户关系管理和个性化营销的软件工具和服务的成本。

（4）合规性和隐私保护成本：考虑确保数据合规（特别是涉及客户隐私数据）的相关费用，包括遵守数据保护法规的投入。

使用收益法对零售和电子商务行业的数据产品进行评估时，应重点关注：

（1）销售和营销优化：评估数据在提高销售效率、优化营销活动（如目标广告、个性化推荐）方面的潜在经济价值。

（2）客户体验和忠诚度提升：考量数据资产在改善客户体验、提升客户满意度和忠诚度方面的价值，及其对长期收入的影响。

（3）库存和供应链管理：评估数据在优化库存管理、降低库存成本、提高供应链效率方面的潜在收益。

（4）市场洞察和新业务机会：考虑数据资产在识别市场趋势、开发新产品和服务方面的价值，以及对扩展业务和市场份额的贡献。

（八十）健康保健和生命科学行业的数据产品如何评估？

使用成本法对健康保健和生命科学行业的数据产品进行评估时，应重点关注：

（1）数据收集和处理成本：评估收集、处理和维护医疗和生命科学数据的成本，包括患者记录、临床试验数据和研究结果。这涉及数据采集设备、信息系统以及相关人员的费用。

（2）技术和基础设施投资：考虑建立和维护用于存储、处理和分析医疗数据的基础设施的成本，如高级计算资源、数据存储解决方案和安全措施。

（3）合规性和隐私保护成本：估算确保数据符合医疗行业规范和数据保护法律的相关费用，包括加密、访问控制和法律咨询费用。

（4）研发支出：评估为开发和维护医疗数据系统（如电子健康记录、临床决策支持系统）而进行的研究与开发投入。

使用收益法对健康保健和生命科学行业的数据产品进行评估时，应重点关注：

（1）临床决策和患者护理优化：评估数据在提高临床决策质量、改善患者护理效果方面的潜在经济价值，如通过个性化医疗和疾病预测。

（2）药物开发和研究加速：考量数据资产在加速新药开发、提高临床试验效率方面的价值，及其对减少研发成本和缩短上市时间的影响。

（3）运营效率提升：评估数据在提高医疗机构运营效率、降低成本（例如，通过优化资源分配和减少误诊率）方面的潜在收益。

（4）市场竞争力和服务扩展：考虑数据资产在提升机构竞争力、开拓新服务（如远程医疗、健康咨询）方面的潜在收益。

（八十一）技术和信息服务行业的数据产品如何评估？

使用成本法对技术和信息服务行业的数据产品进行评估时，应重点关注：

（1）研发和技术投入成本：评估开发和维护数据相关产品和服务的研发费用，包括软件开发、数据处理算法和用户界面设计。

（2）基础设施建设成本：考虑建立和维护数据存储、处理和分析所需的基础设施投资，如数据中心、云计算资源和网络安全系统。

（3）数据获取和维护成本：估算收集、验证和维护数据（如用户数据、市场数据）的成本，包括采购外部数据源和内部数据管理的开销。

使用收益法对技术和信息服务行业的数据产品进行评估时，应重点关注：

（1）产品和服务创新：评估数据资产在推动新产品和服务创新（如人工智能应用、云服务）方面的潜在经济价值。

（2）用户体验优化：考量数据在改善用户体验、提高客户满意度和增强用户黏性方面的作用，以及这如何转化为收入增长。

（3）运营效率提升：评估数据在提高内部运营效率、降低成本（例如，通过自动化和优化工作流程）方面的潜在收益。

（4）市场竞争力增强：考虑数据资产在提升公司竞争力、开拓新市场和客户群体方面的潜在收益。

（八十二）传媒和娱乐行业的数据产品如何评估？

使用成本法对传媒和娱乐行业的数据产品进行评估时，应重点关注：

（1）内容收集和生产成本：评估用于收集、生产和处理内容（如新闻、电影、音乐）的成本，包括版权购买、内容创作和编辑工作。

（2）技术和基础设施投资：考量用于存储和管理媒体内容的技术设施投资，

如数据服务器、云存储解决方案和数据管理系统。

（3）数据分析和用户研究成本：估算用于分析观众行为和市场趋势的工具和研究的成本，以及为个性化内容推荐系统等进行的技术开发费用。

使用收益法对传媒和娱乐行业的数据产品进行评估时，应重点关注：

（1）广告和订阅收入：评估数据分析能力在提高广告定位精准度、增加广告收入和提升订阅服务吸引力方面的潜在价值。

（2）内容策略优化：考量数据在指导内容创作和发布策略（如确定最佳发布时间、目标观众）以提高观众参与度和内容消费方面的价值。

（3）市场扩展和新业务机会：评估数据资产在开拓新市场、创造新业务机会（如个性化内容服务、跨媒体内容推广）方面的潜在收益。

（4）品牌价值和客户忠诚度：考虑数据在建立品牌认知度、提高观众满意度和忠诚度方面的长期收益。

（八十三）运输和物流行业的数据产品如何评估？

使用成本法对运输和物流行业的数据产品进行评估时，应重点关注：

（1）数据收集和维护成本：考虑收集、整理和维护物流数据（如货物追踪、运输路线、客户信息）所产生的成本。这包括采集设备（如 GPS 系统）和技术人员的成本。

（2）系统开发和升级费用：评估开发和维护用于处理和分析物流数据的软件系统的费用，包括任何必要的技术升级以适应新的数据处理需求。

（3）数据存储和安全成本：估算数据安全存储所需的硬件和软件费用，以及保护数据免受未授权访问或损坏的安全措施的成本。

（4）合规成本：考虑满足行业规定和数据保护法规的相关成本，特别是涉及客户数据和跨境运输信息。

使用收益法对运输和物流行业的数据产品进行评估时，应重点关注：

（1）运营效率提升：评估数据在优化运输路线、提高装载效率、减少运输时间和成本方面的潜在价值。

（2）客户服务改善：考虑数据资产在提高客户满意度（如通过改进货物追踪系统）方面的价值，以及这如何转化为长期客户忠诚度和收入增长。

（3）决策支持：评估数据在帮助管理层做出更有效的物流和运输决策（如市场需求预测、车队管理策略）中的作用。

（4）风险管理：考虑数据在减少运输过程中的风险（如迟到、货物损坏、供应链中断）方面的贡献，以及这对避免损失的潜在经济影响。

（八十四）能源和公用事业行业的数据产品如何评估？

使用成本法对能源和公用事业行业的数据产品进行评估时，应重点关注：

（1）数据收集和处理成本：评估收集、处理和维护能源数据（例如，消费数据、发电量、分布网络信息）的成本。包括传感器、智能计量设备和相关硬件的投入。

（2）系统开发和升级费用：考虑开发和维护用于分析和管理能源数据的软件系统的成本，包括数据分析工具和智能电网管理系统的开发。

（3）数据存储和安全成本：估算安全存储大量能源数据所需的硬件和软件费用，以及保护数据安全和隐私的成本。

使用收益法对能源和公用事业行业的数据产品进行评估时，应重点关注：

（1）运营效率和成本节约：评估数据在提高能源分配效率、降低运营成本（如通过预测维护和优化资源分配）方面的潜在经济效益。

（2）需求响应管理：考量数据资产在管理需求响应、平衡供需关系方面的价值，以及其对减少浪费和提高用户满意度的贡献。

（3）新服务和业务模式创新：评估数据在支持新服务开发（如智能家居服务、能源咨询）和业务模式创新上的潜在价值。

（4）环境影响和可持续性：评估数据在环境保护和可持续发展策略中的作用。

上述仅为部分典型行业的数据产品在使用成本法和收益法评估时的一些关注要点，随着数据要素市场的不断完善，不同行业的数据资产评估也将会出现更多的典型案例，为更好地指导数据资产评估提供支持。

四、数据资产评估的挑战

（八十五）企业内部使用的数据产品如何评估？

数据产品是数据要素市场化流通的主要形式，也是数据价格的标的物。当数据产品处于流转或交易状态时，相关对价往往会通过买卖双方以及交易市场的动态博弈产生。而对于企业自用的数据产品，其价值界定以及评估逻辑则更为复杂。

1. 企业自用数据产品来源

数据产品是数据开发者利用数据加工权对大数据进行收集加工形成的，数据的开发行为需要数据开发者投入算法开发、人力资源与资金方面的支持。数据开发者通过技术手段，对数据集合进行深度挖掘、排列整合，对含有人格权色彩的个人信息数据进行脱敏化处理，最终创造出具备价值性的数据产品。

评估企业内部使用的数据产品首先需要确定相关数据产品的形成方式或者来源。对于外购的数据产品，如 Wind、同花顺等第三方数据服务产品，由于相关产品处于充分流转或交易状态，其在市场上一般有较为公允的市场定价。因此，其市场价值往往会采用市场询价的形式。而如若为企业内部形成的数据产品，或者是企业外部购买后进一步加工整合完成的数据产品，由于其并未在市场上充分流转或交易，相关产品的价值则需要进一步结合评估目的、应用场景、权利性质以及价值类型综合判断。

2. 权利性质与价值类型

在确定企业自用数据产品来源及评估目的后，接下来需要确定相关产品的权利性质以及与评估目的对应的价值类型。对于企业自用的数据产品，其价值类型一般分为市场价值以及在用价值两种。根据《资产评估价值类型指导意见》的定义，"市场价值指自愿买方和自愿卖方在各自理性行事且未受任何强迫的情况下，评估对象在评估基准日进行正常公平交易的价值估计数额"，其内涵类似于交易市场上的市场定价；"在用价值是指将评估对象作为企业、资产组组成部分或者要素资产按其正在使用方式和程度及其对所属企业、资产组的贡献的价值估计数额"，其内涵类似于相关数据产品给标的企业所带来的贡献。两者间的差异在于，市场价值下一般反映的是市场客观平均水平下的产品价值，其评估定价会受到当下数据市场中相关产品接受度的影响；而在用价值仅聚焦在用企业本身，其价值完全取决于相关产品给企业所带来的贡献。

对于数据产品的权利性质，《数据资产评估指导意见》指出："执行数据资产评估业务，应根据数据来源和数据生成特征，关注数据资源持有权、数据加工使用权、数据产品经营权等数据产权，并根据评估目的、权利证明材料等，确定评估对象的权利类型。"外购后未经进一步加工的数据产品对企业而言往往仅为使用权，仅能供企业内部自用；企业内部形成的数据产品，或者是企业外部购买后进一步加工整合完成的数据产品对企业而言往往具有经营权，其除自用之外还可以考虑授权第三方使用、转让等一系列或有权利。两者权利范围的不同亦会对相关数据产品的价值产生影响。

3. 评估方法浅析

与大多数数据产品评估一样，企业内部使用的数据产品在确定评估目的、应用场景、权利性质以及价值类型等相关评估要素后即可确定相应的评估方法。

对于外购直接内部使用的数据产品，如 Wind、同花顺等第三方数据服务产品，其权利性质往往是使用权。因此，在市场价值计量的背景下其价值往往会采用市场询价的形式；当相关产品无法获得可靠的询价或者交易不够充分时，则会采用成本法进行评估，在确定重置成本的同时根据产品特点考虑一定的数据资产价值调整系数。

当评估这类资产的在用价值时，会采用收益法，根据产品性质及应用场景，选用分成收益预测、超额收益预测、增量收益预测或直接收益预测等不同的预测模式。

对于企业内部形成的数据产品，或者是企业外部购买后进一步加工整合完成的数据产品，如智能汽车企业的地图数据、客户脱敏数据等，在确定需要评估的权利性质后在市场价值计量的背景下往往需要模拟其在交易市场的价值，且相关产品的应用场景与企业内部实际使用场景并非直接相关，而是取决于其最高最佳使用原则。在此情形下，收益法、成本法和市场法三种基本方法及其衍生方法都可能适用于相关产品的价值评估，如何选取需根据产品特性及评估要素等综合确定。

总而言之，与一般数据产品的评估相同，市场价值下的企业内部使用的数据产品评估需根据数据产品的性质与特性、评估目的、应用场景、权利性质等综合判断其在客观市场环境下的价值；而在用价值下的企业内部使用的数据产品评估，则取决于当前状态下企业对其使用的情况以及其对企业的贡献。

（八十六）数据资产评估方法如何选择？

数据资产评估中，选用的评估方法首先需要满足该评估方法的使用前提。参考国家标准《信息技术　大数据　数据资产价值评估（征求意见稿）》，成本法、收益法和市场法的使用前提如表5-2所示。

表5-2 数据资产评估方法的选择

评估方法	使用前提
成本法	①数据资产能正常使用或者在用 ②数据资产能通过重置途径获得 ③数据资产的重置成本以及相关价值调整系数能够合理估算 ④数据质量能够达到应用场景下所要求的基准
收益法	①数据资产的未来收益可以合理预期并用货币计量 ②预期收益所对应的风险能够度量 ③预期收益期限能够确定或合理预期 ④数据质量能够达到应用场景下所要求的基准
市场法	①数据资产的可比参照物具有公开活跃的市场 ②有关交易的必要信息可以获得，如交易价格、交易时间和交易条件等 ③数据资产与可比参照物在交易市场、数量、价值影响因素、交易时间和交易类型等方面具有可比性，且这些可比方面可量化 ④存在足够数量的可比参照物，通常建议不少于三个 ⑤数据质量能够达到应用场景下所要求的基准

对于满足使用前提的评估方法，还需进一步分析其适用性。根据《数据资产评估指导意见》，"执行数据资产评估业务，资产评估专业人员应当根据评估目的、评估对象、价值类型、资料收集情况，分析上述三种基本方法的适用性，选择评估方法"。对上述考虑因素的具体分析如下：

1. 评估目的

数据资产评估涉及的评估目的类型主要包括转让、许可使用、出资、质押融资、诉讼、司法执行财产处置、财务报告等。

转让目的评估中，收益法、成本法、市场法评估均可采用。

许可使用目的评估中，通常采用市场法确定许可费率。

出资目的评估中，用于出资的数据资产通常有较强的收益贡献能力，通常采用收益法评估。

质押融资目的评估中，金融机构较为看重质押物的可变现价值，首选采用市场法评估；若不具备开展市场法评估的条件，由于出质人数据资产通常盈利能力较好，也可采用收益法进行评估。

诉讼目的评估中，数据资产产权持有人通常为被侵权人，配合提供数据资产未来收益预测，且通过收益能较好地刻画侵权行为带来的损失，故评估方法首选收益法。而市场法和成本法一般难以反映侵权行为对数据资产价值的直接影响，此类评估中一般不适合采用。

司法执行财产处置目的评估中，由于数据资产即将被处置，未来利用规划通常尚不明确，通常难以采用收益法评估，仅可采用市场法或成本法评估。

财务报告目的评估中，根据财政部《企业数据资源相关会计处理暂行规定》（财会〔2023〕11号），企业可资产化的数据资源可根据具体情况确认为无形资产或存货。数据资产为无形资产性质情形下，根据《企业会计准则第8号——资产减值》，减值测试评估中数据资产应采用公允价值减去处置费用后的净额与资产预计未来现金流量的现值两者之间较高者确定可收回金额；根据《〈企业会计准则第20号——企业合并〉应用指南》和《企业会计准则第39号——公允价值计量》合并对价分摊评估中数据资产可采用成本法、收益法或市场法评估。数据资产为存货性质情形下，根据《企业会计准则第1号——存货》，资产负债表日存货可变现净值的评估方法为估计售价减去至完工时估计将要发生的成本、估计的销售费用以及相关税费；根据《〈企业会计准则第20号——企业合并〉应用指南》，合并对价分摊中存货的评估方法如下：产成品和商品按其估计售价减去估计的销售费用、相关税费以及购买方出售类似产成品或商品估计可能实现的利润确定；在产品按完工产品的估计售价减去至完工时仍将发生的成本、估计的销售费用、相关税费以及基于同类或类似产成品的基础上估计出售可能实现的利润确定；原材料按现行重置成本确定。

2. 评估对象

根据2022年12月2日发布的《中共中央　国务院关于构建数据基础制度更好发挥数据要素作用的意见》，数据资产的权利类别包括数据资源持有权、数据加工使用权、数据产品经营权。

若评估对象为数据资源持有权，收益法、成本法、市场法均可采用；若评估对象为数据加工使用权、数据产品经营权，通常首选收益法。

3. 价值类型

非财务报告目的评估中，价值类型若为市场价值，收益法、成本法、市场法均可采用；若为投资价值，通常采用收益法；若为质押价值，通常采用市场法或收益法；若为清算价值，通常采用市场法或成本法。

财务报告目的评估中，价值类型若为公允价值，收益法、成本法、市场法均可采用；若为预计未来现金流量现值，仅可采用收益法；若为可收回金额，评估方法为看公允价值减处置费用与预计未来现金流量现值孰高。

4. 资料收集情况

若采用成本法评估，需要至少收集到数据资产的成本信息，以及计算价值调整系数的相关数据；若采用收益法评估，需要至少收集到数据资产未来收益预测信息，以及计算折现率的相关数据；若采用市场法评估，需要至少收集到可比数据资产交易案例信息。

总体而言，由于无形资产的成本与价值往往具有弱对应性，成本法通常不是数据资产评估的首选方法，但可作为不具备采用收益法和市场法条件情况下的备选方法；收益法通常是数据资产评估的首选方法，但并非所有数据资产的未来收益都能可靠预测；市场法是理论上最能反映现实市场价格的方法，但数据资产的个体差异大且可比交易案例收集存在一定难度，实际操作中很少采用。

对于数据资产不同经济行为的场景，资产评估机构应该根据实际情况选择不同的评估方法。数据资产评估涉及的经济行为类型主要包括转让、许可使用、出资、质押融资、企业清算、司法诉讼、司法执行财产处置、财务报告、资产证券化。以下对不同经济行为类型下数据资产评估方法的选择进行具体分析。

（1）转让。数据资产转让指转让数据资产的数据资源持有权、数据加工使用权或数据产品经营权等权利。以下以卖方视角和买方视角分别探讨数据资产转让中评估方法的选择。

1）卖方视角。卖方即转让数据资产，转让后数据资产在新的企业利用方式和产生收益的模式均会发生变化，通常难以预测转让后数据资产未来的收益，故从卖方角度采用收益法评估可能存在一定困难。而卖方掌握数据资产的成本信息，因此可采用成本法评估，作为转让价格的下限参考。若卖方认为其数据资产盈利能力较强，实际价值远高于成本法评估值，也可在假设数据资产不转让情况下编制未来收益预测并采用收益法得出评估值，作为转让价格的参考。

2）买方视角。买方收购数据资产主要着眼于数据资产能为企业未来收益产生贡献，并且在进行收购决策时已对拟收购的数据资产未来利用方式和收益模式有明确规划，因此从买方角度首选采用收益法评估。另外，若市场中存在类似数据资产的交易案例信息，也可同时采用市场法评估作为价格参考。最后，由于买方并不掌握数据资产的成本信息明细，一般不采用成本法评估。

（2）许可使用。企业可通过普通许可、独占许可、排他许可等方式将数据资产许可其他单位使用，此时可通过评估确定许可费率。许可费率可参考类似数据资产许可案例中的许可费率分析调整确定。

（3）出资。《中华人民共和国公司法》第二十七条规定，"股东可以用货币出资，也可以用实物、知识产权、土地使用权等可以用货币估价并可以依法转让的非货币财产作价出资；但是，法律、行政法规规定不得作为出资的财产除外。对作为出资的非货币财产应当评估作价，核实财产，不得高估或者低估作价。法律、行政法规对评估作价有规定的，从其规定"。股东若采用数据知识产权作价出资，需进行资产评估。

采用数据资产出资的意义主要在于，数据资产能为企业的未来收益产生贡献，出资人通常也会对数据资产出资到新公司后的利用方式有明确规划，因此作价出资情况下数据资产评估方法首选收益法。若数据资产未来收益难以合理预测，也可考虑采用市场法或成本法。

（4）质押融资。在我国，数据知识产权可以用于质押。《中华人民共和国民法典》第四百四十条规定，"债务人或者第三人有权处分的下列权利可以出质……（五）可以转让的注册商标专用权、专利权、著作权等知识产权中的财产权……"。

数据知识产权的价值通常难以直接从市场取得，金融机构等质权人通常会要求对数据资产质押物价值进行评估。《关于加强知识产权评估管理工作若干问题的通知》（财企〔2006〕109号）第一条规定，"知识产权占有单位符合下列情形之一的，应当进行资产评估……（二）以知识产权质押，市场没有参照价格，质权人要求评估的……"。

由于质权人对于质押物最看重的是其可变现价值，而市场法采用数据资产实际的市场交易案例（或挂牌价）进行计算，能较好地反映数据资产的可变现价值，因此在可收集到数据资产交易案例的前提下，首选市场法作为数据知识产权质押物的评估方法。

若不具备开展市场法评估条件，由于出质人通常可提供数据知识产权未来的收益预测，也可对数据知识产权采用收益法进行评估，计算数据知识产权未来收益可支撑的价值，近似作为可变现价值。

对于一些盈利能力一般甚至较差的数据知识产权，其成本可能会超过实际可变现价值，因此数据资产质押融资评估中应慎用成本法。

（5）企业清算。企业清算指企业按章程规定解散以及由于破产或其他原因宣布终止经营后，对企业的财产、债权、债务进行全面清查，并进行收取债权，清偿债务和分配剩余财产的经济活动。

企业清算情形下，数据资产不再被企业使用，数据资产未来的归属、利用方式和经营规划通常尚不明确，通常难以编制数据资产未来的收益预测，采用收益法评估存在较大障碍。企业清算中数据资产将被处置变现，而市场法采用数据资产实际的市场交易案例（或挂牌价）进行计算，能较好地反映数据资产的变现价值，因此在能够收集到数据资产交易案例的前提下，企业清算情形下数据资产的评估方法首选市场法。若不具备采用市场法评估的条件，由于清算组或破产管理人可掌握企业的财务资料，也可采用成本法进行数据资产评估，此时需关注企业清算对数据资产功能性贬值和经济性贬值的影响。

（6）司法诉讼。司法诉讼的数据资产侵权损害赔偿案件中涉及数据资产价值损失的，可通过数据资产评估确定侵权损失金额。此类案件中数据资产评估可分为人民法院委托和当事人委托两种情形。

人民法院委托评估情形：根据《人民法院委托评估工作规范》（法办〔2018〕273 号）第九条，具有下列情形之一，人民法院应当委托评估机构进行评估：（一）涉及国有资产或者公共利益等事项的；（二）企业国有资产法、公司法、合伙企业法、证券法、拍卖法、公路法等法律、行政法规规定必须委托评估的；（三）双方当事人要求委托评估的；（四）司法网络询价平台不能或者在期限内均未出具网络询价结果的；（五）法律、法规有明确规定的。人民法院委托评估中，数据资产评估通常直接用于确定赔偿金额。

当事人委托情形：数据资产评估通常作为当事人提供的证据之一用于佐证产生了数据资产侵权损失或证明数据资产拥有较高价值，但一般不会被法院直接用于确定赔偿金额。

由于此类评估中数据资产产权持有人通常为被侵权人，配合提供数据资产未来收益预测，且通过收益能较好地刻画侵权行为带来的损失，故评估方法首选收益法。而市场法和成本法一般难以反映侵权行为对数据资产价值的直接影响，此类评估中一般不适合采用。

（7）司法执行财产处置。人民法院对需要拍卖、变卖的财产确定财产处置参考价时，标的可能涉及数据资产。根据《最高人民法院关于人民法院确定财产处置参考价若干问题的规定》（法释〔2018〕15 号），人民法院查封、扣押、冻结财产后，对需要拍卖、变卖的财产，应当在三十日内启动确定财产处置参考价程序。人民法院确定财产处置参考价，可以采取当事人议价、定向询价、网络询价、委托评估等方式。双方当事人议价无法达成一致，且定向询价不能或者不成，全部司法网络询价平台均未在期限内出具或者补正网络询价报告，且未按照规定申请延长期限的，人民法院应当委托评估机构进行评估。数据资产处置案件中，双方当事人议价通常难以达成一致，且数据资产通常难以定向询价或网络询价，需要借助评估确定处置参考价。

由于数据资产即将被处置，未来利用规划通常尚不明确，难以取得数据资产未来的收益预测并采用收益法评估。而市场法采用数据资产市场交易案例计算，能较好地反映数据资产的变现价值，因此在能够收集到数据资产交易案例的前提下，首选市场法进行数据资产评估。若不具备采用市场法评估的条件，由于产权持有人可提供企业的财务资料，也可采用成本法评估。

（8）财务报告。根据财政部《企业数据资源相关会计处理暂行规定》（财会〔2023〕11 号），企业使用的数据资源，符合《企业会计准则第 6 号——无形资产》规定的定义和确认条件的，应当确认为无形资产；企业日常活动中持有、最终目的用于出售的数据资源，符合《企业会计准则第 1 号——存货》（财会〔2006〕3 号，以下简称《存货准则》）规定的定义和确认条件的，应当确认为存货。以下分别讨论无形资产性质和存货性质数据资产在财务报告目的下的评估方法选择。

1）数据资产为无形资产性质的情形。数据资产为无形资产性质情形下，财务报告目的评估主要涉及减值测试评估、非同一控制下企业合并时合并对价分摊评估。

根据《企业会计准则第 8 号——资产减值》要求，若作为寿命不确定的无形资产，应每年进行减值测试；若作为寿命有限的无形资产，应在出现减值迹象的资产负债表日进行减值测试。减值测试时需要借助数据资产价值评估确定数据资产的可收回金额。

根据《企业会计准则第 8 号——资产减值》，可收回金额应当根据资产的公允价值减去处置费用后的净额与资产预计未来现金流量的现值两者之间较高者确定。资产的公允价值减去处置费用后的净额，应当根据公平交易中销售协议价格减去可直接归属于该资产处置费用的金额确定；不存在销售协议但存在资产活跃市场的，应当按照该资产的市场价格减去处置费用后的金额确定。资产的市场价格通常应当根据资产的买方出价确定；在不存在销售协议和资产活跃市场的情况下，应当以可获取的最佳信息为基础，估计资产的公允价值减去处置费用后的净额，估值技术根据《企业会计准则第 39 号——公允价值计量》，可采用成本法、收益法或市场法。预计未来现金流量现值根据其定义仅可采用收益法评估。

另外，根据《企业会计准则第 20 号——企业合并》，非同一控制下的企业合并中，购买方在购买日应当对合并成本进行分配，确认所取得的被购买方各项可辨认资产、负债及或有负债。根据《企业会计准则解释第 5 号》，非同一控制下的企业合并中，购买方在对企业合并中取得的被购买方资产进行初始确认时，应当对被购买方拥有的但在其财务报表中未确认的无形资产进行充分辨认和合理判断，满足以下条件之一的，应确认为无形资产：（一）源于合同性权利或其他法定权利；（二）能够从被购买方中分离或者划分出来，并能单独或与相关合同、资产和负债一起，用于出售、转移、授予许可、租赁或交换。数据资产属于可辨认的无形资产，企业合并中若被购买方的可辨认资产中含有数据资产，需要对数据资产进行评估，并在购买方合并报表中确认为无形资产。

根据《〈企业会计准则第 20 号——企业合并〉应用指南》，企业合并中取得的无形资产的公允价值确定方法如下：存在活跃市场的，应以购买日的市场价格为基础确定其公允价值；不存在活跃市场，但同类或类似资产存在活跃市场的，应参照同类或类似资产的市场价格确定其公允价值；同类或类似资产也不存在活跃市场的，应采用估值技术确定其公允价值。其中估值技术根据《企业会计准则第 39 号——公允价值计量》，可采用成本法、收益法或市场法确定。

2）数据资产为存货性质的情形。数据资产为无形资产性质情形下，财务报告目的评估主要涉及会计期末可变现净值评估、非同一控制下企业合并时合并对价分摊评估。

根据《企业会计准则第 1 号——存货》，资产负债表日，存货应当按照成本与可变现净值孰低计量。可变现净值的评估方法为：在日常活动中，存货的估计售价减去至完工时估计将要发生的成本、估计的销售费用以及相关税费。

另外，根据《企业会计准则第 20 号——企业合并》，非同一控制下的企业合并中，购买方在购买日应当对合并成本进行分配，确认所取得的被购买方各项可辨认资产、负债及或有负债。根据《〈企业会计准则第 20 号——企业合并〉应用指南》，企业合并中取得的存货的公允价值确定方法如下：对其中的产成品和商品按其估计售价减去估计的销售费用、相关税费以及购买方出售类似产成品或商品估计可能实现的利润确定；在产品按完工产品的估计售价减去至完工时仍将发生的成本、估计的销售费用、相关税费以及在同类或类似产成品的基础上估计出售可能实现的利润确定；原材料按现行重置成本确定。

（9）资产证券化。数据资产证券化是以数据资产未来产生的现金流为偿付支持，发行数据资产支持证券的过程。数据资产证券化中，评估机构的角色为预测数据资产未来现金流量，通常采用收益法，市场法和成本法不适用。如表 5-3 所示。

表5-3　基于数据资产经济行为的评估方法选择

经济行为类型	评估方法选择优先度	
转让	卖方：成本法、收益法 买方：收益法	
许可使用	市场法	
出资	收益法→市场法/成本法	
质押融资	市场法→收益法	
企业清算	市场法→成本法	
司法诉讼	收益法	
司法执行财产处置	市场法→成本法	
财务报告	数据资产为无形资产	减值测试：公允价值减去处置费用后的净额与资产预计未来现金流量的现值孰高 合并对价分摊：收益法/成本法/市场法
	数据资产为存货	期末计价：可变现净值 合并对价分摊：产成品、在产品、库存商品按市场法，原材料按成本法
资产证券化	收益法	

第六章　数据资产化创新应用

一、概念现状

（八十七）数据资产创新应用是什么意思？

数据资产创新应用指释放数据资产作为核心标的物经济价值的过程，一般包括数据资产增信贷款、出资融资、资产证券化等多种方式。一般来说，数据资产在满足一定评估标准和可信化的基础上，是可以通过资产运营、打包等多种方式参与投融资等创新场景方面的应用的。

从资产底层角度而言，数据资产与传统资产既存在相同点也存在较大差异，具备一定特殊性。其特殊性表现在以下几个方面：一是数据资产使用价值的不对称性。这种不对称性主要表现为不同的市场主体对同一数据资产具有不同的使用价值和价值预期。二是数据资产价值随时间不断变化。传统资产价值随着时间的变化也会发生变化，如存在折旧、贬值和升值等，但数据资产存在折旧、减值的同时也同样存在由于数据复用导致的数据资产增值，其增值潜力往往超出传统资产增值的预期。三是数据资产的使用存在外部性。外部性是指数据资产的作用和价值发挥可能完全超出数据加工方的初始预期，随着各类数字经济的增多及活跃，数据资产的外部性更加明显。根据《数据资产评估指导意见》，将数据资产的特点总结为非实体性、依托性、可共享性、可加工性、价值易变性等特征，值得研究重视。

从资产价值角度而言，数据资源有三层价值：第一个是数据本身的使用价值；第二个是基于市场流通的数据交易价值；第三个是数据实现资产化路径后的资产价值。数据资产创新应用主要聚焦在最后一个价值，即数据资产作为一项资产，在其本身的资产经营中所释放的经济价值。数据资产的本质仍旧是资产，需要以经营主体价值最大化为导向，通过管理、运营、治理、处置、重整和投融资等资产经营手段实现数据资产的保值增值。

（八十八）数据资产可以交易吗？

数据交易指买卖双方对原始或处理后的数据及数据服务进行互通有无的商业行为。目前，数据交易或者数据产品的交易是常见的商业行为，但数据资产（报表数据资产）的规模还比较小。随着财政部《暂行规定》的落地执行，2024年将有望看到企业在财务报表中列示和披露数据资产相关信息。未来，数据资产将能够和别的类型资产一样，进入交易与流通市场。

数据资产的确认载体一般都是数据产品，而数据产品显然是数据要素价值交换的媒介，所以数据产品可以通过数据要素市场进行交易与流通。数据资产的交易与传统无形资产的交易存在相似性：

该类别资产在交易中可能存在权属分离的特点。

该类别资产交易不是一般货物的短期交易，交付完成之后仍然需要交易双方在某些技术使用中保持合作。

该类别资产交易一般没有统一价格，大多是基于适用场景定价，且支付方式也可能多种多样。

数据资产交易与其他资产交易在本质上有一些重要的异同点。以下是它们的一些主要区别和相似之处：

（1）性质与形式。

数据资产交易：数据资产是非实体性的，通常以数字形式存在，包括文本、图像、音视频等。数据交易通常是基于访问、使用或共享数据的权利，而非实际的物理交付。

其他资产交易：其他资产通常是实体物品，如不动产、股票、商品等，可以是具体的实物或虚拟的金融工具。

（2）所有权和控制。

数据资产交易：在数据交易中，所有权和控制可能更为复杂，因为数据可以在多个地方同时存在，并且多个实体可能具有相似的数据。

其他资产交易：其他资产的所有权通常更为清晰，可以通过法律文件和物理转移来确立。

（3）交易标的的变动性。

数据资产交易：数据的价值和质量可能会随时间和环境的变化而变动，因此在数据交易中更加注重及时性和更新性。

其他资产交易：某些其他资产的价值可能相对更加稳定，例如黄金或不动产。

（4）法律和隐私问题。

数据资产交易：数据交易可能涉及更多的法律和隐私问题，因为数据往往涉及个人信息，需要遵守相关法规和隐私政策。

其他资产交易：虽然其他资产交易也受到法规的监管，但涉及个人隐私的问题通常较少。

（5）市场的运作方式。

数据资产交易：数据市场通常是在线平台，通过数字化的方式进行交易，涉及更多的技术和信息科技因素。

其他资产交易：其他资产的交易通常涉及传统的交易市场，例如证券交易所、商品交易所等。

在总体上，数据资产交易与其他资产交易相比，更加注重信息技术和法律方面的考量，因为数据是数字时代的核心资源，其交易需要更多的透明度、安全性和隐私保护。

（八十九）数据资产创新应用的方向？

（1）数据资产增信。基于现有银行信用贷款体系，以数据资产价值及其运营产品的能力作为企业增加信用的手段，提升企业可申请的贷款额度。数据资产增信将数据资产的货币价值提前变现，帮助企业获得再生产所需的资金，降低企业的融资成本。

（2）数据资产质押融资。在现有质押体系下，企业将基于数据产品交易合约的应收账款或数据资产作为信用担保质押给银行，以获取银行贷款，发挥数据要素的资产属性，助力企业基于优质数据资产而非主体信用拓宽融资途径。

（3）数据资产保理。企业将基于数据交易合约形成的现有应收账款转让给保理机构，以获得及时的资金融通，帮助企业释放数据资产价值，实现低成本、高效率的融资，降低坏账风险。

（4）数据资产保险。围绕数据资产在流通、交易、应用方面风险管理需要，为确保保险资产保值所开发的数据资产保险产品。如数据设备责任险、高管或开发人员责任险、数据资产安全险、数据产品质量责任险等。也可以创新"保险+信贷"等创新产品。如数据资产质押融资保证保险等。

（5）数据资产作价入股。企业将其合法拥有的数据资产，作为财产作价出资，参与其他企业的股权合作，将数据的货币价值转换为股权价值，激励企业挖掘数据内在价值，加速数据流通，促进数据共享共创。

（6）数据资产证券化。企业以基础数据资产未来所产生的现金流为偿付支持，通过结构化设计实现信用增级，进行证券化发行交易，将数据货币价值转换为权益价值并通过资本市场出售给投资者，降低企业融资成本。数据资产证券化可以将分散的数据资产打包形成更优质、更具规模的底层资产，盘活存量数据资产，将企业融资需求对接到金融市场，提升资源配置效率。同时，增加数据资产的流动性和透明度，降低数据资产的风险溢价，提高其市场认可度。

（7）数据资产信托。是将数据资源或产品纳入数据资产进行管理，并与传统信托业务模型相结合的一种模式。2023年7月，广西首批公共数据授权运营试点单位——广西电网有限责任公司，与中航信托股份有限公司、广西电网能源科技有限责任公司正式签署了数据信托协议，并在北部湾大数据交易中心完成首笔电力数据产品登记及交易，标志着全国首单数据信托产品场内交易完成。

（九十）数据资产创新应用的现状？

目前，数据资产创新应用仍处于起步阶段，最早的创新应用开始于2021年9月，杭州银行科技支行基于浙江省知识产权区块链公共存证平台，以数据知识产权为标的物发放了两笔数据资产质押贷款，涉及金额分别为500万元和100万元。随后，北京、贵阳、南京、常州进行了数据资产质押融资的探索，深圳进行了无质押数据资产增信贷款的探索，青岛进行了数据资产作价入股的探索。如表6-1所示。

表6-1　各地数据资产创新应用实践探索

时间	地点	应用方向	参与方	涉及金额	资产估值
2021年9月	杭州	数据知识产权质押贷款	浙江省知识产权研究与服务中心；杭州银行科技支行、蔚复来（浙江）科技股份有限公司；上海银行滨江支行、浙江凡聚科技有限公司	500万元、100万元	未披露
2022年10月	北京	数据资产质押融资贷款	北京银行、中国电子技术标准化研究院、罗克佳华科技集团股份有限公司	1000万元	未披露

续表

时间	地点	应用方向	参与方	涉及金额	资产估值
2023 年 3 月	深圳	无质押数据资产增信贷款	光大银行深圳分行、深圳数据交易所、深圳微言科技有限责任公司	1000 万元	未披露
2023 年 5 月	贵阳	数据知识产权质押融资	贵阳农商银行、贵阳市大数据交易所、贵州东方世纪科技股份有限公司	1000 万元	3000 万元
2023 年 5 月	南京	数据知识产权质押融资	苏州银行、江苏金视传奇科技有限公司	500 万元	未披露
2023 年 7 月	广西	数据信托	广西电网有限责任公司、中航信托股份有限公司、广西电网能源科技有限责任公司	未披露	未披露
2023 年 8 月	常州	数据知识产权质押融资	苏州银行常州分行、江苏振邦智慧城市信息系统有限公司	1000 万元	未披露
2023 年 8 月	青岛	数据资产作价入股	青岛华通智能科技研究院有限公司、青岛北岸控股集团有限责任公司、翼方健数（山东）信息科技有限公司	未披露	未披露

二、创新应用

（九十一）数据资产可以通证化吗？

数据资产可以通证化。通证（Token）指一切流通的加密数字权益证明。具体说：一是可流通，通证最重要的特性就是流通性，它能够随意地在任何一个网络内流动，并且可以随时随地验证，可能是全局流通，也可能是局部流通，流通包括使用、转让、兑换等，可流通性越强，通证属性越强；二是数字权益证明，通证可以表示任意以数字形式存在且具有某种固有和内在的价值的数字权益证明，比如个人 ID 证件、货币、门票和所有权等人类社会中存在的所有权益证明；三是加密性，通证使用智能合约和密码学等技术保障隐私性、真实安全和稳定性等。

数据资产可以通证化的基础：一是数据资产是被相关经济主体有效控制的、可以产生潜在经济价值的资产。但由于目前数据确权难度较大，可以利用通证化开展对数据资产的有效确权。二是基于数据化实现资产锚定和数据联通，数据资产天然地具备数字化的属性，可将数据资产有关运营数据与通证数据底层实现联通绑定，使得数据资产通证更为高效可信。三是利用通证化将数据资产与各类金融交易市场实现联通，便利数据资产持有方确定资产价格，畅通各类融资渠道。

（九十二）数据资产计价入股如何操作？能推广吗？

数据资产计价入股分为四个步骤：

（1）数据资产登记。由具备资质和能力的律师事务所开展"数据资产合规性审查"，并在政府指定的资产登记部门或机构完成数据资产确权登记。

（2）数据资产评价。根据国家或地方有关标准，对数据资产的价值评估和收益分配环节开展数据资产评价，由第三方机构出具"数据资产评价"报告。

（3）数据资产评估。根据数据资产评价，由资产评估机构出具"数据资产评估"报告。

（4）数据资产入股。根据数据资产评估报告对该数据资产的价值评估数据，结合资金、管理、技术等其他出资方式组建公司，签订"数据资产作价入股合作协议"，实现数据资产的作价入股。

目前，仅有青岛有探索性案例，其特点是：首先，以"数据保险箱"作为作价入股的底层数据资产，数据资产的来源与青岛公共数据授权经营体系相互嵌合；其次，数据资产评价环节出台地方性标准；最后，对数据资产的评估价值相对金额较小，总体风险可控。

虽然以上特点导致该案例的可复制性相对受限，但以数据资产作价入股的路径仍具有借鉴意义，后续应在数据资产登记标准、资产评价产生的市场化路径、数据股权的场内场外交易规则、数据资产入股价格等方面进一步优化。

（九十三）数据资产证券化的核心和要点是什么？

数据资产证券化是数据资产创新应用的高级形态，对企业和证券化标的物的要求较高。

从发行企业来看，需要满足以下三个基础条件：一是有融资需求；二是企业有成熟数据产品或有数据资源、短期可开发成有价值数据产品；三是经营数据业务，产生持续、稳定现金流。

除以上基础的条件外，企业开展数据资产证券化也有可能出于更加综合的考虑：如通过正规权威的数据交易所开展数据资产证券化业务，说明企业数据资产价值较高、数据质量标准较高，达到了金融级标准；如数据要素企业在开展商业模式的设计中，需要通过持有权、加工权和经营权的权属分置安排，吸引更具开发能力的企业或个人合作，但缺少资金来源，缺乏商业合作风险管理手段；如企业将数据资产保值增值战略作为其核心战略，但缺少可以客观评价资产价值，形成有效资产隔离的平台；如数据资产战略不是企业的核心战略，但历史原因沉淀了大量的数据资源，需要盘活存量资源形成数据资产，提高资产流动性等。数据资产证券化可以解决上述问题和挑战。

从标的物来看，需要满足五个基础条件：一是标的资产的范畴边界可定义。目前一般通过设立特殊目的载体（Special Purpose Vehicle，SPV）的方式，将数据资产边界定义清楚，实务中也可以采取定义应用场景，或通过其他具备法律保障的方式，确保数据资产可隔离。二是数据资产权属可确定，即数据资源持有权、数据加工使用权、数据产品经营权界定清晰，通过正规权威的数据交易所进行权属有效性的确定。三是数据资产价值可评估，即数据资产标的可以产生稳定、独立、可预测的现金流，特别是需要交易所和投行机构组织有效的投资人询价机制，发现数据资产价格。四是收益分配路径明确，用市场化方式分配各方收益。可通过SPV特殊目的载体，如数据运营子公司、专项资管计划或信托计划等确定分配规则，实现利益分配；也可以通过认股权证、转债、证券类通证（Security Token Offering，STO）等方式实现股债的转换。五是数据资产标的的运营风险需要有效监管。数据资产标的物运营情况应遵从挂牌数据交易所的信息披露规定，证券化资产应遵从挂牌证券交易所的信息披露规定，确保风险可控。特别地，数据资产应进入数据交易所场内交易，数据交易所有责任确保数据资产标的的相关交易数据和运营数据真实有效，形成风险托管，确保数据资产的有效性。

（九十四）金融机构如何推进数据资产创新应用？

随着数据资源开始入表，数据要素型企业会成为我国企业类型中新增的一种类型企业，围绕数据要素型企业的融资需要和数据资产的管理需求，金融机构可从以下几方面参与数据资产的创新应用市场。

（1）发掘收集数据要素型企业情况。数据要素型企业的特点是其商业模式带有明显的数据驱动特征；从其供应商上看，通常需要采购外部大量数据进行加工整合；从内部员工结构上看，IT研发人员占比较大，对数据软硬件的投入占比较高；从产品输出上看，数据产品或数据服务是其主要的输出产品形态，特别是一些标准化水平和数据质量较高的数据产品可以实现在数据场所场内交易。

（2）针对企业发展创新金融服务产品。数据要素型企业由于其知识密集程度高、轻资产经营、服务客户遍布全球等特点，在自身发展过程中，传统的信贷工具存在一定的供给不足，加之我国的风险投资市场资金来源相对单一、退出渠道较少、风险分担机制尚不健全，始终需要金融机构更新服务理念，创新服务产品。

（3）针对数据资产管理创新金融服务产品。随着数据资源入表，数据要素型企业会形成规模可观的数据资产，这些企业将直面数据资产保障增值、流通处置等资产管理难题。管理得好，这些数据资产将成为企业十分宝贵的资源；管理得不好，数据资产将转变为沉没成本，甚至价值归零。围绕数据资产的资产管理需求，金融机构和金融市场需要基于传统的金融管理工具进行理论和实践创新，以满足企业这方面的需求。

（4）促进形成市场化的数据资产价格。公允价格的发现是金融机构在服务过程中自然而然产生的结果。通过金融市场的定价，可以切实发挥出价格机制对数据产业的调节作用，刺激某一类型数据资产的价值释放，吸引更多资本有效投资，形成"数字经济—数据资产—数据资本"的良性循环。

（5）围绕金融服务促进形成专业服务生态。围绕金融机构的数据资产服务，势必在评估、咨询、法律、会计等方面形成一批专业化的第三方服务机构，良好服务生态的形成也会反向刺激金融机构不断创新服务类型，提升服务质量。

三、重要意义

（九十五）数据资产创新应用与数据资产入表的关系？

类比传统资产的创新应用，我们认为，数据资产先形成报表资产，再以报表资产为基础推进数据资产市场价值评定与测算，从而进入交易与流通市场中发挥金融属性，将是一条清晰和简单的路线，也是数据要素市场繁荣的基础。如果数据资产游离于报表之外，必将损害交易与流通的效率。数据资产创新应用指数据资产在满足一定评估标准和可信化的基础上，在资产管理、运营、治理、处置、重整和投融资等创新场景方面的应用，一般涉及数据资产权属问题和收益问题，主体都会要求提供数据资产评估报告，需要审慎评估数据资产为企业带来预期现金流的业务模式，并估算收益现金流发生的情况。

（九十六）数据资产创新应用与数据资产评估的关系？

数据资产评估服务于数据资产应用，数据资产创新应用是指数据资产在满足一定评估标准和可信化的基础上，在资产管理、运营、治理、处置、重整和投融资等创新场景方面的应用，一般涉及数据资产权属问题和收益问题，主体都会要求提供数据资产评估报告，需要审慎评估数据资产为企业带来预期现金流的业务模式，并估算收益现金流发生的情况。

（九十七）数据资产创新应用与数据交易所的关系？

数据交易所是为数据资产的创新应用提供场内交易和规范服务的场所，是数据资产创新应用市场中规模最大、标准化程度最高、合规水平最强、与金融市场衔接最紧密、数据资本汇聚程度最密集的部分，同时引领和规范着场外创新应用市场的发展。

具体而言，数据交易所为数据资产的创新应用提供如下支持：

一是数据资产创新应用的基础设施。该基础设施一方面对数据资产的有效形成和交易流通提供基础保障，另一方面对相关权属的确定和收益分配提供支持，是支撑数据资产创新应用的底层平台。

二是交易场所为数据资产开展创新应用提供一系列标准流程和规则，降低专业机构沟通成本，提高数据资产创新效率。

三是数据交易所作为数据资产的"守门人"，是各类政府部门和金融监管部门履行职能的重要载体，通过交易数据和资产凭证的披露机制，为各类监管机构和金融市场提供数字化的监管工具。

（九十八）数据交易如何赋能数据要素市场？

数据交易对提高我国数据要素市场的发展水平，促进形成全国统一大市场有着重要的意义。

一方面，随着数据要素化的发展进程，其产品化和资产化需要数据要素市场提供相关的交易平台和交易规则，逐步形成交易价格，培育和发展数据要素交易生态，降低全社会数据交易成本，实现数据要素价值的释放。

另一方面，数据要素市场的健康发展会反向刺激和规范数据交易行为。随着数据要素市场逐步规范，用于交易的数据质量逐步提高，交易规则和交易标准逐步清晰，交易过程更为高效。同时，一个健康的数据要素市场可发挥互联互通功能，有利于数据要素发挥乘数效应，促进各行各业高效便捷用数，并基于市场形成公平共享的收益分配机制。

（九十九）数据资产交易如何分配收益？

围绕数据资产交易，逐步形成两个维度的投入与收益分配机制。

一是围绕数据产品的交易过程，根据数据内容采集、加工、流通、应用等不同环节，对相关主体之间的利益进行分配。根据"数据二十条"，应按照"谁投入、谁贡献、谁受益"原则，促进劳动者贡献和劳动报酬相匹配，数据要素收益要向数据价值和使用价值的创造者合理倾斜，确保在开发挖掘数据价值各环节的投入有相应回报。

二是围绕数据资产的增值过程，根据对数据资产的资本投入方式确定投入回报来源，同时承担有关资本投入风险。如以数据资产作价入股，可分享数据资产对应的股权分红收益和股权增值收益；数据资产质押或保理，可获取有关低风险资金贷款收益；数据资产证券化可向合格投资人或机构投资者分享数据资产的分红或权益增值收益。

特别应指出，数据资源的垄断问题始终是数字经济的热点问题。数字经济平台凭借强大的锁定效应、网络效应、规模效应以及拥有的巨大经济体量、海量数据资源、技术创新优势和雄厚资本优势，形成"赢者通吃、强者愈强"的市场竞争效果。其带来的主要问题：一是数据资源的垄断，不利于市场公平竞争和中小企业创新发展；二是数据红利的垄断，使得数字经济的发展被少数企业独占，将数字经济的安全风险和治理风险转嫁到社会上，数字经济的红利很难被民众共享。数据资产证券化可在收益分配机制方面进行制度设计，吸引社保基金、养老基金和公募基金等参与，民众将有途径分享数字经济的时代红利，促进共同富裕。

（一〇〇）全球数据资产化的最新实践有什么？

近年全球数据资产化方面比较有代表性的实践有数据资产 ABS、证券类通证 STO 和数据信托。

1. 数据资产 ABS

2018 年起，美国多家数据企业开始将数据资产证券化的设想变为现实，投资人对此类新型证券表现出浓厚的兴趣。目前，实践中已发展出三种数据资产证券化的主流模式。如表 6-2 所示。

表 6-2　数据资产证券化的主流模式与代表案例

模式	代表案例	证券化时间	基础资产	融资规模
CMBS（Commercial Mortgage-Backed Securitization）	Digital Realty Trust	2018 年 11 月	数据基础设施抵押贷款债权	2.12 亿美元
	Black Stone	2021 年 9 月		32 亿美元
ABS（Asset-Backed Securitization）	Vantage	2018 年 2 月	数据（包括数据载体）的未来收益权	11.25 亿美元
	Data Bank	2021 年 3 月		6.58 亿美元
	Flexential	2021 年 12 月		21 亿美元
ABN（Asset-Backed Note）	Sabey	2020 年 5 月	1. 未来收益权； 2. 数据基础设施抵押贷款债权	8 亿美元
	Digital Bridge	2021 年 6 月	1. 未来收益权； 2. 股权	5 亿美元

（1）CMBS：低风险、高门槛、未来发展受限。CMBS 以数据载体抵押贷款债权为基础资产实施证券化，最大限度地规避了数据要素的不确定性，本质上属于动产、不动产抵押债权证券化，市场对这类证券化模式的运作已具有充分的经验。例如，美国 Digital Realty Trust 公司以 3 个数据中心和 4 个数据仓库的基础设施作为抵押物进行融资。

（2）ABS：易受数据要素不确定性影响。在 ABS 模式中，数据企业首先在其既有的数据库存中划出一定范围的数据（包括数据载体）建立"数据池"，然后将该"数据池"的未来收益权转让给特殊目的公司（Special Purpose Vehicle，SPV），后者以此为基础发行资产化证券。美国 Vantage 公司是采用 ABS 模式的首家企业，其以阿什本（Ashburn）数据中心的未来收益权为支持发行了资产化证券，所获融资额达 11.25 亿美元。

（3）ABN：风险适中的理性选择。ABN 是以组合权益为基础资产的证券化模式，即将数据载体抵押贷款债权、数据资产未来收益权等各种权益组合起来，组建"资产池"出售给 SPV，后者以此为支持发行商业票据。比如，Digital Bridge 公司用以支持证券化的资产池包含两类权益：一是运营数据资产（包括载体）的未来收入，运营其在北美等地的信号塔、数据中心和小基站，每年可获收益预计达 1.243 亿美元；二是 Digital Bridge 的股票收益，预计每年可达 7.728 亿美元。

2. 证券类通证 STO

STO 全称为证券类通证发行（Security Token Offering），也称为证券类代币发行，这是一种发行以金融资产形式代表公司及其资产所有权的数字资产的融资方法，实质是传统证券与以区块链为底层技术的代币发行的有机结合。证券类通证一般以真实资产作为内在价值支撑，其显著特征是资产通证化，即各类资产可以在区块链上以通证形式流转。传统证券的融资方式是通过"资产证券化"，即对一份资产进行分割后作为一种 Security（担保），以该份资产的实际价值作为支撑进行融资。而 STO 的核心是资产证券化基础上进一步的"证券通证化"，是以区块链技术为支撑的数字通证替代传统的纸质凭证（或者数字显示的纸质凭证），这意味着它同时具有类似数字货币的性质，是一种可编程化的金融产品。

证券类通证在发行国家和地区上分布不均，主要位于美国、瑞士和欧盟国家。美国是全球证券类通证发行数量最多的国家。美国的法律框架为证券类通证发行提供了依据，证券类通证可依据 Regulation D 和 Regulation S 规则进行发行。交易量最大的两家证券类通证交易所——Openfinance 和 tZERO 都设立在美国。Rapidash 是第一个运营主体在中国，通过离岸公司完成 STO 注册，被 SEC 授予美国 STO 牌照的公司。

2022 年 10 月 31 日，香港特区政府财经事务及库务局颁布《有关香港虚拟资产发展的政策宣言》，引起全球范围内虚拟资产领域的广泛关注。2023 年 6 月 1 日，香港证监会发布的《适用于虚拟资产交易平台营运者的指引》正式生效，包括多项适用于持牌交易平台的标准和规定。新的监管规定包括稳妥保管资产、分隔客户资产、避免利益冲突等安排，并将就新监管规定提供额外指引、其他实施细节，以及过渡安排的详情。

3. 数据信托

数据信托目前有两种不同的方案：一种是要求数据处理者承担严格受托人义务的美国"信息受托人"方案，目前还未进行试点；另一种是建立独立第三方机构提供数据信托服务的英国"数据信托"方案，2018 年 12 月～2019 年 3 月，英国数据研究机构——开放数据研究所联合英国政府人工智能办公室和"创新英国"进行了三个数据信托试点。在数据信托模式中，数据持有人应依据自己所有的数据资产设立信托，信托公司以受托人名义，为受益人的利益转让、处分、托管、运营数据资产。如图 6-1 所示。

目前，各国数据信托试点的重心、目标与做法各有差异。有国家把数据信托视为数据资产市场化流通的可信模式，英国提出创建数据信托基金，实施可信且经过验证的数据治理框架，以确保数据交换是互利和安全的，核心是在数据共享利用中培养数字信任；欧盟主张"非排他性""非歧视性"原则，即政府数据资

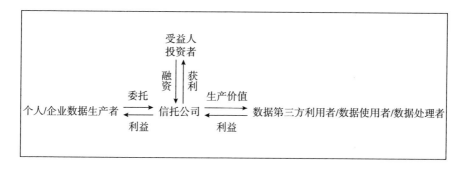

图 6-1 数据信托模式

产再利用要向市场上所有潜在参与者开放，政府机构不得与第三方企业签署专有权合同，对于为公共利益确需实施专有权的情况，应该每三年定期审查被授权机构。还有国家把数据信托视为新的法律实体，以此强化数据主体对数据的实际控制，印度提出非个人数据治理框架，建议任命数据受托人，管理社区数据，并将其用于创业、创新、研究和决策等社会目的；澳大利亚的《2020 年数据可用性和透明度法案》规定只有联邦机构才能成为公共数据保管人，通过与用户签订数据共享协议，明确共享范围和目的，实现对数据保管人的约束。

附录一　中共中央　国务院关于构建数据基础制度更好发挥数据要素作用的意见

（2022 年 12 月 2 日）

数据作为新型生产要素，是数字化、网络化、智能化的基础，已快速融入生产、分配、流通、消费和社会服务管理等各环节，深刻改变着生产方式、生活方式和社会治理方式。数据基础制度建设事关国家发展和安全大局。为加快构建数据基础制度，充分发挥我国海量数据规模和丰富应用场景优势，激活数据要素潜能，做强做优做大数字经济，增强经济发展新动能，构筑国家竞争新优势，现提出如下意见。

一、总体要求

（一）指导思想

以习近平新时代中国特色社会主义思想为指导，深入贯彻党的二十大精神，完整、准确、全面贯彻新发展理念，加快构建新发展格局，坚持改革创新、系统谋划，以维护国家数据安全、保护个人信息和商业秘密为前提，以促进数据合规高效流通使用、赋能实体经济为主线，以数据产权、流通交易、收益分配、安全治理为重点，深入参与国际高标准数字规则制定，构建适应数据特征、符合数字经济发展规律、保障国家数据安全、彰显创新引领的数据基础制度，充分实现数据要素价值、促进全体人民共享数字经济发展红利，为深化创新驱动、推动高质量发展、推进国家治理体系和治理能力现代化提供有力支撑。

（二）工作原则

——遵循发展规律，创新制度安排。充分认识和把握数据产权、流通、交易、使用、分配、治理、安全等基本规律，探索有利于数据安全保护、有效利用、合规流通的产权制度和市场体系，完善数据要素市场体制机制，在实践中完善，在探索中发展，促进形成与数字生产力相适应的新型生产关系。

——坚持共享共用，释放价值红利。合理降低市场主体获取数据的门槛，增强数据要素共享性、普惠性，激励创新创业创造，强化反垄断和反不正当竞争，形成依法规范、共同参与、各取所需、共享红利的发展模式。

——强化优质供给，促进合规流通。顺应经济社会数字化转型发展趋势，推动数据要素供给调整优化，提高数据要素供给数量和质量。建立数据可信流通体系，增强数据的可用、可信、可流通、可追溯水平。实现数据流通全过程动态管理，在合规流通使用中激活数据价值。

——完善治理体系，保障安全发展。统筹发展和安全，贯彻总体国家安全观，强化数据安全保障体系建设，把安全贯穿数据供给、流通、使用全过程，划定监管底线和红线。加强数据分类分级管理，把该管的管住、该放的放开，积极有效防范和化解各种数据风险，形成政府监管与市场自律、法治与行业自治协同、国内与国际统筹的数据要素治理结构。

——深化开放合作，实现互利共赢。积极参与数据跨境流动国际规则制定，探索加入区域性国际数据跨境流动制度安排。推动数据跨境流动双边多边协商，推进建立互利互惠的规则等制度安排。鼓励探索数据跨境流动与合作的新途径新模式。

二、建立保障权益、合规使用的数据产权制度

探索建立数据产权制度，推动数据产权结构性分置和有序流通，结合数据要素特性强化高质量数据要素供给；在国家数据分类分级保护制度下，推进数据分类分级确权授权使用和市场化流通交易，健全数据要素权益保护制度，逐步形成具有中国特色的数据产权制度体系。

（三）探索数据产权结构性分置制度

建立公共数据、企业数据、个人数据的分类分级确权授权制度。根据数据来源和数据生成特征，分别界定数据生产、流通、使用过程中各参与方享有的合法权利，建立数据资源持有权、数据加工使用权、数据产品经营权等分置的产权运行机制，推进非公共数据按市场化方式"共同使用、共享收益"的新模式，为激活数据要素价值创造和价值实现提供基础性制度保障。研究数据产权登记新方式。在保障安全前提下，推动数据处理者依法依规对原始数据进行开发利用，支持数据处理者依法依规行使数据应用相关权利，促进数据使用价值复用与充分利用，促进数据使用权交换和市场化流通。审慎对待原始数据的流转交易行为。

（四）推进实施公共数据确权授权机制

对各级党政机关、企事业单位依法履职或提供公共服务过程中产生的公共数据，加强汇聚共享和开放开发，强化统筹授权使用和管理，推进互联互通，打破"数据孤岛"。鼓励公共数据在保护个人隐私和确保公共安全的前提下，按照"原始数据不出域、数据可用不可见"的要求，以模型、核验等产品和服务等形式向社会提供，对不承载个人信息和不影响公共安全的公共数据，推动按用途加大供给使用范围。推动用于公共治理、公益事业的公共数据有条件无偿使用，探索用于产业发展、行业发展的公共数据有条件有偿使用。依法依规予以保密的公共数据不予开放，严格管控未依法依规公开的原始公共数据直接进入市场，保障公共数据供给使用的公共利益。

（五）推动建立企业数据确权授权机制

对各类市场主体在生产经营活动中采集加工的不涉及个人信息和公共利益的数据，市场主体享有依法依规持有、使用、获取收益的权益，保障其投入的劳动和其他要素贡献获得合理回报，加强数据要素供给激励。鼓励探索企业数据授权使用新模式，发挥国有企业带头作用，引导行业龙头企业、互联网平台企业发挥带动作用，促进与中小微企业双向公平授权，共同合理使用数据，赋能中小微企业数字化转型。支持第三方机构、中介服务组织加强数据采集和质量评估标准制定，推动数据产品标准化，发展数据分析、数据服务等产业。政府部门履职可依法依规获取相关企业和机构数据，但须约定并严格遵守使用限制要求。

（六）建立健全个人信息数据确权授权机制

对承载个人信息的数据，推动数据处理者按照个人授权范围依法依规采集、持有、托管和使用数据，规范对个人信息的处理活动，不得采取"一揽子授权"、强制同意等方式过度收集个人信息，促进个人信息合理利用。探索由受托者代表个人利益，监督市场主体对个人信息数据进行采集、加工、使用的机制。对涉及国家安全的特殊个人信息数据，可依法依规授权有关单位使用。加大个人信息保护力度，推动重点行业建立完善长效保护机制，强化企业主体责任，规范企业采集使用个人信息行为。创新技术手段，推动个人信息匿名化处理，保障使用个人信息数据时的信息安全和个人隐私。

（七）建立健全数据要素各参与方合法权益保护制度

充分保护数据来源者合法权益，推动基于知情同意或存在法定事由的数据流通使用模式，保障数据来源者享有获取或复制转移由其促成产生数据的权益。合理保护数据处理者对依法依规持有的数据进行自主管控的权益。在保护公共利益、数据安全、数据来源者合法权益的前提下，承认和保护依照法律规定或合同约定获取的数据加工使用权，尊重数据采集、加工等数据处理者的劳动和其他要素贡献，充分保障数据处理者使用数据和获得收益的权利。保护经加工、分析等形成数据或数据衍生产品的经营权，依法依规规范数据处理者许可他人使用数据或数据衍生产品的权利，促进数据要素流通复用。建立健全基于法律规定或合同约定流转数据相关财产性权益的机制。在数据处理者发生合并、分立、解散、被宣告破产时，推动相关权利和义务依法依规同步转移。

三、建立合规高效、场内外结合的数据要素流通和交易制度

完善和规范数据流通规则，构建促进使用和流通、场内场外相结合的交易制度体系，规范引导场外交易，培育壮大场内交易；有序发展数据跨境流通和交易，建立数据来源可确认、使用范围可界定、流通过程可追溯、安全风险可防范的数据可信流通体系。

（八）完善数据全流程合规与监管规则体系

建立数据流通准入标准规则，强化市场主体数据全流程合规治理，确保流通数据来源合法、隐私保护到位、流通和交易规范。结合数据流通范围、影响程度、潜在风险，区分使用场景和用途用量，建立数据分类分级授权使用规范，探索开展数据质量标准化体系建设，加快推进数据采集和接口标准化，促进数据整合互通和互操作。支持数据处理者依法依规在场内和场外采取开放、共享、交换、交易等方式流通数据。鼓励探索数据流通安全保障技术、标准、方案。支持探索多样化、符合数据要素特性的定价模式和价格形成机制，推动用于数字化发展的公共数据按政府指导定价有偿使用，企业与个人信息数据市场自主定价。加强企业数据合规体系建设和监管，严厉打击黑市交易，取缔数据流通非法产业。建立实施数据安全管理认证制度，引导企业通过认证提升数据安全管理水平。

（九）统筹构建规范高效的数据交易场所

加强数据交易场所体系设计，统筹优化数据交易场所的规划布局，严控交易场所数量。出台数据交易场所管理办法，建立健全数据交易规则，制定全国统一的数据交易、安全等标准体系，降低交易成本。引导多种类型的数据交易场所共同发展，突出国家级数据交易场所合规监管和基础服务功能，强化其公共属性和公益定位，推进数据交易场所与数据商功能分离，鼓励各类数据商进场交易。规范各地区各部门设立的区域性数据交易场所和行业性数据交易平台，构建多层次市场交易体系，推动区域性、行业性数据流通使用。促进区域性数据交易场所和行业性数据交易平台与国家级数据交易场所互联互通。构建集约高效的数据流通基础设施，为场内集中交易和场外分散交易提供低成本、高效率、可信赖的流通环境。

（十）培育数据要素流通和交易服务生态

围绕促进数据要素合规高效、安全有序流通和交易需要，培育一批数据商和第三方专业服务机构。通过数据商，为数据交易双方提供数据产品开发、发布、承销和数据资产的合规化、标准化、增值化服务，促进提高数据交易效率。在智能制造、节能降碳、绿色建造、新能源、智慧城市等重点领域，大力培育贴近业务需求的行业性、产业化数据商，鼓励多种所有制数据商共同发展、平等竞争。有序培育数据集成、数据经纪、合规认证、安全审计、数据公证、数据保险、数据托管、资产评估、争议仲裁、风险评估、人才培训等第三方专业服务机构，提升数据流通和交易全流程服务能力。

（十一）构建数据安全合规有序跨境流通机制

开展数据交互、业务互通、监管互认、服务共享等方面国际交流合作，推进跨境数字贸易基础设施建设，以《全球数据安全倡议》为基础，积极参与数据流动、数据安全、认证评估、数字货币等国际规则和数字技术标准制定。坚持开放发展，推动数据跨境双向有序流动，鼓励国内外企业及组织依法依规开展数据跨境流动业务合作，支持外资依法依规进入开放领域，推动形成公平竞争的国际化市场。针对跨境电商、跨境支付、供应链管理、服务外包等典型应用场景，探索安全规范的数据跨境流动方式。统筹数据开发利用和数据安全保护，探索建立跨境数据分类分级管理机制。对影响或者可能影响国家安全的数据处理、数据跨境传输、外资并购等活动依法依规进行国家安全审查。按照对等原则，对维护国家安全和利益、履行国际义务相关的属于管制物项的数据依法依规实施出口管制，保障数据用于合法用途，防范数据出境安全风险。探索构建多渠道、便利化的数据跨境流动监管机制，健全多部门协调配合的数据跨境流动监管体系。反对数据霸权和数据保护主义，有效应对数据领域"长臂管辖"。

四、建立体现效率、促进公平的
数据要素收益分配制度

顺应数字产业化、产业数字化发展趋势，充分发挥市场在资源配置中的决定性作用，更好发挥政府作用。完善数据要素市场化配置机制，扩大数据要素市场化配置范围和按价值贡献参与分配渠道。完善数据要素收益的再分配调节机制，让全体人民更好共享数字经济发展成果。

（十二）健全数据要素由市场评价贡献、按贡献决定报酬机制

结合数据要素特征，优化分配结构，构建公平、高效、激励与规范相结合的数据价值分配机制。坚持"两个毫不动摇"，按照"谁投入、谁贡献、谁受益"原则，着重保护数据要素各参与方的投入产出收益，依法依规维护数据资源资产

权益，探索个人、企业、公共数据分享价值收益的方式，建立健全更加合理的市场评价机制，促进劳动者贡献和劳动报酬相匹配。推动数据要素收益向数据价值和使用价值的创造者合理倾斜，确保在开发挖掘数据价值各环节的投入有相应回报，强化基于数据价值创造和价值实现的激励导向。通过分红、提成等多种收益共享方式，平衡兼顾数据内容采集、加工、流通、应用等不同环节相关主体之间的利益分配。

（十三）更好发挥政府在数据要素收益分配中的引导调节作用

逐步建立保障公平的数据要素收益分配体制机制，更加关注公共利益和相对弱势群体。加大政府引导调节力度，探索建立公共数据资源开放收益合理分享机制，允许并鼓励各类企业依法依规依托公共数据提供公益服务。推动大型数据企业积极承担社会责任，强化对弱势群体的保障帮扶，有力有效应对数字化转型过程中的各类风险挑战。不断健全数据要素市场体系和制度规则，防止和依法依规规制资本在数据领域无序扩张形成市场垄断等问题。统筹使用多渠道资金资源，开展数据知识普及和教育培训，提高社会整体数字素养，着力消除不同区域间、人群间数字鸿沟，增进社会公平、保障民生福祉、促进共同富裕。

五、建立安全可控、弹性包容的 数据要素治理制度

把安全贯穿数据治理全过程，构建政府、企业、社会多方协同的治理模式，创新政府治理方式，明确各方主体责任和义务，完善行业自律机制，规范市场发展秩序，形成有效市场和有为政府相结合的数据要素治理格局。

（十四）创新政府数据治理机制

充分发挥政府有序引导和规范发展的作用，守住安全底线，明确监管红线，打造安全可信、包容创新、公平开放、监管有效的数据要素市场环境。强化分行业监管和跨行业协同监管，建立数据联管联治机制，建立健全鼓励创新、包容创新的容错纠错机制。建立数据要素生产流通使用全过程的合规公证、安全审查、算法审查、监测预警等制度，指导各方履行数据要素流通安全责任和义务。建立

健全数据流通监管制度，制定数据流通和交易负面清单，明确不能交易或严格限制交易的数据项。强化反垄断和反不正当竞争，加强重点领域执法司法，依法依规加强经营者集中审查，依法依规查处垄断协议、滥用市场支配地位和违法实施经营者集中行为，营造公平竞争、规范有序的市场环境。在落实网络安全等级保护制度的基础上全面加强数据安全保护工作，健全网络和数据安全保护体系，提升纵深防护与综合防御能力。

（十五）压实企业的数据治理责任

坚持"宽进严管"原则，牢固树立企业的责任意识和自律意识。鼓励企业积极参与数据要素市场建设，围绕数据来源、数据产权、数据质量、数据使用等，推行面向数据商及第三方专业服务机构的数据流通交易声明和承诺制。严格落实相关法律规定，在数据采集汇聚、加工处理、流通交易、共享利用等各环节，推动企业依法依规承担相应责任。企业应严格遵守反垄断法等相关法律规定，不得利用数据、算法等优势和技术手段排除、限制竞争，实施不正当竞争。规范企业参与政府信息化建设中的政务数据安全管理，确保有规可循、有序发展、安全可控。建立健全数据要素登记及披露机制，增强企业社会责任，打破"数据垄断"，促进公平竞争。

（十六）充分发挥社会力量多方参与的协同治理作用

鼓励行业协会等社会力量积极参与数据要素市场建设，支持开展数据流通相关安全技术研发和服务，促进不同场景下数据要素安全可信流通。建立数据要素市场信用体系，逐步完善数据交易失信行为认定、守信激励、失信惩戒、信用修复、异议处理等机制。畅通举报投诉和争议仲裁渠道，维护数据要素市场良好秩序。加快推进数据管理能力成熟度、国家标准及数据要素管理规范贯彻执行工作，推动各部门各行业完善元数据管理、数据脱敏、数据质量、价值评估等标准体系。

六、保障措施

加大统筹推进力度，强化任务落实，创新政策支持，鼓励有条件的地方和行业在制度建设、技术路径、发展模式等方面先行先试，鼓励企业创新内部数据合规管理体系，不断探索完善数据基础制度。

（十七）切实加强组织领导

加强党对构建数据基础制度工作的全面领导，在党中央集中统一领导下，充分发挥数字经济发展部际联席会议作用，加强整体工作统筹，促进跨地区跨部门跨层级协同联动，强化督促指导。各地区各部门要高度重视数据基础制度建设，统一思想认识，加大改革力度，结合各自实际，制定工作举措，细化任务分工，抓好推进落实。

（十八）加大政策支持力度

加快发展数据要素市场，做大做强数据要素型企业。提升金融服务水平，引导创业投资企业加大对数据要素型企业的投入力度，鼓励征信机构提供基于企业运营数据等多种数据要素的多样化征信服务，支持实体经济企业特别是中小微企业数字化转型赋能开展信用融资。探索数据资产入表新模式。

（十九）积极鼓励试验探索

坚持顶层设计与基层探索结合，支持浙江等地区和有条件的行业、企业先行先试，发挥好自由贸易港、自由贸易试验区等高水平开放平台作用，引导企业和科研机构推动数据要素相关技术和产业应用创新。采用"揭榜挂帅"方式，支持有条件的部门、行业加快突破数据可信流通、安全治理等关键技术，建立创新容错机制，探索完善数据要素产权、定价、流通、交易、使用、分配、治理、安全的政策标准和体制机制，更好发挥数据要素的积极作用。

（二十）稳步推进制度建设

围绕构建数据基础制度，逐步完善数据产权界定、数据流通和交易、数据要素收益分配、公共数据授权使用、数据交易场所建设、数据治理等主要领域关键环节的政策及标准。加强数据产权保护、数据要素市场制度建设、数据要素价格形成机制、数据要素收益分配、数据跨境传输、争议解决等理论研究和立法研究，推动完善相关法律制度。及时总结提炼可复制可推广的经验和做法，以点带面推动数据基础制度构建实现新突破。数字经济发展部际联席会议定期对数据基础制度建设情况进行评估，适时进行动态调整，推动数据基础制度不断丰富完善。

附录二 企业数据资源相关会计处理暂行规定

为规范企业数据资源相关会计处理，强化相关会计信息披露，根据《中华人民共和国会计法》和企业会计准则等相关规定，现对企业数据资源的相关会计处理规定如下：

一、关于适用范围

本规定适用于企业按照企业会计准则相关规定确认为无形资产或存货等资产类别的数据资源，以及企业合法拥有或控制的、预期会给企业带来经济利益的、但由于不满足企业会计准则相关资产确认条件而未确认为资产的数据资源的相关会计处理。

二、关于数据资源会计处理适用的准则

企业应当按照企业会计准则相关规定，根据数据资源的持有目的、形成方式、业务模式，以及与数据资源有关的经济利益的预期消耗方式等，对数据资源相关交易和事项进行会计确认、计量和报告。

1. 企业使用的数据资源，符合《企业会计准则第6号——无形资产》（财会〔2006〕3号，以下简称无形资产准则）规定的定义和确认条件的，应当确认为无形资产。

2. 企业应当按照无形资产准则、《〈企业会计准则第 6 号——无形资产〉应用指南》（财会〔2006〕18 号，以下简称无形资产准则应用指南）等规定，对确认为无形资产的数据资源进行初始计量、后续计量、处置和报废等相关会计处理。

其中，企业通过外购方式取得确认为无形资产的数据资源，其成本包括购买价款、相关税费，直接归属于使该项无形资产达到预定用途所发生的数据脱敏、清洗、标注、整合、分析、可视化等加工过程所发生的有关支出，以及数据权属鉴证、质量评估、登记结算、安全管理等费用。企业通过外购方式取得数据采集、脱敏、清洗、标注、整合、分析、可视化等服务所发生的有关支出，不符合无形资产准则规定的无形资产定义和确认条件的，应当根据用途计入当期损益。

企业内部数据资源研究开发项目的支出，应当区分研究阶段支出与开发阶段支出。研究阶段的支出，应当于发生时计入当期损益。开发阶段的支出，满足无形资产准则第九条规定的有关条件的，才能确认为无形资产。

企业在对确认为无形资产的数据资源的使用寿命进行估计时，应当考虑无形资产准则应用指南规定的因素，并重点关注数据资源相关业务模式、权利限制、更新频率和时效性、有关产品或技术迭代、同类竞品等因素。

3. 企业在持有确认为无形资产的数据资源期间，利用数据资源对客户提供服务的，应当按照无形资产准则、无形资产准则应用指南等规定，将无形资产的摊销金额计入当期损益或相关资产成本；同时，企业应当按照《企业会计准则第 14 号——收入》（财会〔2017〕22 号，以下简称收入准则）等规定确认相关收入。

除上述情形外，企业利用数据资源对客户提供服务的，应当按照收入准则等规定确认相关收入，符合有关条件的应当确认合同履约成本。

4. 企业日常活动中持有、最终目的用于出售的数据资源，符合《企业会计准则第 1 号——存货》（财会〔2006〕3 号，以下简称存货准则）规定的定义和确认条件的，应当确认为存货。

5. 企业应当按照存货准则、《〈企业会计准则第 1 号——存货〉应用指南》（财会〔2006〕18 号）等规定，对确认为存货的数据资源进行初始计量、后续计量等相关会计处理。

其中，企业通过外购方式取得确认为存货的数据资源，其采购成本包括购买价款、相关税费、保险费，以及数据权属鉴证、质量评估、登记结算、安全管理等所发生的其他可归属于存货采购成本的费用。企业通过数据加工取得确认为存货的数据资源，其成本包括采购成本，数据采集、脱敏、清洗、标注、整合、分析、可视化等加工成本和使存货达到目前场所和状态所发生的其他支出。

6. 企业出售确认为存货的数据资源，应当按照存货准则将其成本结转为当期损益；同时，企业应当按照收入准则等规定确认相关收入。

7. 企业出售未确认为资产的数据资源，应当按照收入准则等规定确认相关收入。

三、关于列示和披露要求

（一）资产负债表相关列示

企业在编制资产负债表时，应当根据重要性原则并结合本企业的实际情况，在"存货"项目下增设"其中：数据资源"项目，反映资产负债表日确认为存货的数据资源的期末账面价值；在"无形资产"项目下增设"其中：数据资源"项目，反映资产负债表日确认为无形资产的数据资源的期末账面价值；在"开发支出"项目下增设"其中：数据资源"项目，反映资产负债表日正在进行数据资源研究开发项目满足资本化条件的支出金额。

（二）相关披露

企业应当按照相关企业会计准则及本规定等，在会计报表附注中对数据资源相关会计信息进行披露。

1. 确认为无形资产的数据资源相关披露

（1）企业应当按照外购无形资产、自行开发无形资产等类别，对确认为无形资产的数据资源（以下简称数据资源无形资产）相关会计信息进行披露，并可以在此基础上根据实际情况对类别进行拆分。具体披露格式如下：

项目	外购的数据资源无形资产	自行开发的数据资源无形资产	其他方式取得的数据资源无形资产	合计
一、账面原值				
1. 期初余额				

续表

项目	外购的数据资源无形资产	自行开发的数据资源无形资产	其他方式取得的数据资源无形资产	合计
2. 本期增加金额				
其中：购入				
内部研发				
其他增加				
3. 本期减少金额				
其中：处置				
失效且终止确认				
其他减少				
4. 期末余额				
二、累计摊销				
1. 期初余额				
2. 本期增加金额				
3. 本期减少金额				
其中：处置				
失效且终止确认				
其他减少				
4. 期末余额				
三、减值准备				
1. 期初余额				
2. 本期增加金额				
3. 本期减少金额				
4. 期末余额				
四、账面价值				
1. 期末账面价值				
2. 期初账面价值				

（2）对于使用寿命有限的数据资源无形资产，企业应当披露其使用寿命的估计情况及摊销方法；对于使用寿命不确定的数据资源无形资产，企业应当披露其账面价值及使用寿命不确定的判断依据。

（3）企业应当按照《企业会计准则第28号——会计政策、会计估计变更和差错更正》（财会〔2006〕3号）的规定，披露对数据资源无形资产的摊销期、摊销方法或残值的变更内容、原因以及对当期和未来期间的影响数。

（4）企业应当单独披露对企业财务报表具有重要影响的单项数据资源无形资产的内容、账面价值和剩余摊销期限。

（5）企业应当披露所有权或使用权受到限制的数据资源无形资产，以及用于担保的数据资源无形资产的账面价值、当期摊销额等情况。

（6）企业应当披露计入当期损益和确认为无形资产的数据资源研究开发支出金额。

（7）企业应当按照《企业会计准则第8号——资产减值》（财会〔2006〕3号）等规定，披露与数据资源无形资产减值有关的信息。

（8）企业应当按照《企业会计准则第42号——持有待售的非流动资产、处置组和终止经营》（财会〔2017〕13号）等规定，披露划分为持有待售类别的数据资源无形资产有关信息。

2. 确认为存货的数据资源相关披露

（1）企业应当按照外购存货、自行加工存货等类别，对确认为存货的数据资源（以下简称数据资源存货）相关会计信息进行披露，并可以在此基础上根据实际情况对类别进行拆分。具体披露格式如下：

项目	外购的数据资源存货	自行加工的数据资源存货	其他方式取得的数据资源存货	合计
一、账面原值				
1. 期初余额				
2. 本期增加金额				
其中：购入				
采集加工				
其他增加				
3. 本期减少金额				
其中：出售				
失效且终止确认				
其他减少				
4. 期末余额				
二、存货跌价准备				
1. 期初余额				
2. 本期增加金额				

续表

项目	外购的数据资源存货	自行加工的数据资源存货	其他方式取得的数据资源存货	合计
3. 本期减少金额				
其中：转回				
转销				
4. 期末余额				
三、账面价值				
1. 期末账面价值				
2. 期初账面价值				

（2）企业应当披露确定发出数据资源存货成本所采用的方法。

（3）企业应当披露数据资源存货可变现净值的确定依据、存货跌价准备的计提方法、当期计提的存货跌价准备的金额、当期转回的存货跌价准备的金额，以及计提和转回的有关情况。

（4）企业应当单独披露对企业财务报表具有重要影响的单项数据资源存货的内容、账面价值和可变现净值。

（5）企业应当披露所有权或使用权受到限制的数据资源存货，以及用于担保的数据资源存货的账面价值等情况。

3. 其他披露要求

企业对数据资源进行评估且评估结果对企业财务报表具有重要影响的，应当披露评估依据的信息来源，评估结论成立的假设前提和限制条件，评估方法的选择，各重要参数的来源、分析、比较与测算过程等信息。

企业可以根据实际情况，自愿披露数据资源（含未作为无形资产或存货确认的数据资源）下列相关信息：

（1）数据资源的应用场景或业务模式、对企业创造价值的影响方式，与数据资源应用场景相关的宏观经济和行业领域前景等。

（2）用于形成相关数据资源的原始数据的类型、规模、来源、权属、质量等信息。

（3）企业对数据资源的加工维护和安全保护情况，以及相关人才、关键技术等的持有和投入情况。

（4）数据资源的应用情况，包括数据资源相关产品或服务等的运营应用、作价出资、流通交易、服务计费方式等情况。

（5）重大交易事项中涉及的数据资源对该交易事项的影响及风险分析，重大交易事项包括但不限于企业的经营活动、投融资活动、质押融资、关联方及关联交易、承诺事项、或有事项、债务重组、资产置换等。

（6）数据资源相关权利的失效情况及失效事由、对企业的影响及风险分析等，如数据资源已确认为资产的，还包括相关资产的账面原值及累计摊销、减值准备或跌价准备、失效部分的会计处理。

（7）数据资源转让、许可或应用所涉及的地域限制、领域限制及法律法规限制等权利限制。

（8）企业认为有必要披露的其他数据资源相关信息。

四、附 则

本规定自 2024 年 1 月 1 日起施行。企业应当采用未来适用法执行本规定，本规定施行前已经费用化计入损益的数据资源相关支出不再调整。

附录三　数据资产评估指导意见

第一章　总则

第一条　为规范数据资产评估行为，保护资产评估当事人合法权益和公共利益，根据《资产评估基本准则》及其他相关资产评估准则，制定本指导意见。

第二条　本指导意见所称数据资产，是指特定主体合法拥有或者控制的，能进行货币计量的，且能带来直接或者间接经济利益的数据资源。

第三条　本指导意见所称数据资产评估，是指资产评估机构及其资产评估专业人员遵守法律、行政法规和资产评估准则，根据委托对评估基准日特定目的下的数据资产价值进行评定和估算，并出具资产评估报告的专业服务行为。

第四条　执行数据资产评估业务，应当遵守本指导意见。

第二章　基本遵循

第五条　执行数据资产评估业务，应当遵守法律、行政法规和资产评估准则，坚持独立、客观、公正的原则，诚实守信，勤勉尽责，谨慎从业，遵守职业道德规范，自觉维护职业形象，不得从事损害职业形象的活动。

第六条　执行数据资产评估业务，应当独立进行分析和估算并形成专业意见，拒绝委托人或者其他相关当事人的干预，不得直接以预先设定的价值作为评估结论。

第七条　执行数据资产评估业务，应当具备数据资产评估的专业知识和实践经验，能够胜任所执行的数据资产评估业务。缺乏特定的数据资产评估专业知识、技术手段和经验时，应当采取弥补措施，包括利用数据领域专家工作成果及相关专业报告等。

第八条　执行数据资产评估业务，应当关注数据资产的安全性和合法性，并遵守保密原则。

第九条　执行企业价值评估中的数据资产评估业务，应当了解数据资产作为企业资产组成部分的价值可能有别于作为单项资产的价值，其价值取决于它对企业价值的贡献程度。数据资产与其他资产共同发挥作用时，需要采用适当方法区分数据资产和其他资产的贡献，合理评估数据资产价值。

第十条　执行数据资产评估业务，应当根据评估业务具体情况和数据资产的特性，对评估对象进行针对性的现场调查，收集数据资产基本信息、权利信息、相关财务会计信息和其他资料，并进行核查验证、分析整理和记录。

核查数据资产基本信息可以利用数据领域专家工作成果及相关专业报告等。资产评估专业人员自行履行数据资产基本信息相关的现场核查程序时，应当确保具备相应专业知识、技术手段和经验。

第十一条　执行数据资产评估业务，应当合理使用评估假设和限制条件。

第三章　评估对象

第十二条　执行数据资产评估业务，可以通过委托人、相关当事人等提供或者自主收集等方式，了解和关注被评估数据资产的基本情况，例如：数据资产的信息属性、法律属性、价值属性等。信息属性主要包括数据名称、数据结构、数据字典、数据规模、数据周期、产生频率及存储方式等。法律属性主要包括授权主体信息、产权持有人信息，以及权利路径、权利类型、权利范围、权利期限、权利限制等权利信息。价值属性主要包括数据覆盖地域、数据所属行业、数据成本信息、数据应用场景、数据质量、数据稀缺性及可替代性等。

第十三条　执行数据资产评估业务，应当知晓数据资产具有非实体性、依托性、可共享性、可加工性、价值易变性等特征，关注数据资产特征对评估对象的影响。

非实体性是指数据资产无实物形态，虽然需要依托实物载体，但决定数据资产价值的是数据本身。数据资产的非实体性也衍生出数据资产的无消耗性，即其不会因为使用而磨损、消耗。

依托性是指数据资产必须存储在一定的介质里，介质的种类包括磁盘、光盘等。同一数据资产可以同时存储于多种介质。

可共享性是指在权限可控的前提下，数据资产可以被复制，能够被多个主体共享和应用。

可加工性是指数据资产可以通过更新、分析、挖掘等处理方式，改变其状态及形态。

价值易变性是指数据资产的价值易发生变化，其价值随应用场景、用户数量、使用频率等的变化而变化。

第十四条　执行数据资产评估业务，应当根据数据来源和数据生成特征，关注数据资源持有权、数据加工使用权、数据产品经营权等数据产权，并根据评估目的、权利证明材料等，确定评估对象的权利类型。

第四章　操作要求

第十五条　执行数据资产评估业务，应当明确资产评估业务基本事项，履行适当的资产评估程序。

第十六条　执行数据资产评估业务，需要关注影响数据资产价值的成本因素、场景因素、市场因素和质量因素。

成本因素包括形成数据资产所涉及的前期费用、直接成本、间接成本、机会成本和相关税费等。

场景因素包括数据资产相应的使用范围、应用场景、商业模式、市场前景、财务预测和应用风险等。

市场因素包括数据资产相关的主要交易市场、市场活跃程度、市场参与者和市场供求关系等。

质量因素包括数据的准确性、一致性、完整性、规范性、时效性和可访问性等。

第十七条　资产评估专业人员应当关注数据资产质量，并采取恰当方式执行数据质量评价程序或者获得数据质量的评价结果，必要时可以利用第三方专业机构出具的数据质量评价专业报告或者其他形式的数据质量评价专业意见等。

数据质量评价采用的方法包括但不限于：层次分析法、模糊综合评价法和德尔菲法等。

第十八条　同一数据资产在不同的应用场景下，通常会发挥不同的价值。资产评估专业人员应当通过委托人、相关当事人等提供或者自主收集等方式，了解相应评估目的下评估对象的具体应用场景，选择和使用恰当的价值类型。

第五章　评估方法

第十九条　确定数据资产价值的评估方法包括收益法、成本法和市场法三种基本方法及其衍生方法。

第二十条　执行数据资产评估业务，资产评估专业人员应当根据评估目的、评估对象、价值类型、资料收集等情况，分析上述三种基本方法的适用性，选择评估方法。

第二十一条　采用收益法评估数据资产时应当：

（一）根据数据资产的历史应用情况及未来应用前景，结合应用或者拟应用数据资产的企业经营状况，重点分析数据资产经济收益的可预测性，考虑收益法的适用性；

（二）保持预期收益口径与数据权利类型口径一致；

（三）在估算数据资产带来的预期收益时，根据适用性可以选择采用直接收益预测、分成收益预测、超额收益预测和增量收益预测等方式；

（四）区分数据资产和其他资产所获得的收益，分析与之有关的预期变动、收益期限，与收益有关的成本费用、配套资产、现金流量、风险因素；

（五）根据数据资产应用过程中的管理风险、流通风险、数据安全风险、监管风险等因素估算折现率；

（六）保持折现率口径与预期收益口径一致；

（七）综合考虑数据资产的法律有效期限、相关合同有效期限、数据资产的更新时间、数据资产的时效性、数据资产的权利状况以及相关产品生命周期等因素，合理确定经济寿命或者收益期限，并关注数据资产在收益期限内的贡献情况。

第二十二条　采用成本法评估数据资产时应当：

（一）根据形成数据资产所需的全部投入，分析数据资产价值与成本的相关程度，考虑成本法的适用性；

（二）确定数据资产的重置成本，包括前期费用、直接成本、间接成本、机会成本和相关税费等；

（三）确定数据资产价值调整系数，例如：对于需要进行质量因素调整的数据资产，可以结合相应质量因素综合确定调整系数；对于可以直接确定剩余经济寿命的数据资产，也可以结合剩余经济寿命确定调整系数。

第二十三条　采用市场法评估数据资产时应当：

（一）考虑该数据资产或者类似数据资产是否存在合法合规的、活跃的公开交易市场，是否存在适当数量的可比案例，考虑市场法的适用性；

（二）根据该数据资产的特点，选择合适的可比案例，例如：选择数据权利类型、数据交易市场及交易方式、数据规模、应用领域、应用区域及剩余年限等相同或者近似的数据资产；

（三）对比该数据资产与可比案例的差异，确定调整系数，并将调整后的结果汇总分析得出被评估数据资产的价值。通常情况下需要考虑质量差异调整、供求差异调整、期日差异调整、容量差异调整以及其他差异调整等。

第二十四条　对同一数据资产采用多种评估方法时，应当对所获得的各种测算结果进行分析，说明两种以上评估方法结果的差异及其原因和最终确定评估结论的理由。

第六章　披露要求

第二十五条　无论是单独出具数据资产的资产评估报告，还是将数据资产评估作为资产评估报告的组成部分，都应当在资产评估报告中披露必要信息，使资产评估报告使用人能够正确理解评估结论。

第二十六条　单独出具数据资产的资产评估报告，应当说明下列内容：

（一）数据资产基本信息和权利信息；

（二）数据质量评价情况，评价情况应当包括但不限于评价目标、评价方法、评价结果及问题分析等内容；

（三）数据资产的应用场景以及数据资产应用所涉及的地域限制、领域限制及法律法规限制等；

（四）与数据资产应用场景相关的宏观经济和行业的前景；

（五）评估依据的信息来源；

（六）利用专家工作或者引用专业报告内容；

（七）其他必要信息。

第二十七条　单独出具数据资产的资产评估报告，应当说明有关评估方法的下列内容：

（一）评估方法的选择及其理由；

（二）各重要参数的来源、分析、比较与测算过程；

（三）对测算结果进行分析，形成评估结论的过程；

（四）评估结论成立的假设前提和限制条件。

第七章　附则

第二十八条　本指导意见自 2023 年 10 月 1 日起施行。

附录四　上海数据交易所数据资产探索与实践

　　《企业数据资源相关会计处理暂行规定》（以下简称《暂行规定》）出台后，上海数据交易所先后开展一系列活动，推动《暂行规定》规范高效落地实施。上海数据交易所邀请上海国家会计学院、浙江财经大学等高校，为会计师事务所和资产评估机构举办专场培训活动。联合清华大学五道口金融学院等为数商先后举办五届数据资产入表研修班，得到产业界、企业界一致好评。2023 年 10 月 14 日，上海数据交易所与上海资产管理协会联合主办"数据资产管理论坛"，与行业专家和资产管理机构探讨数据资产创新应用的丰富可能性，得到与会领导专家的热烈响应。

2023 年 8 月 29 日，上海数据交易所举办 DET 数商专题培训会系列活动
——数据资产专题培训会·会计师事务所专场

2023 年 9 月 21 日，上海数据交易所举办 DET 数商专题培训会系列活动
——数据资产专题培训会·资产评估机构专场

2023 年 6 月 28 日至 29 日，上海数据交易所联合清华大学五道口金融学院在
上海举办首届数据资产入表研修班

2023 年 8 月 23 日至 24 日，上海数据交易所联合上海国家会计学院、
上海市数商协会共同主办第二届数据资产入表研修班

**2023 年 9 月 26 日至 27 日，上海数据交易所主办第三届数据资产入表研修班，
来自北京、山东、江苏、福建、湖北等全国各地的企业集聚上海**

**2023 年 10 月 17 日至 18 日，上海数据交易所主办第四届数据资产入表研修班，
特别邀请上海国家会计学院党委副书记、院长卢文彬进行开班致辞**

**2023 年 11 月 2 日至 3 日，上海数据交易所主办第五届数据资产入表研修班，
有中煤科工、中外运、网易、瓴羊智能、EVDATA 等三十多家企业参加**

2023 年 10 月 14 日，数据资产管理论坛（2023）于"全球资产管理中心　上海国际活动周 2023"期间成功举办。本次论坛由上海数据交易所、上海资产管理协会联合主办，上海市数商协会协办，上海市徐汇区金融服务管理办公室提供支持。

上海人工智能实验室数字经济研究团队执行负责人杨燕青主持论坛。上海市徐汇区金融服务管理办公室主任杨晓洁在致辞中表示，数字时代，数据要素资源化是发展的必然趋势，ChatGPT、AIGC 等新技术快速发展，数据资源作为全球资源的重要组成部分，其重要性日渐突出，数据资产管理的脚步也日益渐近。

附录五 致谢名单

在《企业数据资源相关会计处理暂行规定》出台后，上海数据交易所联合清华大学五道口金融学院、上海国家会计学院和上海市数商协会先后举办了五届"数据资产入表研修班"活动，以推动相关规定规范高效的落地。研修班邀请了十多位学术界和产业界的专业讲师一起研发课程、开展培训，并得到了一百多家单位学员的积极响应和参与。这些培训和讨论内容为本书的出版贡献了非常重要的实践案例和观点建议，在此，对这些专业讲师和参与单位表示由衷的谢意。

1. 数据资产入表研修班联合举办单位名单（按拼音字母排序）

清华大学五道口金融学院

上海国家会计学院

上海市数商协会

2. 数据资产入表研修班讲师名单（按拼音字母排序）

程　江	立信会计师事务所技术标准部合伙人
杜　海	天职国际会计师事务所业务总监
范树奎	中联资产评估集团有限公司高级合伙人、董事长
符文娟	普华永道中国会计专业技术部合伙人
何　铮	德勤中国资深合伙人
季　周	上海国家会计学院数字服务研究中心学术主任
李　琳	上海国家会计学院副教授
李业强	中联资产评估集团有限公司副总裁
林　立	金证（上海）资产评估有限公司董事长
刘小钰	上海数据交易所总经理助理
刘　悦	清华大学五道口金融学院副教授
如　君	上海申威资产评估有限公司业务副总裁
舒　英	上海立信资产评估有限公司常务副总裁、董事

王　晨　天健会计师事务所合伙人

张立钧　普华永道中国内地及香港地区管理委员会成员、中国区域经济主管合伙人

赵丽芳　上海数据交易所研究员

3. 数据资产入表研修班参与单位名单（按拼音字母排序）

盎锐（上海）信息科技有限公司

宝武共享服务有限公司

北京德恒（济南）律师事务所

北京鼎泰智源科技有限公司

北京东方金信科技股份有限公司

北京观韬中茂（上海）律师事务所

北京慧辰资道资讯股份有限公司

北京蓝色光标数据科技有限公司

北京龙软科技股份有限公司

北京天玛智控科技股份有限公司

成都天府市民云服务有限公司

德勤风驭智能科技（上海）有限公司

东方证券股份有限公司

帆软软件有限公司

飞友科技有限公司

福建省金服云征信有限责任公司

福建省金融投资有限责任公司

福州城投新基建集团有限公司

工业互联网创新中心（上海）有限公司

光明乳业股份有限公司

国泰君安证券股份有限公司

杭州微风企业科技有限公司

航天宏图信息技术股份有限公司

湖南财信金融控股集团有限公司

华建数创（上海）科技有限公司

江苏华能智慧能源供应链科技有限公司

金润征信（上海）有限公司

昆山交通发展控股集团有限公司

昆山鹿路通大数据有限公司

浪潮卓数大数据产业发展有限公司

瓴羊智能科技有限公司

欧冶工业品股份有限公司

欧冶云商股份有限公司

融量数据科技（上海）有限公司

山东港口科技集团有限公司

山东高速信息集团有限公司

山东数据交易有限公司

商安信（上海）企业发展股份有限公司

上海奥普生物医药股份有限公司

上海宝信软件股份有限公司

上海城建城市运营（集团）有限公司

上海大邦律师事务所

上海岛昌医学科技股份有限公司

上海段和段律师事务所

上海钢联电子商务股份有限公司

上海钢联物流股份有限公司

上海合合信息科技股份有限公司

上海合木企业管理咨询有限公司

上海恒生聚源数据服务有限公司

上海华东电信研究院

上海计算机软件技术开发中心

上海建工电子商务有限公司

上海建元财务管理有限公司

上海克而瑞信息技术有限公司

上海兰博卫医疗科技有限公司

上海澜思信息科技有限公司

上海脉策数据科技有限公司

上海蜜度信息技术有限公司

上海能耀新能源科技有限公司

上海赛可出行科技服务有限公司

上海社会科学院数字化绿色化协同发展研究中心

上海市锦天城律师事务所

上海市通力律师事务所

上海市协力律师事务所

上海市新能源汽车公共数据采集与监测研究中心

上海水滴征信服务有限公司

上海随申行智慧交通科技有限公司

上海特易信息科技有限公司

上海图书馆（上海科学技术情报研究所）

上海芯化和云数据科技有限公司

上海新致软件股份有限公司

上海信联信息发展股份有限公司

上海亿通国际股份有限公司

上海银行股份有限公司

上海瀛东律师事务所

上海运钢网络科技有限公司

上海众成数科大数据科技有限公司

上海卓智钜图信息科技有限公司

上海左岸芯慧电子科技有限公司

数库（上海）科技有限公司

拓尔思信息技术股份有限公司

天翼数字生活科技有限公司

同方股份有限公司

同方知网（北京）技术有限公司

万得信息技术股份有限公司

网易（杭州）网络有限公司

武汉博科国泰信息技术有限公司

武汉天喻信息产业股份有限公司

新胜科技（上海）有限公司

星环信息科技（上海）股份有限公司

银联国际有限公司

银盛支付服务股份有限公司

银行间市场清算所股份有限公司

友邦人寿保险有限公司

云交投商业保理（上海）有限公司

云南云链未来科技有限公司

耘申信息科技（上海）有限公司

浙江中自庆安新能源技术有限公司

浙商证券股份有限公司

证通股份有限公司

中国建设银行股份有限公司上海市分行

中国经济信息社有限公司

中国民生银行股份有限公司

中国人寿养老保险股份有限公司

中国银行股份有限公司上海市分行

中科宇图科技股份有限公司

中煤科工集团上海有限公司

中煤科工西安研究院（集团）有限公司

中图科信数智技术（北京）有限公司

中图云创智能科技（北京）有限公司

中外运上海（集团）有限公司

中移（上海）产业研究院

中移动信息技术有限公司

中债金融估值中心有限公司

重庆陆云大数据有限公司